中国における
国民統合と外来言語文化
建国以降の朝鮮族社会を中心に

崔　学松
Cui　Xuesong

創土社

目次

序章

一　本論文の問題意識と研究課題

（一）問題意識

本論文では、中華人民共和国（以下、中国と略す）建国から一九八〇年代末にかけての朝鮮族社会の外来言語文化の受容の展開について、冷戦体制下の中国の国民統合過程との関連を中心に分析を行う。また、朝鮮族社会と外来言語文化の受容に対する中国の政策への考察を通じて、少数民族に対する中国の勢力拡張と支配の特徴を浮き彫りにする。では、中国少数民族社会を検討する際、なぜ朝鮮族、そして外来言語文化の受容を考察対象としてとりあげるのか、以下にその意図を具体的に説明する。

第二次世界大戦後の東アジア地域では、脱植民地化を目指す様々な形態の政治運動の結果、新たな独立国家である中国が誕生した。このことは、永年にわたる抑圧的な植民地支配からの解放と同時に、中国共産党（以下、中共と略す）によるゼロからの国民国家建設という未経験の難事業の始まりをも意味していた。新政府は、旧政権からの政治的、経済的自立をはかるばかりでなく、国民国家を形成するという新たな課題を負うことになった。この時点での国民国家の形成は、一つの政治体として統一的な統治を行うためのみならず、国際社会から独立国家として認知されるための条件としても不可欠であった。しかし、新興独立国家である中国の居住民は、文化的、歴史的背景を異にする複数の民族またはエスニック・グループの混合体であった。国民と国家がほぼ同時に形成され、さらに民族自決原則に基づく再編を重ねてできあがった西欧の国民国家の国民とは、根本的に異なっていた。したがって、それぞれに異なる帰属意識を持つ住民の間に、一国の構成員としての共通した国民意識を醸成すること、すなわち国家の枠内の多様な住民を単一に国民化する国民統合もしくは国民形成の達成が、新たな独立国である中国にとってきわめて重要な問題となったのである。

しかし、国家に課せられた、いわば「上から」の国民統合は、地域によってはその反作用として、内包する諸集団による「下から」の分裂を誘引することにもなった。独立後の中国各地においても、統治の実権を握った多数派集団による少数派集団への差別的抑圧とそれに対する反発、少数派集団の分離独立運動、政治・経済・社会活動における諸集団間の分派的な思考と行動の固定化といった問題を抱えてきた。そして、これらの民族問題もしくはエスニスティー問題は、国民国家形成の妨げとなるばかりでなく、独立直後の新疆や内モンゴルで頻発した地方反乱、チベットの分離独立運動など、しばしば国家としての枠組みそれ自体を揺るがしかねない紛争や暴動へと発展した。

現在でもなお完全な解決を見ないまま残されている国民統合の問題は、建国以来中国が一貫して抱えてきた最大の政治課題と言える。この国民統合という課題に対して、固有の文化的、制度的背景を有する少数民族がどのように対応してきたか。また、その過程で時代ごとに異なる現象が起きているのはなぜなのか。これらの点について、各少数民族の個別研究に基づいた検討を行うことは、中国の政治と社会を論じる際の基本的なテーマである。本論文では、中国東北地域の朝鮮族社会を事例としてとりあげ、複数の民族集団を包摂する新興国家の国民統合問題について考えてみたい。

中国は、多くの民族が混在する諸国の中でも、とりわけ典型的な多民族国家である。このため、独立後の政治体制の確立と近代化の過程において、民族諸集団間での共通意識の醸成とそれに基づく国民統合の達成という政治課題がきわめて重要な意味を持ってきた。複数の民族集団の中でも、中国の国民統合に対して持つ役割の重要性とそのユニークさにおいて特に注目されるのが朝鮮族である。

中国の朝鮮族はマイノリティーとして、以下のような特色のある役割を果たしてきた。第一に、中国東北地域で圧倒的な水田耕作の能力（東北三省水田耕作面積の約八五％を占める）を有している。第二に、漢族と共に日中戦争を戦ってきた。第三に、朝鮮族をめぐる問題は、国境線一つ越えれば朝鮮民主主義人民共和国（以下、北朝鮮と略す）や大韓民国（以下、韓国と略す）という異なるイデオロギー支配下にある同一民族国家のステータスとの国際問題に発展する可能性を含んでいる。それゆえに、中国の国民統合に少なからぬ影響を及ぼしてきた。

中国の朝鮮族は、日本の植民地支配体制下における「満洲国」の中で、経済的にはもっぱら水田耕作分野に進出し、固有の役割を通じてその地位と勢力を築いた。反面、政治的分野においては、現地の情勢に自主的に関与しながら民族教育活動や民族独立運動を展開した。このような歴史的背景に基づいて、「民族教育活動と民族独立運動に専心」といった朝鮮族の一般的なイメージが形成され、あたかも国民統合にとっての決定的な阻害要因であるかのごとく形容されてきた。しかし、中国の独立を経て国家建設の段階に入ると、朝鮮族も必然的に政治面を含めた多くの分野においてその過程へと組み込まれ、また、民族間の接触が飛躍的に増加する中で、ほかの民族との関係および民族内の構造も大きく変化していった。

漢族の集中している地域などでは、朝鮮族としての固有の特性やアイデンティティは世代と共に喪失されつつあり、政治統合に決定的な影響を与えるまでの民族的な独自性は、もはや明確に識別することが困難となりつつあった。これに対して、高い民族構成比率を持つ上に、自然同化や強制的なほかの民族への同化の度合いが低い延辺朝鮮族自治州（以下、自治州と略す）の朝鮮族は、文化面、社会面、経済面において依然として高い独自性とそれを背景とする民族としてのアイデンティティを持ち続けており、彼らの政治的な対内外の認識と運動は、中国の国民統合に少なからぬ影響を及ぼしてきた。

中国東北地域における幾重にも交差し錯綜する歴史的経験は、結果として多様な住民分布と複雑な社会様相を呈するものであった。このことが逆に、域内の各地域の一定程度の政治的自立性を保障した。さらに、経済・文化・社会の分野においても、それぞれの地域が相対的独自性を培う土壌を提供してきた。ところが、国民国家への道を歩みはじめるや、否応なく、各地域社会は北京という中央に対する地方として位置付けられ、中央によって統合され、支配される対象に組み込まれることとなった。二〇世紀後半を通じて不断に続けられてきた中国における中央による統合の過程では、それぞれの地域の独自性と主体性を主張する様々な行動が展開されてきた。こうした状況の背景として、まず考えられることは、特定の地域が特定の民族集団の居住・生活圏と重なりあっていることである。その結果、中国における中央・地方関係とは、単に、中央と中央によって地方に位置付けられることとなった各地域との緊張関係としてあらわれただけでなく、これと表裏一体をなす少数民族問題としても現出することとなった。

国民統合における少数民族の自己主張や自己実現は、こうした政治的な異議申立て以外にも、様々な次元において、また様々な方法を用いて行われてきた。その一つに、朝鮮族における外来言語文化の受容の活動がある。積極的な外国語教育などによる少数民族の海外進出を狙った外国語ブームなどがその典型的な例であろう。もっとも、国民統合過程における外来言語文化の受容は、これとは全く相反する一面も持っている。中央による対外認識の統合の証としてのそれである。つまり、重点大学や政府機関によって国策の一環として、多民族国家中国の対外認識を構成する各民族の対外認識を外国語教育などを通じて埋め合わせてゆき、その統一体としての全体像を浮かび上がらせる象徴的作業として位置付けることも可能である。とはいえ、朝鮮族の場合は漢族などとは違い、英語力によって体系的に外来言語文化の受容が展開されてきたわけでは必ずしもない。それでも、自ら蓄積してきた外来言語文化に関する知識を、改革開放を期に高揚をみせる対外進出に巧みに取り込み、国民統合過程における自己実現を獲得していった。

このように外来言語文化の受容は必ずしも多民族国家が多様性を前提としつつも、それを包摂し全体としての国民国家的一体性を強調しようとする点のみとらえることはできず、反対に、中央に対する地方の自己主張や自己実現としての場合にも、一定の積極的役割を果たすことになる。個々の民族の外来言語文化の受容がどのような意図で行われ、いかなる特質を有するものかは別にして、一つ明らかなことは、外来言語文化の受容はその性格上、何らかの意味での国民統合と国際環境との関係を必然的に表象することになるということである。この点に着目して、本論文では、国民国家という枠組みに嵌め込まれた中国の朝鮮族社会形成における国民統合と国際環境との関係のあり方を、朝鮮族の外来言語文化の受容を材料として分析する。

(二) 研究課題

本論文では、中国の朝鮮族社会の外来言語文化の受容を歴史的文脈の中で位置付けて、中共による政権樹立後の時代を通して、以下のような課題について考察したい。

第一に、朝鮮族社会の外来言語文化の受容の変動と中国全体の国民統合がどのような相互関係を持っていたか。

特に、中国の国際環境の変化に伴う国内政治変動が、朝鮮族社会の外来言語文化の受容の多様性を生成・高揚させた過程について検討する。

第二に、朝鮮族社会がどのようにその対外認識と外来言語文化の受容を変化させていったか。移民である朝鮮族の場合、その対外認識と外来言語文化の受容過程は現代中国をめぐる国際環境と密接に関わっていると考えられる。

第三に、建国後の国民統合の前提として、中共中央指導の枠内にある朝鮮族社会における外来言語文化の受容が内部的に一定の均質性を持っていると考えることは妥当か。文化大革命前後における朝鮮族社会の外来言語文化の受容過程について、「ロシア語ブーム」や「日本語ブーム」の存在などを考慮しながら考察する。特に外国語教育分野は中共中央の政策決定に起因する国内の政治運動などに常に巻き込まれた領域であったゆえに、学校教育における外国語の政治問題化の各段階の変化の局面を重視する。

なお、本論文では、近代化の実現を控えて国民統合が現実の問題となった一九五〇年代から、国民統合の一つの破綻の形態と言える一九八九年の天安門事件に至る時期を中心に扱う。この時期は、朝鮮族社会が冷戦体制という国際環境の影響を強く受けながら、その外来言語文化の受容を最も活性化した時期としても注目される。

特に中国少数民族の歴史的紐帯に関連した活動を研究する上ではインタビュー調査資料の制約は著しいが、幸いにも筆者は公開・未公開の回想録を利用することができ、かつ少なからぬ当事者の老先輩を訪問することができた。利用したそのほかの文献資料には、朝鮮族社会の出版物、筆者の作成した民族学校調査のアンケートが含まれている。問題は、中国の朝鮮族と中共の関係（一九四九年から八〇年代末まで）はすでに過去の事になってはいるが、ある程度、なお、政治的にデリケートな問題に属するということである。

二　本論文と関連する先行研究

中国の朝鮮族社会の考察に入る前に、朝鮮族社会の民族問題と国民統合に関する従来の研究の動向を概観しておきたい。

中国における朝鮮族社会の国民統合が政治学や社会学の研究対象となる中で、一九八〇年代に入ると国民統合論、すなわち政治的、経済的近代化の進展に伴って、分立していた伝統的な諸集団の内部および相互間で必然的に動員と同化が進み、その結果、新たな単位としての国民（中華民族）が形成されるという見解が提唱された[1]。この考え方は、政府の近代化政策に対して居住民が積極的に対応していく過程に着目したものであった。これに対して、分析の基本単位を国家それ自体にではなく、中国国内に存在する相互に異質な各集団に求め、諸集団間の関係として「下から」の視点でとらえようとするエスニシティ論が、一九八〇年代末以降広く唱えられるようになった[2]。

一九八〇年代後半以降における中国の朝鮮族社会に関する研究の急速な進展は、このようなエスニシティ論の隆盛を強く反映していた。すなわち、中国の独特の多民族性に注目し、中国の政治と社会を主要民族間の協調と対立の文脈でとらえ、それを政治変動の展開の中心軸に据えて、朝鮮族社会の国民統合を取り扱った研究が数多く発表されてきたのである[3]。このような分析枠組みに基づいた諸研究により、民族間、特に漢族と少数民族との間の対立・妥協の構造、および構造変化の解明が進み、中国特有の社会形態の一面が明らかにされてきた。

しかし、この両アプローチは、エスニシティ論の一般的特徴と同様、民族間の文化的属性の差異を強調し、それを前提とする政治的、社会的分断を所与の条件とみなしている点で、一つの限界を有している。例えば、建国後の中国政治運動の波の中で出現した朝鮮族社会の各種の衝突の歴史的背景には、社会主義を宣揚する理想と経済的利益を追求する現実との間で揺れ動く中共中央の少数民族政策の矛盾が反映していた。この種の矛盾と衝突は、中国社会の各種の危機と矛盾にその根源を持つと言える。朝鮮族社会は大きな流血事件に遭遇していないが、その歴史と時代の危機感は、そのほかの海外の朝鮮民族と比較していささかも小さいものではなかった。まさにこのために、朝鮮族社会は中国社会の変動の影響を深刻に受け、かつ如何に諸問題を解決するかをめぐって様々な立場の相違が生じ、異なる派閥が形成された。中国の各時代の統合と排除の影はいずれも例外なく朝鮮族社会にはっきりと反映され、建国初期の百花斉放・百家争鳴運動であれ、整風運動であれ、社会主義教育運動であれ、等しく朝鮮族社会に重大な影響をもたらした。さらに一九六〇年代半ばからは文化大革命が朝鮮族社会に深い傷痕を残した。上記の観点に立つ限り、国民統合に対しては民族間関係以外の要素を含めた多様な統合・分裂のプロセスがとらえられなくなる可能性がある。また、政治体制もしくは国民統合の政策の評価において、研究者自身が所属する集団の立場が反映しやすい。特に、一九八〇年代以降の社会主義体制の下での民族政策に対しては、積極的な国民統合を支持する観点からプラスに評価する費孝通などの中国の研究者と、マイノリティー集団に対する抑圧的な政策であり、民族間の分裂傾向をむしろ強めているとみなす立場の加々美光行、毛里和子などの外国人の研究者との間で、相反する見解が導き出されている。

これら両アプローチのそれぞれの限界を踏まえ、民族間の協調と対立の両要素を朝鮮族社会分析の試金石として着目し、朝鮮族の政治・教育関係の構造変化を実証的に分析するアプローチも見られるようになった。仮にそのような朝鮮族の研究の共通点を探すならば、その焦点はいわゆる朝鮮族の帰属意識の問題である。特に中国少数民族研究に優れている日本の朝鮮族研究においても、一九八〇年代末以来、より多くの注意が朝鮮族社会の意識形態、文化、行動様式などの研究に向けられ始めた。特に一九九〇年代末から日本では相次いで朝鮮族の帰属意識と密接に関連した民族政策や民族関係、および民族教育に関する専門書が出版された(4)。

このような問題意識の高度の集中は、一種の時代潮流の変容を反映していた。特に文化大革命の終結は朝鮮族社会にとってある程度一つの歴史的時期の終結、そして新しい時期の展開を意味した。朝鮮族の輸出地としての朝鮮半島でも輸入地である中国でも一九八〇年代のわずか数年間に、政治、経済、社会的な重大な変化がおこった。そして、朝鮮族もこれにつれて、いわゆる「落葉帰根」から「落地生根」へのアイデンティティの転換の歩みを加速し始めた。特定の歴史条件の下では、朝鮮族の帰属意識、およびこれと密接に関連する政治的忠誠と経済協力の問題は、所在国の中国にとっても、祖先の出身国であるがすでに一が分かれて二となった北朝鮮と韓国の政府にとっても、きわめて重要かつ厄介な問題なのであった。この問題は、政治、経済、歴史、文化および風俗民情などの種々の問題が交錯して、また当時の世界冷戦構造システムの中に深く巻き込まれて一層複雑な様相を呈した。

李埰畛は圧倒的な漢族文化への統合あるいは同化を迫る中国の少数民族政策の要点としての教育上・文化上の自治という問題を提起し、岡本雅享は、さらに多様な中国少数民族教育と言語政策を中心に民族や地域ごとの実状を明らかにしたと考えられる。彼らはいずれも、一種の多民族社会中国の国民統合の事例を提供した。実際上、いわゆる帰属意識の問題は、すでに同化あるいはアイデンティティのような用語では包括することはできず、建国後の朝鮮族社会の政治、経済、文化、変容の錯綜した事象に対して一種の高度に抽象的な概括を行っているにすぎない。変容の内容に対する理解は各々異なるが、朝鮮族の帰属意識についての研究を通じてはっきり示された「朝鮮族変動説」の観点は共通のものである。変容の流れの中におかれた朝鮮族の問題を探求するためには、社会、歴史、文化、経済形態が千差万別の中国東北地域については、地域別の実証研究を行うことが不可欠であると思う。

鄭雅英の研究は、出身祖国とは異なる中国社会の中ですでに一世紀を経たにもかかわらず、民族語を主軸とした伝統文化と民族的アイデンティティを維持し続けてきた朝鮮族社会の伝統的特質から生まれ出た民族関係の中国における変容を手掛かりとして、次のことを示した。すなわち、朝鮮半島文化が朝鮮族社会の基礎であり、戦後の国内外の情勢の変化によってこの種の民族関係の方向と機能は変化し、これを基礎として民族文化の持続を保持してきたということである。小川佳万の研究は、異なる地域の少数民族教育組織を比較することによって、「民族平等」理念と実態を提示することを通じて、朝鮮族の民族文化を維持させたということを明らかにした。

権寧俊の研究は、上述の研究とある程度相反する趨勢を示した。権は、朝鮮半島から移住後の各時代の朝鮮族社会の民族教育を中国や日本などの民族政策の変容という背景の中で考察し、特に中国の土壌の滋養の下で成長してきた新しい世代の朝鮮族の中では文化大革命などの影響によって朝鮮半島文化の影響は相対的に衰退したことをはっきりと述べて、朝鮮族が中国の現地社会の中に溶解し吸収されていく趨勢を肯定した。最近の研究においては、一九四九年以前の中国東北地域における朝鮮人教育の歴史研究に関して、朝鮮人社会の社会経済的基盤と合わせて解明した金美花の研究、および朝鮮人の中等教育と反日運動を関連させて究明した許寿童の研究などがある。

表面上は、岡本雅享と鄭雅英および権寧俊の結論には若干の差異が存在しているように見えるが、実際上は、この種の差異は、研究方法・アプローチの角度および研究対象の違いから生じたものにすぎない。すなわち、岡本雅享と鄭雅英はより多く、文化人類学と民族学の方法を用いて、血縁と地縁の民族関係を基礎としてつくられた朝鮮族社会を考察しているため、視線はより多く自治州といった伝統的な朝鮮族地区に向けられている。それに対して権寧俊は言語社会学と歴史学的方法を主としており、戦前と戦後の朝鮮族社会の各地域・各世代における民族教育と言語文化の史実に着目している。

中国側の関連研究としては、朝鮮族社会の移住の歴史に関して、清末から一九四九年までの朝鮮人移民を中心に移民をめぐる周辺環境と移民社会の政治・経済の変動を考察した孫春日の研究、および戦前から戦後に繋がる移住と定着の過程における朝鮮族地域社会に対する実地調査を通じて農村社会の変化を論じた姜裁植などの研究がある。(5) また、中国における外来言語文化の受容に関しては、清末から改革開放期に至る外来言語文化の受容や外国語教育の歴史的変遷過程を概観しながら膨大な内部資料による重要史実を明らかにした付克、周華全の研究などがあげられる。(6)

韓国側の最近の関連研究としては、一九四九年以前の間島における朝鮮人小中学校教育を中心に軍事教育機関や社会組織まで視野に入れて考察した朴州信の研究、および朝鮮族社会形成の歴史的背景を概観した上で改革開放以降の朝鮮族社会の構造変動と韓国在住の朝鮮族社会組織の問題点を明らかにした李光奎の研究、そして改革開放政策以降の朝鮮族社会の変化を中心に農村共同体の崩壊と人口移動による朝鮮族コミュニティの分散、および民族教育の放任など朝鮮族社会が直面した危機を論じた権泰煥の研究などがあげられる。(7)

上述の研究は、異なる角度から朝鮮族社会を異なるグループと世代に分けて動態的観察を行うことの重要性をはっきりと示した。課題にアプローチする方法において、鄭雅英と権寧俊はある一つの可能性を提供した。すなわち、具体的な朝鮮族の地域社会を通して国民統合過程における朝鮮族社会の諸問題を浮き上がらせる可能性である。筆者は本論文でこの方法を見習うが、それは異なる側面からである。すなわち、朝鮮族社会の外来言語文化の受容という角度から朝鮮族における社会言語構造の変遷を探求するのである。この角度から見るならば、自治州を含めて朝鮮族社会には三種類の異なる社会言語的要素が統合と排除の論理のもとで存在していた。第一は、長い朝鮮半島の歴史と移住史の土壌の中で培ってきた朝鮮族の民族語（母語）としての朝鮮語、および朝鮮民族としてのアイデンティティとの関係である。第二は、移住先・居住先である中国の共通語（国語）としての漢語、および国民としてのアイデンティティとの関係である。第三は、普遍的知識（ワールドワイドな知識）を摂取するための普遍語としての外国語、および知識人（社会的エリート）としてのアイデンティティとの関係である。第三の要素は、より多く高等教育（高等学校・大学）の産物に属しており、日常生活や公民化教育（小・中学校）の境界を超越している。仮に岡本雅享と権寧俊らが前者を主として分析を進めたとしたら、筆者は、第三の要素を主としてそれを補充したい。

第三の要素は、不可避的に多様な外来言語文化受容の問題が関連してくる。朝鮮族をめぐる中国の国民統合過程の中での民族的相克や社会言語的な構造については、これまでの研究は民族語と漢語から扱い、その経済発展戦略の中での中共中央の民族政策および朝鮮族社会に対する影響を分析した。例えば第二次大戦後、冷戦体制の中における朝鮮族社会をめぐる国際環境は厳しかったが、建国以前の歴史的淵源まで考慮に入れるならば、外来言語文化の影響は大きかった。特に一九八〇年代の中共中央の改革開放政策はさらに朝鮮族と朝鮮半島や外国との関係に新たな活力を注ぎ込み、朝鮮半島の伝統文化や外来言語文化の復活など朝鮮族社会における社会言語構造の転換の兆候をはっきりと見せた。実際上、一九四九年以来の朝鮮族社会における伝統文化や外来言語文化の受容の変遷過程について、各時代の国内外の環境変動や異なるグループに分けて別々に考察を行わなければ、中国の国民統合過程おける朝鮮族社会の社会言語構造の真の姿をつかむのは難しい。したがって本論文は、朝鮮族社会の外来言語文化受容の盛衰・変容の歴史を建国後の国民統合過程の中で重点的に考察する。具体的には一九四九年から一九八〇年代末までの自治州をながめながら、外国語、漢語、民族語をめぐる朝鮮族の動きを注目したい。これらの諸要素の関連性を中心に、朝鮮族社会変容の歴史における外来言語文化の影響や余波はどの程度であったかを明らかにしようとする。

このように、中国の朝鮮族社会の国民統合と民族問題をめぐって幾つかの角度から研究がなされてきたものの、近代化がもたらす社会構造の変化の過程で朝鮮族社会内の外国語教育形成過程や民族教育構造の変化と国民統合との関係、国境を一つ越えれば同一民族の国民国家というステータスを有する朝鮮族社会と中国をめぐる国際環境との関係、朝鮮族の対外認識の形成とその変容、外来言語文化の受容の変遷過程とその質的変容、など、従来の研究が十分に網羅してこなかったテーマに関しては、依然として解明の余地が残されている。本論文では、中国の朝鮮族をめぐる国民統合過程と国際環境を振り返り、建国後の各時代の社会言語構造の継続性と変化、その特徴を考察する。その上に、朝鮮族の外来言語文化の受容のあり方を考えることにする。

三　本論文の構成

本論文は、五つの章で構成されている。(8)

第一章「建国から百花斉放・百家争鳴運動までの外来言語文化」では、国民統合過程における朝鮮族社会や当該時期の国内外の情勢、中共中央の外来言語文化の受容に関する政策などを検討し、建国初期の朝鮮族社会の外来言語文化の受容過程を明らかにしたい。

第二章「一九五〇～六〇年代の外来言語文化の借用問題」では、自治州の言語改革における漢語の文化的威信や百花斉放・百家争鳴運動の中の民族語純化運動などを検討し、民族語標準化統一案としての制度的帰結に至る朝鮮族社会における外来言語文化の借用問題を明らかにしたい。

第三章「整風運動から一九六〇年代前半までの外来言語文化」では、朝鮮族社会を取り巻く国内外の情勢変化を踏まえつつ、外来言語文化の受容をめぐる中共中央の認識と朝鮮族社会の具体的な対応などを明らかにしたい。

第四章「文化大革命期における外来言語文化受容をめぐる論争」では、文化大革命期における少数民族を取り巻く国内外環境の変化と朝鮮族社会への衝撃を検討し、外来言語文化の受容をめぐる実権派と文大革命化派の論争、外来言語文化の受容と漢語教育との関係などを明らかにしたい。

第五章「改革開放から一九八〇年代末までの外来言語文化」では、改革開放政策による外来言語文化の受容をめぐる中共中央の政策の転換、および朝鮮族社会の外来言語文化の受容の実態を明らかにしたい。

注

(1) 費孝通『民族研究文集』民族出版社、一九八五年、費孝通『中華民族多元一体格局』中央民族学院出版社、一九八九年。

(2) 加々美光行『知られざる祈り・中国の民族問題』新評論、一九九二年、毛里和子『周縁からの中国——民族問題と国家』東京大学出版会、一九九八年等。

（3）李埰畛著、鎌田光登訳『中国朝鮮族の教育文化史』コリア評論社、一九八八年、한상복、권태환『중국 연변의 조선족』서울대학교출판부、一九九三年、朴文一『中国朝鮮族史研究Ⅰ・Ⅱ』서울대학교출판부、一九九六年、鶴嶋雪嶺『中国朝鮮族の研究』関西大学出版部、一九九七年。

（4）岡本雅享『中国の少数民族教育と言語政策』社会評論社、一九九九年等、鄭雅英『中国朝鮮族の民族関係』アジア政経学会、二〇〇〇年、小川佳万『社会主義中国における少数民族教育――「民族平等」理念の展開』東信堂、二〇〇一年、権寧俊「近現代中国の朝鮮民族における民族教育と言語文化」一橋大学大学院言語社会研究科博士学位論文、二〇〇三年、金美花『中国東北農村社会と朝鮮人の教育――吉林省延吉県楊城村の事例を中心として 一九三〇～四九年』御茶の水書房、二〇〇七年、滝沢秀樹『朝鮮民族の近代国家形成史序説――中国東北と南北朝鮮』御茶の水書房、二〇〇八年、李海燕『戦後の「満洲」と朝鮮人社会――越境・周縁・アイデンティティ』御茶の水書房、二〇〇九年、許寿童『近代中国東北教育の研究――間島における朝鮮人中等教育と反日運動』明石書店、二〇〇九年、権香淑『移動する朝鮮族――エスニック・マイノリティの自己統治』彩流社、二〇一一年。

（5）姜栽植『中国朝鮮族社会研究――対延辺地区基層民衆的実地調査』民族出版社、二〇〇七年、孫春日『中国朝鮮族移民史』中華書局、二〇〇九年。

（6）付克『中国外国語教育史』上海教育出版社、一九八六年、周華全『「文化大革命」中的「教育革命」』広東教育出版社、一九九九年。

（7）朴州信『間島韓人의 民族教育運動史』アジア文化社、二〇〇〇年、李光奎『격동기의 중국조선족』백산서당、二〇〇二年、権泰煥編著『중국 조선족사회의 변화』（서울대학교 사회발전연구총서二三）서울대학교출판부、二〇〇五年。

（8）各章の内容のもとになった初出論文を以下のように付記する。序章は書き下ろし、第一章は下記一覧の①④の一部を取り入れ大幅に加筆と変更、第二章は下記一覧の⑤に加筆、第三章は下記一覧の①を中心に大幅に加筆、第四章は下記一覧の⑥を中心に①の一部も組み入れいくらか加筆、第五章は下記一覧の③を中心に②の一部も取り入れ大幅な加筆と変更、終章は書き下ろし。関係拙論一覧：①「文化大革命期に至る延辺朝鮮族自治州の外国語教育政策」日本現代中国学会編『現代中国』第七七号、創土社、二〇〇三年、②「ポスト文化大革命期における中国少数民族と外国語教育形成」多言語社会研究会編『多言語社会研究年報』第二号、三元社、二〇〇四年、③「中国東北地域における近代化改革と『日本語ブーム』」一橋論叢編集委員会編『一橋論叢』第一三四巻第三号、日本評論社、二〇〇五年、④「『「満洲国」』期における戦時体制確立にむけての教育変遷と日本語普及」一橋研究編集委員会編『一橋研究』第三二巻第一号、一橋研究編集委員会、二〇〇七年、⑤「中国建国初期の「百花斉放・百家争鳴」運動と民族語純化運動の展開」一橋研究編集委員会編『一橋研究』第三四巻第一号、一橋研究編集委員会、二〇〇九年、⑥「中国文化大革命期における外来言語文化受容をめぐる論争」『北東アジア地域研究』第一七号、北東アジア学会、二〇一一年。

第一章

建国から百花斉放・百家争鳴運動までの外来言語文化

はじめに

本章は、建国から百花斉放・百家争鳴運動までの中国の国内外の環境の変化と朝鮮族の外来言語文化の受容過程を中心に分析する。

近年、建国初期の中国東北地域における民族教育研究に関する研究は活発に行われており、同地域における教育権回収と少数民族に直接関わる研究も、続々と発表されている。熊明安は清末から現代中国の改革開放期までの教育改革問題を政策とその実施過程に焦点を当てて分析し、近代化の中での教育の変遷過程を論じている。[1] 中国の地方檔案館の資料を多く使用しているところは、大いに参考にすることができるが、歴史事実の叙述が多く、近代化改革と外来言語文化受容との内在的連関性についてはほとんど分析されていない。岡本雅享は「満洲国」期も含めて東北地域の民族教育と民族語の維持を密接に関係付けながら、地方政権の下での少数民族地域の教育実態や「満洲国」期以前、日中両国の政策のはざまで拡大などに伴った社会言語生活と教育の実態を論じている。[2] 岡本の研究により、日本と中国両政府の朝鮮人移民の民族教育に対する利用と抑圧の過程は明らかにされたものの、朝鮮人が移住先である東北地域での外国語教育の多様性やロシア語や日本語という外来言語文化が少数民族社会に与えた影響は、あまり論じられていない。また、言語教育における民族語と漢語の役割を強調しているが、国境地帯である東北地域での越境の可能性を考察する際には、「ロシア語ブーム」・「日本語ブーム」の社会的背景についても論じなければならない。

このような日・中における研究成果に韓国側の視点を取り入れ、近現代の中国東北地域における民族と言語を考察した研究が権寧俊の論文である。朝鮮半島からの移住民の言語と文化が中国東北部に根付いていく歴史と、そこに深く関わった中国政府の政策を検証している。[(3)]ただし、最も早くから朝鮮移民の集中地域において朝鮮語学習と共に行われたのは、漢語や日本語の学習といった外来言語文化の受容であった。すなわち、朝鮮人移民の民族教育と東北地域における外来言語文化の受容がどのように関連しているのかについては、さらに具体的に考察する必要があると考える。

これまでの研究では、東北地域の朝鮮人の教育について、朝鮮語と漢語、朝鮮文化と漢民族文化という視点で、中国社会において移住民である朝鮮民族が中華民族の一員としてとらえられる際に形成されたものである。これとは別に、一九四五年以前の東北地域における日本の影響力について、玄武岩は越境というキーワードで朝鮮人移民社会における日本語ということばの存在について注目している。[(4)]

本章では、建国から百花斉放・百家争鳴運動までの東北地域の政治と社会的変革、そして朝鮮族のおかれた国際環境を考慮しながら、建国初期の朝鮮族社会における外来言語文化の受容過程について論じることで、朝鮮族社会の戦前から戦後への転換期の外来言語文化受容の地域性を明らかにしたい。そこで、外来言語文化の受容をめぐる当時の朝鮮族社会状況を検討したい。

第一節　中国の国内外環境と朝鮮族社会

一　国民統合の中の朝鮮族社会

(一) 建国初期の国内の政治的環境

一九四九年十月一日の建国宣言の直前の九月二九日、中国人民政治協商会議の第一期全体会議が開かれた。会議は「中国人民政治協商会議共同綱領」、「中華人民共和国中央人民政府組織法」などを採択し、人民共和国の成立を決めた。この「共同綱領」は、総論、政権機構、軍事制度、経済政策、文化教育政策、民族政策、外交政策の七章からなり、一九五四年九月に「中華人民共和国憲法」により置き換えられるまで新中国建国の初期における暫定憲法の役割を果たすものであった(5)。この「共同綱領」は、中国を「新民主主義、すなわち人民民主主義的国家」と規定し、「プロレタリアートと農民の連盟を基礎とし、各民主階級と国内各民族の団結をはかるような人民民主専制」を実行するとした。

しかし、「新民主主義」はその内容において、一般大衆が権力者を直接批判したり、政策提言をしたり、直接行動をおこす権利を政府が保証するというものへと変わっていった。そして中国の場合その保証は常に上から、すなわち中共中央あるいは毛沢東から極めて限定的かつ政治的になされるのが特徴であった(6)。前述したように一九五四年憲法は、地主および反革命分子を除くすべての国民に言論・出版・集会・デモ・信教の自由を保障していた。このような考え方は基本的人権の制度的保障をブルジョワ的で反動的であると否定し、「革命化」された大衆の直接行動、それも中共中央あるいは毛沢東に都合のよいものだけを保障するものであった。結果として、このような「新民主主義」の変化は基本的人権の制度的保障を破壊し、民主主義とは正反対のもの、すなわち神格化された個人による伝統的な専制支配を中国にもたらした。

このような考え方が初めて登場するのは、一九五六年春に中共中央が開始した百花斉放・百家争鳴運動の最中であった。百花斉放・百家争鳴運動は毛沢東が主導して、中共への党内外からの批判を募ったキャンペーンであった。四月の政治局会議で毛沢東は、学術の奨励には真理のみを基準とすべきであり党派制を設けてはならないと述べ、百花斉放・百家争鳴を方針とすべきであると提案した。続いて五月の最高国務会議の席上で毛沢東は、社会主義建設のためには科学と文化領域における教条主義、宗派主義、形式主義の排除が必要だとし、また憲法の範囲内であれば、学術思想の正否は当事者に決めさせ干渉するべきではない、と指摘した。この指示を受けて、五月末中共中央宣伝部は百花斉放・百家争鳴を社会主義的芸術と学術の民主のための党の正式な方針として発表した[7]。また、前述した政治局会議での言説が示すように、毛沢東は社会主義建設のためには、経済、科学、文化のいずれの面でも知識人や専門家の手を借りなければならないことを理解していた[8]。

一九五七年二月の最高国務会議で毛沢東は「人民内部の矛盾を正しく処理する問題について」と題する講話を行い、人民内部の矛盾を解決するには「民主的」な方法によらなければならないと強調した[9]。この講話は、科学・文化での百花斉放・百家争鳴だけでなく、中共と民主党派の「長期共存・相互監督」、民族区域の自治の保障など、「新民主主義」的方向を示唆するものであった。この講話を聞いて、それまで党の呼びかけに対して慎重に口を閉ざしていた知識人たちが、座談会や新聞紙上で事実上の共産党批判を繰り広げるようになった[10]。

一九五六年春に百花斉放・百家争鳴を訴えた頃は、毛沢東も党に対する批判を許容する用意があった。しかし、同年十月にハンガリー動乱がおき、中国でも農民の合作社からの脱退騒ぎや学生デモがおこると、翌年五月には「事情が変化しつつある」ので、右派の攻撃に備えて「階級闘争」の体制を整えるようにと党内に秘密指示を出すに至る。

以下では、上述の建国初期の国内の政治的環境を背景として、国民統合過程における朝鮮族社会の帰属意識の問題について検討したい。

(二) 朝鮮族の帰属意識と統合問題

一九世紀末以降中国東北地域に移住し、一定規模の集団を形成するに至った朝鮮半島からの移民は、日本植民地体制の下で二〇世紀初頭から始まる東北開発ブームおよび農業の開発ブーム期に大量の流入者を加え、一九四五年代までに東北地域における朝鮮人移民は約一六五万人に達した[11]。この結果、現代中国において朝鮮族は、多数民族である漢族、ほかの少数民族らと共に、中国多民族社会の構成要素となった。ただし、日本の植民地時代の長きにわたり民族ごとの住み分けと職業分化が明確であったため、異民族間の物理的接触の度合いは限定されていた。また、植民地統治によって各民族社会内の秩序を維持しつつ、同時に、様々な手法を用いてそれら各部分社会を分断・孤立化させ、住民全体の政治的統一を阻止しようとはかった植民地統治政策によって、異民族間の意識や感情面での接触・交流も抑制されていた。朝鮮人移民の集合体は、第二次世界大戦終結直後においては、出身地、移住時期、教育水準、職種などの属性はまちまちで、地理的にも広く分布しており、一民族集団としての統一的な社会構造や中国への帰属意識は存在していなかった。中国全体からみた場合には、居住地域ごとに複数の独立した朝鮮族のコミュニティが点在していたに過ぎず、その間に水平的な繋がりや意識が存在していたわけではなかった[12]。

このような状態に最初の変化をもたらしたのは、建国後に急速に高まってくる現代中国をめぐる国内政治と国際情勢の影響であった。その一つは、一九五二年の延辺朝鮮民族自治区（三年後に自治州となる）の設立である[13]。朝鮮人移民が時代と共に集団形成を行っていく際、最も重要な要素となったのは建国直後の延辺朝鮮民族自治区人民政府の出現であった。自治区政府は、中共中央の民族政策の実施機関、および朝鮮族自治の行政機関として、公共施設の建設・管理などの現実的要求に対応すると共に、学校の管理・運営を含めた文化・教育活動も行った。このように、延辺朝鮮民族自治区は中国における朝鮮族の集団形成の基盤であり、朝鮮人移民にとっては原初的な帰属意識の対象であった。また、中国における朝鮮族の利益を代表するといった機能をも有しており、地域を超えた中国の朝鮮族社会におけるコミュニケーションの媒介となった。

さらに強いインパクトを与えたのは、朝鮮戦争開戦以降活発化する中国国内の政治運動の波及である。一九五〇年十月から中国人民志願軍が中国各地で結成されたことによって延辺にも朝鮮戦争への関与の枠組みがもたらされた。さらに、中国全土に広まった中共中央による「抗米援朝」のキャンペーンの影響も、朝鮮戦争開戦以降しだいに強まり、中国の朝鮮民族青年の志願兵としての派遣を契機に徐々に浸透していった[14]。「抗米援朝」の活動を支援する形での政治運動は、朝鮮族学校や労働者団体などの既存の組織を主要な舞台にしながら、各地の朝鮮族社会に広く及んでいった。

中共中央からの影響を受けて政治参加が進んだ一九五〇年代は、朝鮮族の政治的な覚醒の第一段階であり、地域を超えた水平的な共通意識が喚起された時期であった。また、「抗米援朝」のような政治動員の影響を受けた教育制度の改革によって、異なる方言地域出身者間にピョンヤンを中心とする朝鮮語と北京を中心とする漢語という二つの標準語、および中国ナショナリズムという共通の思想がもたらされた。しかし、朝鮮戦争という国際環境が強く影響して帰属意識の点からいうと、この時期に高まったのは朝鮮半島への帰属意識であり、中国への帰属意識は全体として低いままであった[15]。

このような朝鮮族の帰属意識は、一九五三年の朝鮮戦争休戦から一九五七年の整風運動発動に至る過程で変化を見せた。その中で重要な意味を持ったのが、一九五六〜五七年の百花斉放・百家争鳴運動とそれをリードした指導者たちの政治意識であった。

帰属意識の変化の背景としては、以下のような朝鮮族社会内外の状況変化があげられる。第一に、朝鮮戦争休戦により、朝鮮半島を支援する中国の朝鮮族の朝鮮半島向きの政治動員は急速に衰え、中国内部の政治情勢に関心が向いた。第二に、朝鮮戦争を経験した朝鮮族は、愛国主義と国際主義の影響を強く受けると共に、対外的に帝国主義に対抗する民族主義的な政治勢力の結集をはかった。第三に、朝鮮戦争の後、自治州はイデオロギー統制の緩い文化中心地となり、漢族の言語文化を受容する一方で、朝鮮族の文化と教育の再復興が行われた。特に、百花斉放・百家争鳴運動により、朝鮮族の抗日闘争の歴史と植民地体制下での民族独立意識を称賛し、民族的利益の擁護を目指す急速で大規模な政治的動員がおこった。第四に、百花斉放・百家争鳴運動の結果は、朝鮮族社会内での民族政策や制度に関する様々な主張の台頭と漢族の影響力の低下という、一九五〇年代前期に進展した朝鮮族社会の潮流をきわめて顕著かつ象徴的な形で映し出した。延辺朝鮮民族自治区の議席数（一九五五年）は、延辺人民代表大会の代議員約三〇〇人のうち、二〇九人（六九・七％）が朝鮮族、七六人（二六・三％）が漢族、回族、満洲族、モンゴル族が各一人で、朝鮮族の合計の議席数は大幅な躍進を遂げた[16]。

これらを背景として、朝鮮族社会全体を中共中央の指導のもとでまとめる求心力を生み出そうとする政治的動きがおこり、自治区から自治州に降格へと繋がった。この時期に理念的な基礎となったのが、自治区の中心的な役割を担いかつ初代自治州長に就任した朱徳海の主張であった。彼は、一九五〇年代初めから、①中国の朝鮮族社会全体を統合する組織を結成して朝鮮族の経済的利益を保護・促進する、②そのような組織を通して朝鮮族に中国への帰属意識を植え付ける、③さらにそれを基盤にして漢族との協調を促進し、朝鮮族の統合と自治権の獲得を目指す、ということを一貫して主張しており、この考え方が自治州の基本理念にも反映された[17]。この時期になって初めて、朝鮮族社会の統合、中国への帰属意識の醸成、漢族との協調という三つの概念が中国の朝鮮族全体に向けて主張された。

(三) 政治運動過程における民族内統合

朝鮮半島への帰属意識から中国への帰属意識への転換は、朝鮮戦争休戦から一九五八年の整風運動発動までの間に、全体としては様々な方面で着実に進んでいった。朝鮮族関連集会や組織の消滅もしくは中国化、マスコミの論調の朝鮮半島離れ、一級行政区の自治区から二級行政区の自治州への移行、朝鮮民族教育の中国化などがこの時期に集中的におこった[18]。また、朝鮮族学校の設立や、既存の朝鮮族組織の漢族との結合など、朝鮮族社会全般における政治的組織化も、従来にないペースで進展していた。このように、自治州の成立に向けて、まずは同一民族内の結束と共に、中共中央の社会主義運動による共通意識の醸成が進んだ。

しかし、これを朝鮮族内の一元的な中国化への統合、もしくは中国国内の一少数民族としての朝鮮族という均質な民族意識の確立とみなしてよいのであろうか。それを見極めるためには、上述したような朝鮮族社会内の凝集力の高まりが、国内的な求心力以上に国際情勢という外的要因によって促されてきた点、および以下に述べるように、全体としては統合の傾向が強まる一方で、帰属意識や対外認識、および漢族との関係をめぐって、朝鮮族社会の間で考え方の差異が明確になっていった点を考慮する必要がある。特に、百花斉放・百家争鳴運動後の中国の朝鮮族社会では、急速な政治参加と政治的組織化、さらには諸勢力間の競合関係が強まる中で、民族主義者が増幅されていく傾向があらわれた。それは結果的に、朝鮮族の民族主義を煽ることとなり、中共中央の国民統合とは逆行する結果を招く現象もあらわれるようになった[19]。

朝鮮戦争休戦から百花斉放・百家争鳴運動を挟んで整風運動発動に至る朝鮮族社会の政治過程を理解する場合、帰属意識と対外認識における相違に基づいて、中国の朝鮮族を二つのサブ・グループに分けて考えることが有効であろう。

第一のグループは、比較的初期の段階に中国革命に参加し、漢族社会での活動に伴って漢語教育を受け、中国的思考と生活様式を身につけた朝鮮族である。彼らの多くは、中共の社会主義体制下で政治的エリートや指導者として経歴を築くと共に、漢族官僚との密接な関係を背景に、朝鮮族社会の公式的な長もしくは政府機関の幹部などを務めていた。その結果彼らは中国化が進んでいたため、朝鮮半島よりはむしろ社会主義中国への帰属意識を持っていた。また、外国語としてロシア語を重んじて同様にロシア語教育を受けた漢族の上層部との間に密接な交流を持っており、ソ連一辺倒の対外認識が強かった[20]。

第二のグループは、大量移住期以降中国東北に渡って農民、小規模な自営業者などとして住み着き、主に地域コミュニティの中だけで社会化した移民である。朝鮮族の中で圧倒的多数を占める彼らの特徴は、①各朝鮮語方言を母語とし、基本的に漢語は話せない、②移住後も朝鮮半島的な伝統、文化、習慣に固執する、③朝鮮族相互扶助組織を通して利益の保護・促進や自己表現を行う、④帰属意識は朝鮮半島か、地域コミュニティに限定される、また、対外認識においては朝鮮半島を常に念頭においていた、と要約できる。[21]

本論文では、便宜上、第一のグループを「漢文派」、第二のグループを「朝文派」と呼ぶことにする。朱徳海を含めた「漢文派」指導者は、朝鮮半島との物理的、精神的紐帯に固執するのではなく、中国居住民としての意識を持ち、中国全体の利益の拡大に関心を払うよう訴えた。これに対して、数的に圧倒的優位を占める「朝文派」およびその指導者（多くは文学者や教育者であり、かつ延辺第一高等学校や延辺大学などの民族教育機関の要職を務めた）は、元来中国への帰属意識は低かったものの、建国後の情勢変化により中国という枠組みを強く認識させられるようになった。そして、社会主義中国建設へ向けての広範な動員が求められた一九五〇年代においては、「漢文派」、「朝文派」両グループの上層部が自治州政府の下に協力関係を結び、前者が中共中央政府および漢族の代表との交渉、後者が草の根的支持の動員という、それぞれの属性に応じた役割分担に従って政治的リーダーシップを発揮していった。[22]

日本の植民地支配から解放された中国における朝鮮族のコミュニティの集合体が、中国への帰属意識を高め、全体の利益を代表する民族自治地域を持つに至った過程は、確かに中国の朝鮮族が民族内統合へ向かう過程であったとみることができよう。しかし、この朝鮮族社会が、一九五〇年代に漢族との関係、および帰属意識と対外認識に関して統一的な意思を形成するまでに至っていたとは考えにくい。特に、建国後十年ほどの間におこった急速な変化は、朝鮮戦争など外的な要因に助長されながら、朝鮮族社会の一部指導者層が推進した「上から」の統合のプロセスであり、脱日本植民地化と社会主義中国建設に向かう時代の要請に呼応した統合であったということができよう。

建国後の民族自治達成期には、同時にもう一つの新たな政治過程、すなわち民族自治の政治・経済体制の枠組みを決める交渉が、民族間の利害調整を軸にして展開していた。各民族の統一的代表の設定と各民族の利害の明確化を経て、中国の国民統合問題が政治の前面にあらわれてきた。この交渉過程において、朝鮮族側を代表したのは「漢文派」指導者であった。彼らは、民族間で利害が対立する問題の処理をめぐって、「朝文派」指導者との間で妥協点を見出すべく、行動をとった。その概要は、民族ナショナリズムを強調せずに社会主義体制を維持すると共に、政治面においては主たる決定権を中共中央側に与えると共に、朝鮮族に対する民族自治の取得条件の代償として、文化面において中国的価値を優先する（具体的には、中国歴史の教育、漢語の単一国語化、漢語と朝鮮語の二言語を媒体とする統一的な民族教育体制の設立など）、というものであった。[23]

自治州においては、各問題ごとに民族間の利害を個別に調整するのではなく、すべての問題を包括的に取り扱い、民族間の利害の総和を調整しようとする方法がとられた。その結果、各指導層の利害を反映するものであった。「漢文派」指導者にとって、自らが属する階層の政治的および経済的な権益と活動自由を保障することは重要であった。反面、その文化的背景から朝鮮半島の言語文化や朝鮮民族の歴史教育といった民族文化の堅持にはさほど執着がなく、妥協できる問題だとみなされた。[24] その中で、一九五五年一二月二〇日に延辺は自治区から自治州という二級行政区への降格（吉林省の一部となる）という政治的な変動もあらわれた。

建国後六年間の準備期間を経て一九五五年に設立した自治州の政治体制は、民族は異なっても漢語と朝鮮語のバイリンガル教育を通して文化的・イデオロギー的に同質性が高く、加えて、建国準備過程における漢族と朝鮮族の共同作業と朝鮮戦争で共同作戦の実績を通して密接な関係にあった。また、互いの政治・文化的役割、つまり中国の社会主義支配構造と結び付いた朝鮮族の「漢文派」の政治力と自治州に結集する朝鮮族知識人の「朝文派」の文化力を相互に評価し合っていた。

しかし、この体制は、朝鮮族中下層の政治意識が低いことを前提に、朝鮮族と漢族の指導者が結集して一つの自治政府を形成するためのシステムであった[25]。民族内の統合やコンセンサスを基盤に、民族間の国民統合を目指そうとする体制ではなかった。むしろ、民族内にそのようなコンセンサスを形成するシステムが十分に確立していなかったために、換言すれば各民族の中下層の政治参加が十分になされない段階で、各民族上層部が戦後復興のための階層的な利害を民族ごとの利害に優先させることができたがために、建国初期においてこのような体制が可能となったと言えよう。

二　朝鮮族社会をめぐる国際環境

建国後、中国は独立国家として国際社会の一員になるための道を辿ってきた。毛沢東時代は共産主義国家としてすべては共産主義のために存在し、革命のためにはすべてを犠牲にすることこそ社会主義の最高の徳目として賞賛する革命至上論が支配的であった。その統治において、対内外の政策を問わず、絶えず危機意識を造成し、緊張感を拡大することがひとつの特徴であった。また、その統治期の国内政治や外交政策の実行などにおいて、これまで築いてきた革命成果を保障できるものとして、徹底した政治優先という政治的忠誠心こそが最も大事な社会主義規範として認識された。その背景には、階級闘争が国際的次元において適用されたために、国家間の危機造成が志向されただけでなく、帝国主義に対する反対運動も一辺倒の性格が支配的であったという国際情勢があった。[26]

中国の対外関係において、政府樹立を前後して当時の内政と外交を考慮した場合、十分な独自性を保有することができなかったために、外交は制限を受けざるを得なかった。したがって、ソ連一辺倒を選択するようになった動機と背景は初期の対外認識を分析する上で重要である。[27] 中共がソ連に対して一方的に一辺倒の態度を見せたのは、一九四九年六月三〇日に発表された毛沢東の「人民民主専政を論じる」という論文に起因した。毛沢東は論文の中で「一辺倒は孫中山の四〇年間の経験と共産党の二八年間の経験が示唆するものである。この期間の経験によると、帝国主義側へと傾くのでなく、社会主義側に向かうべきである。例外はありえないし、機会主義的な態度は捨てるべきである。第三の道はない」[28]と主張した。このような中国側の公式的な立場は中共中央政府樹立直前の一九四九年九月（二一〜三〇日）に開催された中国人民政治協商会議で採択された共同綱領の中でも再確認された。[29] 一方、一九五二年以降、中国では全面的にソ連に学ぼう、というキャンペーンがおこり、その中心的内容の一つはソ連の理論体系を学習することにあった。その時から、中国の各大学の学科の編成も、研究機関の部門編成も、ソ連の理論体系を真似し、移植するようになった。

中国がこのようにソ連一辺倒政策を公にしたのは多角的に分析することができる。国共内戦の終了間際にも周恩来はアメリカと交渉を展開して大勢が中共に有利に傾き始めていたため、経済的・軍事的援助を要請した。しかし、アメリカの反応は内政に関する不介入の意志だけの表明にすぎなかった。中共がアメリカに不信を抱き、非難するようになったのは不干渉宣言にもかかわらず、アメリカは事実上、国民党の蒋介石政府を支援し、アメリカ国内の雰囲気が反共産主義的であったためであった。[30] したがって、反米感情がそのまま反帝国主義闘争へと連結されることが可能であった。

特に、朝鮮戦争の勃発は、中国指導者にとって事実上の軍事的な安全保障問題について深刻に受け止めざるを得ないようにした。また、アメリカのアジア全域に対する封鎖政策の実施は両国関係を向後数十年間において敵対的関係に陥れた。朝鮮半島における両国軍隊の直接的な交戦は、中国にとって安全保障上の軍事同盟に対する依存をさらに加速化させた。これと関連して社会主義陣営の内部の団結を強化して平和共存を堅持しようとするイデオロギー的な要因も看過できないと考えられる。ソ連は国際共産主義運動を主導する中で、資本主義陣営との対決を「両大陣営論」の立場から展開した。したがって、中国は中ソ同盟を根幹としてアメリカとの抗争を「抗米援朝」運動として規定する一方で、ソ連との従属的な依存関係を受け入れるようになった。もう一つの背景としては、政権初期の社会主義的な生産方式による経済復興において、社会主義先進国のソ連の援助が必要不可欠であったためであった[31]。

事実上、このようなソ連一辺倒の政策は以下のような結果をもたらした。第一に、「中ソ友好同盟および相互援助条約」が締結された[32]。第二に、中国国内の長春鉄道と旅順港、および大連に関する協定があった[33]。第三に、ソ連が中国に対して長期的な経済借款を提供するという協定があった。総額三億ドル規模の借款を一九五〇年から一九五四年末まで毎年六千万ドルを供与するということ、その利子は年利一％という低い利子で一九六三年末まで一〇年間中国が返済するということであった。実際、中国はこれら借款を利用して発電所、工場、および鉱山設備、鉄道、輸送手段機材などを導入して経済発展をはかっていくことができた。

しかし、ソ連一辺倒と「抗米援朝」は否定的な結果ももたらした。中国人民解放軍の朝鮮戦争への介入は中国のイメージを好戦的で侵略的なものとして浮かばせたし、アメリカの反共政策で国際社会での孤立を甘受しなければならなくなった。その後、中国が国連加盟国としての地位を回復するのに二〇年間の年月を要した。国際環境が冷戦構造で再編される過程であったために、中国が選択した一辺倒的態度は共産主義陣営内部に限って及ぼされる限定的な平和共存原則にとどまっていた。

以下では、上述のような中国をめぐる国内外の情勢変化を踏まえて、朝鮮族社会の外来言語文化の受容過程を考察したい。

第二節　朝鮮族社会の外来言語文化の受容過程

一　中共中央の外来言語文化の受容に関する政策

（一）教育課程における外国語

建国直後の中共中央政府は、国家発展の精神的基盤づくりである社会主義建設の使命感、および「中国公民」の一員としての民族共同体意識を高揚させる教育の革命化を強力に推進する一方、一九五〇年に結ばれた中ソ両国間の友好同盟協力関係のもとで、「経済、文化の発展を促進し、両国間の兄弟よしみをさらに一段と強固にし拡大する」[34]という政策を打ち立てた。そして、その間に挟まれた朝鮮族の外国語教育を中心とする外来言語文化の受容も、その一環に組み込まれており、日本語あるいは英語よりも、ロシア語の習得を通じて、国内的にはナショナリズムを高揚させると共に、対外的には「極東および世界の平和を維持する面で、一致した行動をとる」という中ソ両国の同じ願いを実現させることに重点がおかれていた[35]。また、このソ連一辺倒政策のもとで、ロシア語に対する社会的需要性と学校教育におけるロシア語学習者の急増の現象である「ロシア語ブーム」があらわれてきた。

一九五〇年八月、教育部から公布された「中等学校暫定教学計画草案」では「中等・高等学校における外国語は一種に制限され、教師と教材などの面で適する学校はロシア語を設置すべきであり、また、今まで英語を教えたクラスは続けるべきで、途中でのロシア語への変更は認めない」と規定している[36]。これは建国後、はじめての中等学校の外国語課程設置に関する政府の規定である。まずそのことは、いうまでもなく、従来の中華民国時代の外国語教育における英語重視の伝統への見直しと共に、ロシア語教育の役割に目を向け、その地位を高めるための動きが強くなっていることを意味していた。

その後、教育部の一九五二年三月発の「中等学校暫定規定草案」と一九五三年七月発の「一九五三年八月から一九五四年七月までの中等学校教学計画の調整方法」の中で、さらに明瞭にあらわれているが、外国語科目におけるロシア語の必要性を強調し続けた[37]。その結果、大学における英語教育にも影響が出た一九五四年から、上海華東師範大学を除く全国の各大学の英語学部はその募集が中止された[38]。そして、各中等・高等学校ではロシア語科目設置を要求する声が高まりつつ、学校教育における英語の必要性が問われはじめた。

そこで、この問題に対する議論のきっかけとなったのが、一九五三年七月五日、教育部の機関誌『人民教育』に発表された濮浣澄氏の「英語教育に関する諸問題」という論説であった。論説は、当時の状況について、次のように述べている。「現在、中等学校の学生は英語よりロシア語を学びたがっている。それに対して英語教師たちは途方に暮れる毎日、その中には失業さえ憂慮する人が少なくない」。また幾つかの例をあげて説明してから、最後の部分で論説は以下のようなことを指摘した。「中学校における外国語教育の存在意義、とりわけ、英語科目の必要性について、多くの学生と教師の間には間違った認識が多々ある。もしこの認識上の問題を解決しない限り、英語教育の混乱した状況は続くであろう」。[39] このような外国語教育の意味をめぐる問題提起の背景には、国民養成を目的とする義務教育段階としての中等学校教育と知識人の養成を目指す段階としての高等学校教育におけるそれぞれ異なる社会的任務があった。したがって、普遍的な知識（ワールドワイドな知識）を摂取するために、特に公民化教育機関としての中等学校において、その摂取の回路としてロシア語と英語のどちらを普遍語として採用するかという論争は避けられなかった。

以下は、このような訴えに対する同期雑誌・『人民教育』七月号に載せられた教育部の「中等学校の英語教育の諸問題に関する回答」の一部分である。『中等学校暫定規定草案』でも決めたように、外国語については、各学校の具体的な条件によって、ロシア語か英語のどちらかを教えなければならない。なぜなら、ソ連に学ぶために、ロシア語は最も重要で不可欠なものであり、また、英語も多くの国々が使用する言語なので、政治的、学術的な面で二つとも必要である。しかし、現段階、全国の中等学校の中で、ロシア語を教えている学校の数はまだ不十分なため、続けて増加すべきである。したがって、英語を教える学校の数も自然に、少しずつ減少するであろう。ただし、これは中等学校でロシア語だけ教え、英語は教えないということを意味しているのではない」。[40]

こうした教育政策は、いうまでもなく、「中ソ両国間の経済、文化関係を発展させ強化する」と規定した「中ソ友好同盟相互援助条約」（一九五〇年）の第五条、および「双方は互いに技術上の資料を提供し合い、関係ある情報を交換すると共に、専門家を派遣する」と公表した「科学技術協力協定についての共同コミュニケ」（一九五四年）などの共同宣言を基礎としたものである。[41] そして、その裏には、ロシア語の全国への拡大によって、効果的なソ連との国際的協力を発展させるための広範な可能性を切り開こうという意図があった。

しかし、そうかといって、ロシア語普及を求める外国語教育政策が、英語をはじめとするほかの外国語の必要性を認めないわけでもなかった。なぜなら、確かに、英語教師の間では、学生が英語に対する情熱がだんだん冷えているという不満の声もあがる中で、注目すべき点として、「中ソ両国政府共同宣言」（一九五四年）の「宣言文」にも書かれている「両国政府は、あらゆる国際的活動に引き続き参加すると共に、国連憲章に基づいて国際平和を維持する上で、主な責任を負っている」[42]というような国際問題の討議に参加しようとする政治的な要請に応じて、ロシア語以外の外国語、特に英語教育の正当性を確立しようとしていた点である。また、当該時期の国内外の情勢変化から考慮しても、上述のような見解は、英語を普遍語として位置付けるべき必要性から、英語＝普遍語という立場に対する一種の妥協でもあった。

(二)「ロシア語ブーム」末期の外国語教育

ソ連型社会主義の集権制モデルからの離脱の試みであったとよく知られている一九五八年の大躍進・人民公社化運動は、あくまで経済的意味に限定され、生産と生活における自力更正、および農業と工業、農村と都市、肉体労働と頭脳労働の三大格差の是正を理念とすると言われている[43]。それは、政治的には漢族の少数民族地域への大量移民入植という結果をもたらした。また、この運動をきっかけに中ソ関係はさらに悪化し、外国語教育においてはロシア語が急速に英語に取って代わられた。

「ロシア語ブーム」末期における外国語教育の動きには、学校教育における位置付け、その対象となる第一外国語の選択、およびその教育内容において、ロシア語ブーム期に比べ、明らかな相違点があった。

第一に、学校教育における外国語そのものの位置付けの違いがあった。一九五七年六月、教育部は「一九五七—一九五八学年度中等学校教学計画」を発表し、一九五七年度の冬学期より、条件が整った中等学校での外国語科目の開設を認めたと同時に、英語の学習者数を増加して、ロシア語と英語の学習者の比率を半々に変えた[44]。半年後の一九五八年三月に発表した「一九五八—五九学年度中学教学計画」では、中等学校における外国語の重要性を説明し、開設に向けての具体的な措置をとった。「教学計画」では、「外国語は中等教育の中で基礎知識の一部分であり、各国の科学技術をとりいれる際の重要な手段である」とその役割を再び強調した[45]。これは、事実上ロシア語=普遍語という政策からの軌道修正であった。そして、外国語選択の問題については、各省、自治区、市の教育庁で、採用可能な外国語教師と当地の学校の状況を踏まえて、慎重に解決すべきであると指摘した[46]。

以上のように、中央政府の外国語教育に対する認識は、「ロシア語ブーム」期に比べて重要視されつつあったが、「戸惑い」と「柔軟性」をもあらわしている。その背景には、当時の学校教育で最も積極的に行われた識字教育運動と「普通話」の普及政策があった[47]。この識字教育と直結しているのが「普通話」とされた漢語の普及政策であった。一九五七年一二月一一日の『人民日報』社説「当面の文字改革の任務と漢語ピンイン法案」では、「漢字を改革すること、それをさらに容易に広範な人民に掌握させて、思想を表現し、民族文化を普及し、向上させるのに役立つようにすることは、中国人民の長い間の念願であった」と述べている[48]。つまり、識字教育と「普通話」の普及政策は国家の重要なプロジェクトに位置付けられていたのである。「漢語普及」を目指す学校教育は、目下の課題に追われ、それに対処するために、外国語教育にまで影響を及ぼし、外国語教育の柔軟性を生み出す一要因となった。

第二に、外国語教育政策上において、第一外国語の対象をめぐる議論の対立が存在した。一九五九年三月、教育部は「中等学校における外国語教育の開設と強化についての通知」を提出し、今後、中等学校は重点学校・非重点学校の二種類に分けられ、重点学校の教育においては、外国語科目の開設を徹底させ、非重点学校の教育においては、外国語科目の開設を認めなかった[49]。また、重点学校の中等教育における外国語を主にロシア語と英語に限定し、学習者数の三分の一がロシア語、三分の二が英語とほかの外国語が占めるよう要請して、英語を第一外国語としてとりあげた[50]。

このように、中央の外国語教育政策は、強制的な手段による中等教育における外国語の開設と英語教育の拡大によって、ロシア語一色の現実の状態を変えようとしていた。しかし、一九五七年に始まる反右派闘争[51]、一九五八年の社会主義教育運動[52]などの政治運動が続く中で、実際の外国語教育にはあまり反映されることがなく、一九六四年になっても、「中等・高等教育におけるロシア語と英語の比率は、ロシア語が三分の二、英語が三分の一」[53]という状況であり、政策を打ち出す前と変わりがなかった。その理由として最も重要な問題は、教師の質と数であったのではないかと考えられる。例えば、一九五六年の大学における英語教員数は五四五人で、同年のロシア語教員数の一九六〇人を大幅に下回っていた。特にロシア語教育の拡大に伴って、義務教育段階の英語教員の質の低下という問題が急浮上した[54]。

第三に、外国語教科書の内容とその教授法についての議論があった。一九六一年四月、教育部は「全国文科系の教科書編纂に関する会議」を開催し、政治と教科書との関係において、外国語教科書そのものに内在する政治性を強めるべきであると提案した[55]。しかし、あまりにも政治的語彙を入れ過ぎると外国語教科書としての性格がなくなり、外国語教育の本来の目的が果たせなくなるという反対意見も浮上して、その対立は文化大革命直前まで続けられた。それを象徴するのが、教科書の編纂と教授法の改正案である。それについては、第二節での教科書編纂についての分析を参照されたい。

二　朝鮮族社会の外来言語文化の受容

(一)　建国初期の過度期における外来言語文化の受容

第二次世界大戦終結に伴う中国東北地域の教育の転換に対する接収作業と少数民族の外国語教育について、その転換過程で導入された「ロシア語ブーム」を中心に分析する。その上、建国後における外国語の位置付けについて概要した上で、自治州の言語使用状況と外来言語文化の受容を検証したい。

第一に、建国から自治区成立まで、中共は一九四五年以前の皇民化教育を一掃し、新民主主義的教育を急いだ。「延辺朝鮮族自治州朝鮮語文工作条例」において、漢語と朝鮮語の間に「言語文字の平等原則」が規定されているとは言え、実際には漢語が上位言語として機能していたため、朝鮮語の漢語化が進んでいた(56)。

第二に、社会主義体制のもとでの新たな教育制度、そして外国語教育の柱であるロシア語教育の確立を必要とした背景は、主にソ連型社会主義の集権制モデルの正当性を示すためであった。すなわちソ連型社会主義は、当時の中国にとっては普遍的理念であったから、これを移植するためにもロシア語を普遍語として位置付ける必要があった。そのため、このモデルからの離脱の試みでもあった大躍進・人民公社化運動による中ソ関係悪化以降、自治州の漢族の学校における外国語は一気に英語に取って代えられた。中共によって推進されてきた少数民族教育は、「中国公民」の一構成員としての一体感の形成に重点がおかれ、外国語教育においては日本語の排除とロシア語の普及のための作業が行われた。自治州のロシア語教育には中ソ関係の変化とは関係なく、文化大革命終息まで第一外国語としての地位が与えられてきた。越境的な存在として母語である朝鮮語を身につけてきた朝鮮族は同時に、中国国内では「普通話」＝漢語の習得が要求されており、朝鮮語・漢語に加え、ロシア語を学習していた朝鮮族にとって、さらに新たな外国語をとりいれるのは負担が大き過ぎたことも背景にあったであろう[57]。

中国の朝鮮族における外国語教育は、いわば「上からの改革」として、中共中央政府の教育部によって推進されてきた。建国後、新政権は政治的、経済的、文化的一体感を持っていなかった朝鮮族に対して、「中国公民」の一構成員としての一体感、およびアイデンティティというものをつくりだすため、かつて「国語」として教えられた日本語を排除し、外国語としてロシア語を朝鮮族の社会主義建設の一環として取り組んだ。その結果、朝鮮族の知識人階層においては、特に漢語と外国語としてのロシア語の能力が重視された。建国後、民族学校設立以来、朝鮮族の民族教育における外国語は一貫してロシア語であっただけでなく、その第一外国語としての影響力は社会言語生活にも及んで、ロシア語からの借用語が幅広く使われていた[58]。

建国後、社会主義体制が確立してから約三年間、教育はその方針・政策を社会主義体制に即応したものに変わった。一九五二年三月一八日、教育部は「中等学校暫定規程（草案）」を実施した。「規程」では、各地域の中等学校では、外国語科目としてロシア語か英語を設置するよう規定した[59]。

ところで、漢語が共通語として位置付けられた社会状況の中で、マジョリティの言語である漢語と民族語である朝鮮語、それに外国語という三言語教育を受けなければならない朝鮮族の場合、三言語を同程度に、しかも高水準に習得した「均衡型」のトリリンガルになるのは極めて難しいことであると言えよう。もちろん外国語学習の圧力は一般国民にはアイデンティティ喪失要因ではないが、三言語教育の過程において民族語を軽視して漢語を強制する経過で、どの言語も中途半端になる可能性が高く、それは民族的アイデンティティ喪失の危険性をはらんでいると考えられる。したがって、上記のような外国語教育政策の激しい変動それ自体よりも、むしろ、彼らにおいては、中央政府によって積極的に押し進められた少数民族教育政策こそが、最大の課題であったのであり、また朝鮮族の言語教育と文字生活において深刻な弊害をもたらしたと思われる。

一九四五年、戦争の終了に伴い、東北解放地域の朝鮮人民族学校では、中共の「言語平等」政策の保証のもとで、教育課程と教科書の面においても新しいスタートを切るようになった。すなわち、「満洲国」期の日本語および日本歴史と地理を教育課程から排除し、その代わりに朝鮮語および朝鮮の歴史と地理を導入すると同時に、すべての教科の授業を民族語である朝鮮語で行うようになった。(60) このような民族教育の復活の背景には、次々と採択された少数民族教育政策という要因があった。では実際のところ、これらの新しい少数民族教育政策が朝鮮族の民族教育、特に外国語教育にどう反映されていたのかを見てみよう。

まず、延辺行政督察専務公署は、中央政府が主張する「新民主主義教育方針に従う東北解放地区教育方針」によって、一九四六年六月に、吉林省暫定教育方針の具体的内容についての規定を発表した。(61) こうした中共による政策は、日本の植民地支配のもとでの最後の数年間、学校で自民族の言語文字を学ぶ権利まで奪われていた東北地域の朝鮮族にとって、(62) その姿を消してしまった民族教育の復活に、理論的根拠を提供した。しかし、そもそも当時は東北地域の政治的情勢が不安定であり、初等・中等学校教育に対する統一的な指導がなく、学制や教育課程にはかなりの多様性が見られたと考えられる。ここでは、松江省（黒龍江省）朝鮮族中等学校の一九四七年三月と一二月の二つの教育課程案を比較してみた。(63)

教育課程案は東北行政委員会の規定、つまり「中等・高等学校は、各三年の中学校六年制を実行し、教育課程はしばらく各学校が自律的に設定する」という指示に基づいて、当校が自ら作成したものであった[64]。中等学校三年の教育課程としては毎週四〇時間という授業時数の多さと教授科目の多様性からも、当時の朝鮮族中等学校が文化的知識を重視していたことが示されている。ところが、三月に作成された同校の教育課程案は一二月には改正させられた。後者は前者より教授科目数および授業時数が削られていた。さらに、ロシア語と英語が外されただけではなく、毎週の総授業時数は一二時間少ない二八時間となっていた。それにもかかわらず、政治科目の授業時数は二～三倍以上に増えていた。このような大幅な改正が行われた背景には、国共内戦という特殊な環境があった。内戦の本格化と東北地域における土地改革[65]などによって、文化知識の伝授よりも、マルクス主義のイデオロギー教育を重視する政策がそのまま、中等学校の教育課程に反映されたのである。

とりわけ、外国語教育について、朝鮮族と漢族の教育課程の変更を比較してみよう。表1―1は、一九四八年八月に開かれた東北解放区第三次教育会議により、統一された一九四九年東北地区朝鮮族・漢族の中等・高等学校の教育課程における「語文」科目の課程案である。

この表からは、ロシア語が、「語文」科目の中の言語として位置付けられた点においては、その共通性がみられる。しかし、課程案では「朝鮮族の中等学校

表1-1　東北地区朝鮮族・漢族の中等・高等学校の「語文」科目課程案（1949年）

民族＼学年		中等学校			高等学校		
		1	2	3	1	2	3
朝鮮族	朝鮮語	6	6	6	4	4	4
	漢語	3	3	3	3	3	3
	ロシア語			4	4	4	
漢族	漢語	6	6	6	6	6	6
	ロシア語	3	4	4	4	4	4

出所：前掲書『延辺朝鮮族自治州教育志一七一五～一九八八』、112 頁、前掲書『東北解放区教育史』、69 ～ 70 頁より作成。

のロシア語に関して、その学習条件が整った地域に限って、週に三時間の教授を認める」と記述されている。[66] この記述によって、朝鮮族の中等教育の課程で、漢語は必須科目とされ、外国語は選択科目として開講してもよいことになった。つまり、これは民族学校における外国語の柔軟性が認められたことを意味している。したがって、漢族学校より民族教科が多い朝鮮族学校では、「語文」科目において、漢族学校とは違って、漢語はその授業時数を増やしながら、中等学校のロシア語を外し、高等学校の朝鮮語の授業時数を減らす方法で平衡を保っていた。

当時の少数民族教育は、初等教育の普及と青壮年の非識字一掃に大きな使命が与えられ、特に漢語の習得が重要視された。[67] 確かに、建国当時、漢語を知らない朝鮮族学生がほとんどであって、[68] 彼らは自己の居住する地域や集団への所属意識はあったとしても、「中国」という国家への帰属意識は強いとは言えなかったと思われる。そのような中で、建国当初から中央政府が解決しなければならない問題として直面したのは、彼らに「公民」という意識を醸成し、「中国公民」の一員であるアイデンティティを持たせることができるのかという課題であった。まさに、その答えの一つが「言語教育」であり、ここではその中でも極めて柔軟な存在であった外国語教育に注目したい。

教育部は、一九五四年一一月一三日に「中等学校における外国語科目の取り消しについての通知」を発表し、「中等学校で外国語科目を設置しない理由としては、学習者の負担を減らし、中国語学習に集中して識字教育をより効果的に推進するためである」と説明した。[69] さらに、一九五四年一一月一八日、教育部では、朝鮮族の「語文」教育について、次のような指示を出した。「朝鮮語と漢語の二言語教育のほかに、外国語も教える朝鮮族の高等学校においては、学習者の負担と大学入学試験を考慮し、朝鮮族の大学入学試験科目の中で外国語科目を免除する」。[70] このような教育部の教育政策によって、外国語科目は中国語の授業時数の増加に伴い、一九五四年の冬学期から一九五七年の冬学期まで朝鮮族中等学校の課程案から消えてしまった。すなわちこれらの措置は、朝鮮族には外国語は不要であるという考えの一端を示すものであり、漢語教育を徹底することにより朝鮮族を「中国公民」化するという政策のあらわれであった。

次に、外国語教科書の編集について検討してみたい。朝鮮族学校の初等・中等・高等学校では、建国前の一九四七年から地元（自治州）の民間出版社で編集出版した教科書を使用し始めた。しかし、一九五二年五月、北京で開かれた「第二次全国教材出版事業会議」の決定によって一九五三年から教育部で検定し、国営の人民教育出版社が編集した教科書の翻訳版を使用するようになった。[71] したがって、「自治州の出版社の教科書編集出版事業は、翻訳事業と自主編集事業に分けて行われた。前者は、人民教育出版社で編集出版された全国統一教科書を朝鮮語の規範に合わせて翻訳し、その内容の一部分を改正して民族性と地方性をもたせる作業であった。それに対して後者は、自主的に編集した教授カリキュラムで作成した教科書で、主に朝鮮語、漢語、音楽、美術などの科目であった」。[72] いうまでもなく、外国語としてのロシア語教科書は朝鮮語翻訳版を採用し、全国統一教科書の使用が定められた。建国後、初めてロシア語の全国統一教科書として採択されたのは、教育部が一九五五年に当時の高等学校の教育カリキュラムにしたがって編纂した高等学校用暫定教科書『ロシア語』（全三冊）であった。[73] このような全国統一教科書の採択はロシア語の普遍語化の一つの証でもあった。こうして、この統一教科書は、中華民国以来のロシア語による中国外国語教育における統一性の象徴とされた一方、建国前の英語や日本語などのほかの外国語教育についての言及は棚上げされてしまった。

以下では、教授法をめぐる変化をみてみよう。教授法においては、建国前、外国語教育の現場で使用された「直接法」は母語を排除する「反動的」方法論として否定され、ソ連の「自覚対比法」（対訳法）を全国的に普及させようとした。[74]「自覚対比」教授法は、「理論分析の上で、実践と模倣を重視し、母語（漢語）と文字材料を基本とする」という原則に従って、建国以降の中国における外国語教育の教授法の中で最も重要な地位を占めるようになった。[75]ただし、ここで言われる「母語と文字材料を基本とする」とは、漢族学校において漢語とロシア語との比較を通じて、学習者としてロシア語の習得にとどまらず、共通語としての漢語の向上を実現する作用をも有するものであったに違いない。

ロシア語ブーム期においては、ソ連の経験に学び、母語（漢語）の存在を重んじる「自覚対比法」を肯定的にとらえ、その積極的側面を吸収しようと努め、逆にその消極的・否定的側面を見落としてきた、または故意に排除した。しかし、その結果としては、「漢語式ロシア語」、あるいは「漢語式英語」が社会の中で氾濫することになり、教育現場では厳しい批評があらわれてきた。[76]そして、一九五九年の中ソ関係悪化以降、ソ連をモデルにした外国語教授法においても全面的な改正が求められるようになった。いわゆる国家的要請、およびそれに資する人材の養成に対する見方を変えなければならなかった。つまり、「漢語式外国語」の氾濫を防ぎとめ、実用の外国語を教えるために、話しことばの考慮と母語使用の制限を特徴とするアメリカの「聴説法」（The Audiolingual Method）がとりいれられた。この新しい教授法は瞬く間に外国語教育の現場で展開され、教授法の画一化、より広い意味では話しことばとしての外国語の画一化を目指すようになった。[77]この教授法において重視されたのは、話しことばとしての外国語の普及であり、文字に載せられた発音の統一と規範化であった。しかも、それが統一されることによって、はじめて「漢語式外国語」の氾濫を防ぎとめ、共通に用い得る外国語（話しことば）を活用する外国語教育への転換をはかった。

おわりに

本章においては、建国以前の朝鮮族歴史の重要性を踏まえつつも、建国から百花斉放・百家争鳴運動までの朝鮮族社会の外来言語文化の受容をめぐる議論や政策の実体的側面により焦点を当て、建国以後の国民統合過程における外来言語文化受容の制度面、とりわけ教育体制としての中共中央の外国語教育政策形成における構造的問題を時系列的に考察した。具体的な論点としては、建国後中国をめぐる国内外の情勢変化を背景とした近代化構想とその中での外来言語文化の受容をめぐる議論、またこうした構想に基づいた具体的な外国語教育の形成の実態と問題点、などをとりあげた。そして最後に以上の議論を踏まえながら、中国国民統合における朝鮮族社会の外来言語文化の受容過程を検討し、そこから当該時期の朝鮮族社会における外来言語文化を媒体とした国際化と異文化理解の可能性や限界についても考察した。

建国初期の学校教育における外国語は、政策上、第一外国語としてのロシア語の地位は認めつつあったが、思想的な調整期にあったゆえに、英語を含む多様な外国語教育の拡大に対しては、理解するよう努めはじめた段階にとどまっていた。特に、ロシア語ブーム期の外国語教育は、かなり短期間の間に数回の改正が行われた。しかし、重点科目とされた外国語科目は、漢語の普及という学校の言語教育を貫通する社会的論理の前で、あまり重要視されることがなかった。したがって、経済発展への希求に応じて、朝鮮語・漢語・外国語、つまり三言語教育を期待する朝鮮族において、ロシア語ブーム期と言われても、彼らにとっては、「授業時数の削減」、大学入試科目として「外国語の免除」などのような指示に従わざるを得なかったものであったと考えられる。言い換えれば、大学入試における「外国語の免除」は、普遍語である外国語を学ぶ必要がないという点で朝鮮族のエリートへの階段を外した、つまり、朝鮮族を二流の人材にとどめるための政策そのものであった。これは社会主義体制下でマイノリティーである朝鮮族の外国語教育の限界でもあったと思われる。

ソ連と中国と北朝鮮の国境地帯にある自治州では、一九五二年から、ロシア語が中等・高等学校の第一外国語(必修科目)となり[78]、教員や学者、および技術者らは一斉にロシア語学習に転向した[79]。建国後、「説漢語」(漢語を話す)というキャンペーンが実施されて、学生も教員もその母語が朝鮮語でありながら、学校での教授用語は漢語ということがありうる地域になりつつ、「朝鮮族である中国人」という意識も広がりをみせてきた朝鮮族社会では、ソ連一辺倒政策のもとで、朝鮮族における言語教育としては、朝鮮語と漢語以外ではロシア語が最も重視されてきた。その結果、中国政府が英語を普遍語として認定した後になっても朝鮮族にロシア語を学ばせたのは、多様な外来言語文化の受容を制限しただけでなく、朝鮮族の国家エリートへの道を奪ったと考えられる。

注

(1) 熊明安『中国近代教学改革史』重慶出版社、一九九九年。

(2) 岡本雅享『中国の少数民族教育と言語政策』社会評論社、一九九九年、岡本雅享「中国のマイノリティ政策と国際基準」毛里和子編『現代中国の構造変動七 中華世界――アイデンティティの再編』東京大学出版会、二〇〇一年。

(3) 權寧俊「中国朝鮮族の『百家争鳴』運動と朝鮮語の言論出版の統制」『愛知大学国際問題研究所紀要』第一二六号、二〇〇五年、一九七~二一八頁、權寧俊「朝鮮人の民族教育から朝鮮族の少数民族教育へ」『文教大学国際学部紀要』第一五巻二号、二〇〇五年。

(4) 玄武岩「越境する周辺――中国延辺朝鮮族自治州におけるエスニック空間の再編」『現代思想』二九巻四号を参照。
(5)「中国人民政治協商会議共同綱領」『人民日報』一九四九年九月三〇日。こうした「新民主主義」中国は「帝国主義・封建主義・官僚資本主義に反対し、独立、民主、平和、統一および富強の中国を実現するために奮闘する」のだとされた。この時期の中国が目指したのは、社会主義諸制度の早期実現ではなく「各民主階級と国内各民族の団結」であり、これを中国は「新民主主義」と呼んだものである。
(6) 現代中国の政治理論に関する研究としては、毛里和子編『現代中国の構造変動一　大国中国の視座』東京大学出版会、二〇〇〇年、天児慧編『現代中国の構造変動四　中央と地方の政治構図』東京大学出版会、二〇〇〇年、西村成雄・国分良成編『党と国家――政治体制の軌跡』岩波書店、二〇〇九年、等を参照。
(7) 毛沢東のこれらの「民主的」言動の背景には同年二月のソ連共産党第二〇回党大会でのスターリン批判の影響があったであろうことは想像にかたくない。農業と工業の社会主義化をほぼ達成し、中共の統治組織を固めた今、ある程度言論を解放することは社会矛盾の暴発を防ぐためにも必要と毛沢東は考えた（ロデリック・マックファーカー、ティモシー・チーク、ユージン・ウー編、徳田教之・小山三郎・鐙屋一訳『毛沢東の秘められた講和』上・下、岩波書店、一九九二年、を参照）。
(8) 前述した「過度期の総路線」が社会主義改造の主要対象としていたのは農業、手工業、資本主義企業であり、一九五六年になっても学術・文化の分野においては知識人や専門家との平和的共存、すなわち「新民主主義」的政策、の余地が残されていた。一〇月には中共中央統一戦線部が民主諸党派との座談会を主宰し、民主諸党派を組織的に独立させ共産党への監督作用をもたせるという草案を起草した。
(9) ロデリック・マックファーカー、ティモシー・チーク、ユージン・ウー編、徳田教之・小山三郎・鐙屋一訳『毛沢東の秘められた講和』（上）岩波書店、一九九二年、五七頁。
(10) 五月から六月にかけて中共中央統一戦線部は民主党派と無党派民主人士を集めて座談会を開催したが、席上参加者の多くは「民主自由」を要求し、中には「一人の皇帝、九〇〇万の清教徒が五億の農民を統治している、反対せずにいられようか」とか「中国を多くの大小スターリンに統治させてはならない」といった痛烈な共産党批判をした者もいた。中共に対する批判については、日本国際問題研究所・中国部会編『新中国資料集成』第五巻、日本国際問題研究所、一九七一年、三七九頁を参照。

(11) 周保中「延辺朝鮮民族問題」延辺朝鮮族自治州檔案館編『中共延辺吉敦地委延辺専署重要文献汇編』第一巻（一九四五年一一月～一九四九年一月）、一九八五年、三三二頁、『東北韓僑概況』遼寧省檔案館蔵、『東北復員計画綱要草案』全一七一、巻九一、南京第二歴史檔案館を参照。

(12) 鶴嶋雪嶺『中国朝鮮族の研究』関西大学出版部、一九九七年、佐々木衛・方鎮珠編『中国朝鮮族の移住・家族・エスニシティ』東方書店、二〇〇一年、韓景旭『韓国・朝鮮系中国人＝朝鮮族』中国書店、二〇〇一年、滝沢秀樹『朝鮮民族の近代国家形成史序説――中国東北と南北朝鮮』御茶の水書房、二〇〇八年、李海燕『戦後の「満洲」と朝鮮人社会‥越境・周縁・アイデンティティ』御茶の水書房、二〇〇九年、権香淑『移動する朝鮮族』彩流社、二〇一一年等を参照。

(13) 延辺朝鮮族自治州地方志編纂委員会編『延辺朝鮮族自治州志』上巻、中華書局、一九九六年、四二五頁を参照。

(14) 前掲書『朝鮮民族の近代国家形成史序説――中国東北と北朝鮮』、六一頁、一一六頁、中国人民政治協商会議延辺朝鮮族自治州文史資料委員会編『되돌아보는 역사』（振り返る歴史）遼寧民族出版社、二〇〇二年、中国人民政治協商会議延辺朝鮮族自治州文史資料学習宣伝委員会編『우리 민족의 장군들』（我が民族の将軍たち）民族出版社、二〇〇五年等を参照。

(15) 当該時期の朝鮮族の意識形態を映し出す資料としては、『東北朝鮮人民報』一九五〇年一二月一六日と一七日の報道、『中国少数民族』人民出版社、一九八一年、五一頁、姜永徳「延辺民族教育三五年的歴史的経験」『延辺大学学報』第一巻一号、一九八一年、『延辺教育』第九巻、一九八二年、一一～一三頁、等を参照。

(16) 延辺朝鮮族自治州概況執筆班・大村益夫訳『中国の朝鮮族――延辺朝鮮族自治州概況』むくげの会、一九八七年、一〇六頁、前掲書『延辺朝鮮族自治州志』上巻、四二六頁等を参照。

(17) 朱徳海一生写作組編『朱徳海一生』民族出版社、一九八六年、「延辺地委関於延辺民族問題」延辺朝鮮族自治州檔案館編『中共延辺吉敦地委延辺専署重要文献汇編』第一巻（一九四五年一一月～一九四九年一月）、一九八五年、三八四頁を参照。

(18) 金亀春・孟慶義等編『人民日報関於朝鮮韓国日本問題資料汇編』第一～二巻、黒龍江朝鮮民族出版社、一九九七年、呉泰鎬『延辺日報五〇年史』延辺人民出版社、一九九八年、前掲書「中国朝鮮族の『百家争鳴』運動と朝鮮語の言論出版の統制」、一九七～二一八頁、権寧俊「文化大革命期における延辺朝鮮族自治州の民族教育と言語問題」アジア経済研究所『アジア経済』第四三巻七号、二〇〇二年、二三～四七頁を参照。

(19) これらの問題については、李采畛・鎌田光登訳『中国朝鮮族の教育文化史』、コリア評論社、一九八八年の中ですでに指摘されているが、問題提起にとどまっており、その朝鮮民族社会内部についての分析までには至っていない。

(20) 例えば、中共から特別に配慮された朝鮮義勇軍第三支隊を率いる幹部の一人の朱徳海（ソ連極東で生まれた朝鮮人）は、一九二〇年二月に図們江を渡って延辺の龍井に移住し、一九三一年に中共の党員になって一九三〇～三六年の間は黒龍江省一帯で抗日救国運動を展開した。一九三七年にはモスクワ東方大学に留学し、一九三九年に延安に入って八路軍三五九旅の指導員として活動した。その後、一九四五年ハルピンで朝鮮義勇軍第三支隊の政治委員を経て一九四七年には東北行政委員会民族事務処処長を歴任し、一九四九年三月に中共延辺地委書記、一九五二年九月には延辺朝鮮族自治区第一代州長に任命された。一九三八年に「朝鮮義勇隊」として結成されてから、大韓民国臨時政府傘下の韓国光復軍に合流する部隊と、中国華北地方に移動して中共の指導下に入る朝鮮義勇軍が分離するまでの過程については、姜萬吉『朝鮮民族革命党と統一戦線』和平社、一九九一年を参照。

(21) 高崎宗司『中国朝鮮族　歴史・生活・文化・民族教育』、明石書店、一九九六年、中国朝鮮族青年学会編著、舘野晳・武村みやこ・中西晴代・蜂須賀光彦訳『聞き書き　中国朝鮮族生活誌』社会評論社、一九九八年、前掲書『中国朝鮮族の移住・家族・エスニシティ』等を参照。

(22) 馬叙倫『民族政策文選』人民出版社、一九五三年、六九～七四頁、李義一「旧学長、深深悼念朱徳海同志」『延辺大学学報』第三巻、一九八二年、前掲書『中国朝鮮族の教育文化史』、五九頁等を参照。

(23) 延辺朝鮮族自治州教育志編纂委員会編『延辺朝鮮族自治州教育志　一七一五～一九八八』東北朝鮮民族教育出版社、一九九二年、中国少数民族教育史編委員会編『中国少数民族教育史』第一巻、広東教育出版社・雲南教育出版社・広西教育出版社、一九九八年、五四〇〜五四三頁等を参照。

(24) 延辺専署文教科「一九五〇年工作初歩総括」(一九五〇年一二月二五日) 延辺朝鮮族自治州檔案館編『中共延辺地委延辺専署重要文献汇編』第二巻(一九四九年六月〜一九五二年八月)、一九八六年、三五一頁、「延辺地区朝鮮民族教育情況」(一九五一年) 前掲書『中共延辺地委延辺専署重要文献汇編』第二巻、三七五頁、中共延辺地委「延辺民族地区情況及今後工作的幾個意見的草案」(一九五〇年一〇月) 前掲書『中共延辺地委延辺専署重要文献汇編』第二巻、四一二頁、吉林省教育誌編纂委員会教育大事記編写組『吉林省教育大事記』第二巻、吉林省教育出版社、一九八九年、四九頁。

(25) 上述したように、朝鮮戦争の後、自治州はイデオロギー統制の緩い文化中心地となり、朝鮮族の文化と教育の再復興が行われた。この時期に朝鮮半島の文化活動を保存するために民俗祭や運動会、民族的習慣行事が大々的に促進されただけでなく、朝鮮の表現芸術である伝統舞踊、音楽、劇などが復活され、舞踊家の崔美善、作曲家の鄭律成などの芸術的才能は中国全土で有名であった。そのため、中国国内政治に対する関心よりも朝鮮民族としての社会価値と民族性を奨励したと考えられる(政協延辺朝鮮族自治州委員会文史資料委員会編『解放初期的延辺』遼寧民族出版社、一九九九年、前掲書『中国朝鮮族の教育文化史』、六一頁等を参照)。

(26) 中共中央文献研究室編『日本学者視野中的毛沢東思想』中央文献出版社、一九八八年を参照。そして毛の思想を代表とする中共の対外認識も、およそこの時点で形つくられた。一九三〇年代後半、国際的にはコミンテルンの指導力の弱体化と反ファシズム統一戦線の波があり、国内的には、民族矛盾と階級闘争のどちらを主要矛盾として判断するかの選択に迫られ、中共に初めて独自の国際情勢分析をする意識が芽生えた。そして一九四〇年代前半の延安時代において、中共指導部はその対外認識を整理する余裕が出てきて、その前後の毛沢東の著書に、独自の国際政治観の内容体系が形成されつつある形跡が見られた。その特徴は、抗日戦争終結前後の対米、対ソ交渉の実際の外交経験を踏まえて、一九四六年に「中間地帯論」を提出することにあらわれた。

(27) 中ソ関係史の研究については、石井明『中ソ関係史の研究　一九四五〜一九五〇』東京大学出版会、一九九〇年、楊奎

松『中共与莫斯科的関係　一九二〇～一九六〇』（中国現代史叢書一二）海南出版事業有限公司、一九九七年を参照。

(28)『毛沢東選集』第四巻、一九九六年、一三六二頁、前掲書『中華人民共和国史』、五五～五六頁。

(29) 実暉編著『中華人民共和国対外関係概述』上海外語教育出版社、一九八九年、三頁。

(30) 岡部達味編『中国をめぐる国際環境』岩波書店、二〇〇一年、一一五～一一六頁、「中国白書前文」（一九四九年七月三〇日）日本国際問題研究所・中国部会編『新中国資料集成』第二巻、日本国際問題研究所、一九六四年、五五二～五六五頁を参照。

(31) 前掲書『中ソ関係史の研究　一九四五～一九五〇』、前掲書『中国をめぐる国際環境』等を参照。

(32) 一九五〇年二月一四日に締結された同条約の内容と付属協定に関しては、「中蘇友好同盟互助条約」『中華人民共和国対外関係文件集』（一九四九～一九五〇）第一巻、世界知識出版社、七五～七七頁を参照。この条約によって、一九四五年八月一四日ソ連と中国国民党政府間で結ばれた条約と協定がすべて無効になり、モンゴル人民共和国の独立が認められた。また、ソ連が中国東北地域において日本敗戦によって獲得した財産すべてを中国側に無償で引き渡すようになった。そして、この条約は他国の侵略防止を目的として有効期間を三〇年間として設けただけでなく、第五条では平等、互恵、国家主権と領土保全の相互尊重、そして内政不干渉の原則が明記された。

(33) それによると、①長春鉄道を共同管理し、すべての財産と権利を一九五二年末まで無償で中国側に引き渡す。②旅順港の海軍基地からソ連軍は一九五二年末まで撤退し、すべての軍事施設を中国側に譲渡する。③大連地域の行政は完全に中国政府の管轄下に置くなどであった。

(34) 日本国際問題研究所中国部会編『新中国資料集成』第四巻、日本国際問題研究所、一九六四年、資料四六、三〇九頁。

(35) 毛沢東「人民内部の矛盾を正しく処理する問題について」『毛沢東語録』日本語版、外文出版社、一九五七年、二二五頁。一九四九年、中華人民共和国成立、社会主義体制が確立してから約三年間、経済の復興が中心課題となるにしたがって、共和国の教育政策の主な理念を、「教育をうけるものを徳育、知育、体育のいずれの面でも成長させ、社会主義的自覚を持つ、教養をそなえた勤労者にそだてあげることである」とした。このような教育理念に合わせて教育課程の全面的改訂が行われ、朝鮮族の教育は大きな転換期を迎えることになった。
(36) 四川外国語学院高等教育研究所編『中国外国語教育要事録』、外国語教育研究出版社、一九九三年、三～四頁。
(37) 同上書、一六頁、二〇頁。
(38) 同上書、一九～二〇頁。
(39) 濮浣澄「英語教育に関する諸問題」『人民教育』第七号、一九五三年七月。
(40) 李良佑等編『中国英語教育史』上海外語教育出版社、一九八八年、三三三頁。
(41) 前掲書『新中国資料集成』第三巻、資料二二、五四頁、同書第四巻、資料五〇、三一六頁。
(42) 前掲書『新中国資料集成』第四巻、資料四六、三〇九頁。
(43) 加々美光行『知られざる祈り・中国の民族問題』新評論、一九九二年、一六二頁。
(44) これは建国後、中央政府のはじめての英語教育の強化に関する措置でもあった。しかし、一九五七年七月、教育部が発表した「『一九五七～一九五八学年度中等学校教学計画』についての補充通知」の第二条は「中等学校の外国語科目の開設において、一九五七～一九五八学年は暫定停止する」と決意した(前掲書『中国外国語教育要事録』、五五～五六頁)。
(45) 同上書、五八頁。
(46) 同上書、五八頁。
(47) 中央は識字教育を組織的に展開して、識字率を一九四九年には一〇％(推定)、一九五五年には二〇％であったものを、一九六四年には五〇％近くまで引き上げた(中国研究所『中国年鑑』一九六〇年版、二七六頁、一九八五年版、一一〇頁)。
(48) 前掲書『新中国資料集成』第五巻、資料五四、五四二頁。
(49) 当時、すべての地域、すべての民族に押し広めようとしていた「教育革命」は、まず「模範的」な教育モデルを確立しなければならなかった。そこで、「先進的」で、「模範的」で、エリート養成を実現しうる新しい学校体制が「重点化教育」という形であらわれてきた。
(50) 前掲書『中国外国語教育要事録』、六一頁。

(51)中共が毛沢東主導下に一九五七年から五八年前半に展開した「ブルジョア右派」に反対する闘争であった。中共が右派と認定した基準は、共産党の指導および政府の政策に対して批判的な立場をとったものという広範なものであった。右派の範囲は拡大し、五五万人が右派と認定されて公職を失い、農村で強制労働を強いられた。この時期に、中等教育機関に政治課のカリキュラムを導入して中共のイデオロギー教育を徹底し、さらに都市住民の居住、農民の都市への移住・移動を厳しく制限する戸籍登記条例を制定するなどの一連の措置をとった。

(52)一九五七年後半から五八年に掛けて反右派闘争と並行して行われた社会主義思想教育運動および一九六三年から六六年の春まで中共が一部の農村と少数の都市の基層単位で展開した政治運動であった。運動の過程で階級闘争についての認識と具体的方針をめぐって毛沢東とそのほかの指導者との間で深刻な対立が生まれ、文化大革命の原因ともなった。建国以来、中国指導部は常に教育問題を重視し、特に毛沢東は教育の専門化、知識人の特権化を否定し、革命的万能人を育成することを理想とし、青少年の農村定住などを進めてきた。文化大革命期において、教育革命はさらに拡大された結果、中国教育の実態は荒廃と混乱、および大きな知的世代断絶を招くことになった。

(53)同上書、九三頁。

(54)当該時期の英語教員の数と質の問題については、付克『中国外語教育史』上海外語教育出版社、一九八六年、七一〜七二頁を参照。そのほかに、大学におけるフランス教員数は一二三名、ドイツ語教員数は六六名、スペイン語教員数は一一名であった。

(55)同上書、六七頁。

(56)権寧俊「中国朝鮮族の『朝鮮語純化運動』と漢語」『一橋論叢』第一二三巻三号、二〇〇〇年三月。

(57)崔学松「文化大革命期に至る延辺朝鮮族自治州の外国語教育政策」『現代中国』第七七号、現代中国学会、二〇〇三年。

(58)かつてソ連沿海州に住んでいたという延辺の朝鮮人は少なくなく、中ソ関係が悪化する以前は比較的自由に往来できた。また、戦前ハルビン当たりにロシア人が集居していたし、第二次世界大戦末期にはソ連軍が中国東北地方に進出したこともあり、戦後一時期工業製品の多くがソ連製やチェコ製であったことがあったので、今でもロシア語が自治州の社会言語生活では使われている（大村益夫「中国の朝鮮族とその言語状況」洪承稷主編『延辺朝鮮族自治州研究』高麗大学アジア問題研究所、一九八七年、二一八頁を参照）。

(59) 前掲書『中国外国語教育要事録』、一六頁。

(60) 北京大学朝鮮文化研究所編『中国朝鮮民族文化史大系四　教育史』民族出版社、一九九七年、二三六頁。

(61) 第一、民族の生気を取り戻し、日本の反動的「皇民化教育」に対して、断固たる革命闘争を進めなければならない。第二、革命的精神によって人民を教育し、民主的な観念を樹立するという目的を確実に達成しなければならない。第三、科学研究者の積極性と創造性をさらに発揮させる一方、現実的な需要から中国の固有文化と外国文化の受け入れにも慎重でなければならない。第四、文化教育の普及と国家建設事業に積極的に参加する意識を高めなければならない（前掲書『中国朝鮮族教育史』、二〇〇～二〇一頁）。

(62) 前掲書『中国朝鮮語文教育史』、六七頁。

(63) 徐基述編『黒龍江省朝鮮民族』黒龍江省朝鮮民族出版社、一九八八年、一七五頁。

(64) 延辺朝鮮族自治州教育志編纂委員会編『延辺朝鮮族自治州教育志一七一五～一九八八』東北朝鮮民族教育出版社、一九九二年、四九頁。

(65) 中共は、党創設以来、農村における現体制の破壊と中共権力の樹立をめざす土地革命に取り組んだ。四五年日中戦争の終結に伴い、中共は華北、東北の広大な旧日本占領地を接収する一方、国民党の内戦に備えて解放区農村の支持基盤を強化するため、農民権力の確立を急いだ。その主要な成果は、経済でなく政治にあった。土地改革は、農村の旧秩序を徹底的に破壊し、末端権力を農民に与えた。村幹部たちは中共に忠誠な新支配層を形成し、中共は彼らを通じて村政権を掌握し、支配体制を固めたのである。

(66) 前掲書『中国朝鮮族教育史』、二四二頁。

(67) 中央政府の口実の一つは、少数民族は自らの経済・文化のより一層の向上のために漢語を学ぶべきだと述べている（喩捷「越境したウィグル文字の異同とその歴史文化背景」戴慶厦編『境界の言語研究』中央民族学院出版社、一九九三年、一一七頁)。

(68)前掲書『中国朝鮮族教育史』、二四四〜二四五頁。

(69)前掲書『中国外国語教育要事録』、三五頁。

(70)前掲書『中国朝鮮族教育史』、二四四〜二四五頁。

(71)共和国建国以前、「政治」・「中国歴史」以外の文系教科書は北朝鮮で出版した教科書の修正版を使用し、「生物」・「鉱物」など一部の自然科学系教科書は旧「満洲国」のものを朝鮮語に翻訳して使用した(前掲書『中国朝鮮族教育史』、三七三頁)。

(72)前掲書『中国朝鮮族教育史』、三七四頁。

(73)熊明安編『中国近代化教育改革史』重慶出版社、一九九九年、三〇九頁。

(74)林高「直接教育法に対する補充的批判」『ロシア語教育と研究』第五期、一九五八年、二六頁。

(75)前掲書『中国近代化教育改革史』、三〇九頁。

(76)楊立民「聴説法による語彙と文型の講義について」『外国語教育と研究』第四期、一九六五年、二六頁。

(77)前掲書『中国近代化教育改革史』、三一四頁。

(78)前掲書『中国朝鮮族教育史』、二四一頁。

(79)例えば、中国朝鮮族の最高の教育機関である延辺大学では、一九四九年四月に開校してから、毎年、留学生をソ連に派遣していた。大学成立初期の教員の大部分が建国前の大学卒業生であることから、派遣留学生の中心になっている若手教員のほとんどは、政治・社会・文化的ニーズに応じて、かつての日本語からロシア語に転向した状況がうかがえる(同上書、二九三頁)。

第二章

一九五〇～六〇年代の外来言語の借用問題

はじめに

二〇世紀前半の革命を経て社会主義国家として発足した中国は、その後も一貫して中央集権化政策が採られ、経済・行政・司法などあらゆる面での中央集権化が進歩し、国家統一化が押し進められてきた。国民国家としてその第一歩を踏み出した建国初期、憲法において国民国家の共通言語としての漢語の地位の確立が明記されており、行政などの中央集権化と並んで、国家の統一の推進の手段として漢語を用いようとの意図を察知することができる。(1) この漢語政策は、建国後の様々な政治運動の中にあっても変化はなかった。

言語が、単に意思の疎通にその機能があるのみならず、集団帰属意識、集団結束力として役立つことは否定できない。漢語はその歴史的・文化的または言語内的構造から、中国における公用語としてふさわしい言語と考えられるし、現代中国の憲法に明文化されていることにも十分な理由を見出すことができる。(2) しかしながら、中国のような多言語国家・多民族国家にあっては、有力な言語である漢語の強制が、弱小な少数民族語の衰退に繋がる危険があることも否定できない。

そこで、多言語国家である中国の言語社会学上の課題である言語政策と少数民族言語規範化における外来語借用問題を中心に論じるのが本章の主たる目的である。具体的には、言語選択・言語改革・言語使用の諸問題を考えたい。言語選択については、多言語国家にあってはどの言語を国家語に据えるか、あるいはどの方言を標準語にするかの問題を扱う。言語改革は、民族語純化運動の問題を扱い、言語使用では外来言語文化の借用問題を扱うことにする。以下では、中央と地方という共通のテーマを視点に入れながら、まず、国家の庇護・推進を享受している漢語の言語問題を論じるための前提である多民族・多言語国家中国の一般言語事情について記述する。次に、漢語の社会文化力を扱う。さらに、一九五〇〜六〇年代の言語政策について、特に、朝鮮族の言語規範化と外来言語文化の借用に関して論じることにする。

第一節　多民族・多言語国家中国の一般言語事情

一　一九五〇〜六〇年代の言語使用状況

(一) 多民族・多言語国家の中国の社会言語学的問題と少数民族の言語問題

漢語は歴史的、文化的観点からして、その威信がきわめて高く、各王朝の学術語、行政語、宮廷語の地位を堅持した。一言で言うならば、きわめて有力で優勢な大言語としての漢語の存在が、中国において言語紛争が見られない理由であろう[(3)]。

中国では、漢語を別にすれば、ほかの多くの言語は言語選択の対象とはならなかった。その理由としては、数値的に少数者の言語であったことのほかに、それらの言語の規範化の問題が指摘できる[(4)]。建国後の中国社会においては、国家統一という政治目的から行政語・教育語としての目先の効率や伝達性をも考慮に入れれば、この「一つの言語」の選択が、たとえ中央からの強制であれ、むしろ望ましい。少数言語の規範化による言語政策でかえって経済的にも支障を来すことも考えられる。少数言語の規範化を行うにしても、すべての現用の諸言語に対してというわけにもいかない。言語それ自体の成熟度の問題――構造的にかつ語彙的に標準語、公用語として十分に機能しうるかどうかという点や言語の社会文化力が問題となる。

中央集権国家の言語管理によって行われる言語選択・言語改革・言語学習などの言語政策の執行が不可避的であることも一面の事実である。少数者の権利を踏みにじる危険があるにもかかわらず、当面は、中国では、少数民族語と国家の奨励する漢語との併用の方向を緩やかに推し進める方向が穏当な解決策であると認識されている。このことは一面では、憲法による公用語の規定と少数民族語における漢語からの借用などを是認することに繋がることになる。[5]

中国には、歴史的に文章語・行政語・学術語として使用されてきた漢語という有力な文字言語の伝統がある。したがって、近代化を迎え、言語的にも国家統一をはかる事態に直面しても、言語選択に当たっては、ほとんど何の問題もなく自明であるかのように漢語が国家の共通言語として選ばれた。

「識字運動の方針は、各々の民族の環境および自己認識に従って、それにふさわしいものであらねばならない。実際の教育内容は各々の民族固有の文化および文明に基づいたものであるだろう。各々の民族は、それなりの方法で全世界の文化に貢献するものであり、ほかの文明との実りある対話を率直に求めている」。[6] この声明は、一九七五年、ユネスコの識字運動会議において出されたものであるが、言語選択の問題、文字化問題などの言語問題そのものに対しては踏み込んだ問題意識は表明されていない。またさらに、この声明を率直にそのまま受け取れば、識字運動はそれぞれの言語によって行われるべきとも解釈できなくてはない。しかし、中国のような統一国家にあって、複数の言語の存在による意思疎通の阻害、伝達の効率性の低下の問題もさることながら、さらにその上にそれぞれの民族が言語の文字化を行えば、理想には違いないかもしれないけれども、社会的にも、経済的にも非常に難問を提供することになるのも明らかである。[7] その意味で、ユネスコの言語理念（言語相対主義）と中国の言語政策（漢語公用語主義）は正面から対立しかねない。それは、一公用語主義による伝達の効率化と多言語・多文化主義による民族文化の保護はトレードオフの関係になるからである。

建国後、識字運動が繰り返され、これまで文字や文化と縁がなかった人民大衆の中から毎年数百万の非識字者が解放されたのは、今までの中国の歴史になかったことで、政府の指導により、識字普遍化のための指導組織・教育が整備され、教育方法もしだいに改善された。中国の文字改革は建国後、国家の事業としてとりあげられことになった。一九五〇年六月、中央政府の教育部は常用漢字と漢字簡略化の仕事を始めた。一九五二年二月国務院直属の「文字改革委員会」が設立され、漢語の表音化の研究と漢字の整理・簡略化の研究という二大事業の中心となった。そして、一九五六年には、「ローマ字表記法」の字母草案が発表され、内外から多くの意見が寄せられたが、それをめぐって議論されている間に、漢字簡略化の事業は着々と進んだ。一九五五年五月から五六年一月にかけて三回に分けて主要新聞雑誌は問題のない二六〇個の簡略字の実験的使用を始めた。[8] また、一九五八年二月に公布された「漢語拼音方案」により、漢語のローマ字表記法が確定し、それが識字教育に導入されることになった。その結果、従来の識字教育の課題をすべて解決できるとまでは言えないが、これによって教授法が進化し、識字の速度や効果の転換がもたらされた。

中国は成人教育や初等教育などの活動を通じて、かねてより漢字の識字率の向上に意欲的に取り組んできた。しかし、中国の識字率の変遷に関して『中国教育年鑑』の中では、「建国以来、一九四九年から一九八八年までの間に累計一億六三〇〇万の人々が非識字から解放され、総人口に占める非識字率は一九四九年の八〇％から一九八八年の二〇・六%に下がった。とはいえ、満一二歳以上の非識字者はなお二億万人もおり、わずかにインドに次ぐ状態で、世界の非識字者総数の四分の一を占めている」と、危機感を露わにした[9]。中国の識字運動は一九二〇年代に始まって一九五〇年代の末に至ってようやく「ピンイン」というローマ字表記に辿りつくことができたが、識字問題は多くの場合、社会の底辺にある人々の問題であるため、現在のように経済効果が重んじられている社会では、そこまで配慮しきれないという限界があるのではないかと考えられる。

(二) 言語政策と言語選択——憲法と公用語

社会主義国家として新たに発足した新生中国は、四度の憲法(一九五四年、一九七五年、一九七八年、一九八二年)において、公用語を漢語と規定し、公用文字も漢字の使用を公的に定めた。すなわち、条文には「国家は全国で通用する普通話を推し広める」ことが規定され、「普通話の公用語としての共通言語文字を使用することは、各国民の義務であり、各国民が国家主権意識、法制意識、文明意識、現代意識を持つことのあらわれである。我が国は多民族、多方言の国家であり、普通話の普及は我が国の民族交流を促し、中華民族の団結をもたらす。また、国際社会での影響にも利をもたらす」と記されている[10]。

一方で、憲法は「中華人民共和国の各民族は一律に平等である。国は各少数民族の合法的権利と利益を保障し、各民族の平等、団結、互助関係を守り、発展させる。いかなる民族に対する差別と圧迫をも禁止し、民族団結を破壊し、民族分裂をつくりだす行為を禁止する」と規定している[11]。憲法は各民族の公民が憲法と法律から与えられる平等の諸権利を広く享有するのを保障している。満一八歳の公民は民族、種族、性別、宗教信仰を問わず、選挙権と被選挙権を享有し、各民族公民の人身の自由と人格の尊厳は侵犯されず、各民族は自由に宗教を信仰する権利があり、各民族の公民は教育を受ける権利があり、各民族とも自民族の言語文字を使用し、発展させる自由がある。政府は憲法と法律に規定されている各民族一律平等の権利を社会生活および政府行為の中で効果的に実行に移し、保障するため、各種の特殊な政策措置をとっている[12]。

これによって、漢語と漢字に優先的特権が法的に与えられ、一層明確に漢語の法的使用が承認された。すなわち、教育語、放送語、行政語としての漢語の使用に法的基盤が与えられたわけである。一方、少数民族語は漢語との併用でなければ、公的には使用できない点でも明確に法的規制が課せられたのである。このように、建国後においては漢語の学習の強化がはかられ、積極的に漢語による言語統一への規制が強化された。上記のような憲法の条文により、建国後の教育において漢語が一層重要な地位を占めるようになった。

行政機関当局または何らかの国家的機関が、国民の互いの意思疎通や公的使用のために、公的な言語を選定し、国家の言語の多様性を統一し、伝達性を維持し、理想的な状態の改革が必要であると考えた時に、言語政策が採用される。したがって、言語選択そのものがすでに中央集権的施策の一環であることは言うまでもない。一つの公用語を選定することは複数の公用語を認めないかぎり、必然的にほかの弱小諸言語、強いていえば、地理的にも周辺的な言語の犠牲を程度の差はあるにしろ、何らかの意味で強要することになる。

現代の中国国内の諸言語にあっては漢語が本章で検討してきたように、その文化的・歴史的威信と言語的熟成度によって、独占的な地位を享受し、公用語としての地位を確立している。そして現実に政府機関の行政語としてのみならず、学校教育における教育語、学術語としてもその機能を十分に発揮している。言語研究の立場からすれば、すべての言語は等価値であり、研究の対象になるのである。しかし、現実の社会生活では、それは単なる理想でしかないように思われる。生存のためには、自己の母語を捨てて、公の場ではその公用語を使用せざるを得ない人々がいるのが現実である。言語選択の問題、識字問題、言語改革の問題、少数民族語の規範化の問題などそのいずれをとってみても、解決の困難な問題であることが確認できる。

漢語は将来にわたってその独占的・特権的地位を享受し、保持していくであろう。またその文化的威信からみても言語構造ないし成熟度からも中国の公用語として最もふさわしい言語である。ほかに代替の言語が存在しえないかもしれないが、中国にも少数民族問題の存在することを否定できない。少数民族に対しては、適切な教材と指導方法・教授方法の開発により、言語学習の機会を与えることの必要性を、ここで再度強調しておきたい。

二 自治州の言語改革における漢語の文化的威信

建国以前の一九四五年頃、東北地域では朝鮮族中等学校で漢語の授業が行われていたが、同時にロシア語、英語なども開講されて朝鮮人の多くは漢語を「中国語」として、ロシア語や英語と同じ外国語ととらえていた。[13]そのため、建国から自治区成立（一九五二年九月）まで、中央政府は「満洲国」時代の皇民化教育を一掃し、新民主主義的教育を急いだ。また、「冬学」と呼ばれる農閑期を利用した識字教育運動を繰り広げ、非識字者の一掃に努めた。[14]「ただその実施に当たっては注意が必要で、民衆を徹底的に教育し、過去日本が朝鮮人に日本語の使用、創氏改名を強制したのと、私たちの言う国語（漢語）学習は性質が違うものであることを認識させる必要がある」[15]というような朝鮮族に対する漢語学習の強化に、まだ慎重な姿勢が見られていた。

建国後、中国では非漢民族を少数民族として認める一方で、もう一つ上のレベルの「中華民族」を強調しながら、少数民族を第一義的に中国公民として位置付け単一の国民に統合していこうとする政策が押し進められてきた。その過程の中で、大言語である漢語の教育の現場では、標準語とされる「普通話」を学ぶようにしている。五五と言われる少数民族の一員とされた朝鮮族の集中地域である自治州では民族自治の実施策の一つとして漢語と朝鮮語の二重言語教育が行われてきた。自治州に居住する朝鮮族の大部分は、朝鮮語と漢語とのバイリンガル社会の中に暮らしており、「延辺朝鮮族自治州朝鮮語文工作条例」において、漢語と朝鮮語の間に「言語文字の平等原則」が規定されているとは言え、実際には漢語が上位言語として機能しているため、朝鮮語の漢語化が進んでいる。(16)

漢語が文化語・教育語・公用語などとして朝鮮語の中で借用される理由の一つは、漢語の歴史的・社会的威信などの言語外的なもの、および朝鮮語それ自体の持つ言語内的なものが考えられる。まず言語外的理由としては、おおよそ歴史的背景と地理的拡大にあると言える。次に、朝鮮語の内的構造に起因する拡大の原因としては、語彙的借用の多様さ、があげられる。語彙的借用の多様さ、特に建国以降の漢字語彙の強い影響力の存在があげられる。これらの事実は重要であり、自治州における民族語純化運動の俎上に載せられた漢語語彙の駆逐が如何に困難であったかの一つの証拠でもあると考えられる。(17)

文字言語の社会文化力の指標として国内の活字量からみた場合、漢語の社会力はその歴史的威信や文化的威信は別にしても、この点だけからも自治州における漢語の独占的優位性をみることができるのではないだろうか。(18)さらに、文字言語に加えて、話しことばの社会文化力というものを仮に考慮すれば、漢語の優位性、独占的地位は次の事実からもより一層明確化されるであろう。第一に、全国的に人口の九割の話者を有すること、第二に、教育語としての使用、第三に、放送語・映画用語などマスコミ関連の用語であること、第四に、二言語併用の一方の言語としての使用。ちなみに、朝鮮民族の唯一の民族大学である延辺大学では、朝鮮語を併用している二、三の学部を除けば、そのすべての学部が漢語を教授言語としている。文系理系を問わずすべての教育が漢語を通して行われていることは注目して然るべきである。[19]また、中国の初等教育や中等教育用の教科書は、識字教育、また書きことばの習得に対しても当然のことながら貢献していることも指摘しておきたい。漢語の文化力をより広義に考えれば、その使用域の広さや歴史性も考慮すべきかもしれない。

中国の近代化に伴い、自治州は語彙の革新や、新たな国家建設の理念に基づく語彙改革の必要に遭遇した。建国後中国は、性急かつ強烈な近代化政策を推進すると共に大漢族主義を促進し、周知のように中央集権主義に基づいて数々の上からの政策を強行に採用していった。中国は歴史における漢族の栄光を称揚し、漢語・漢文学を民族的文化遺産として扱い、強力な統一国家建設へ向けて国民の教育をはかった。このように大漢族主義の宣揚は、民族自治地域における一連の文化政策においても顕著であった。高等教育機関としての延辺大学や初等・中等教育の民族学校における漢語と漢文学教育の整備にもその政策の一端を窺うことができる。[20]

以上のような中共中央の言語政策からの刺激をも受けて、少数民族文化の封建的伝統の桎梏から自治州を解放し、近代化にふさわしい新言語の育成に向けての努力を開始した。その際、大漢族主義の当然の帰結として、言語選択としては漢語がこの新言語として選ばれただけでなく、朝鮮語における漢語化現象も進んだのである。

一九五七年に朝鮮語の保護、普及、発達のため、自治州政府のもとに設置された機関である延辺朝文準備委員会は創立されて以来、委員会を中心にして、朝鮮語の純化運動、新語の造成、科学・技術用語関連の語彙の整備・制定が着々と進められていった。[21]純化運動においては、朝鮮語から漢語や日本語やロシア語からの外来言語文化語彙の借用などの受け入れをめぐる議論が行われ、朝鮮語が如何に純粋であるかを分析的に示すには、語彙の独自性を強調することになり、朝鮮語からの外来言語文化要素である借用語の使用問題を俎上に載せた。民族語の純粋性との関連において、借用語彙の混入に対し全面的な否定的態度をとる者、条件付きで受け入れに肯定的態度を堅持する者などがいるが、それぞれに論者の思想的基盤や言語観によって、その長短、利害得失は容易には決することが困難である。事実上すでに、建国初期から漢語からの借用語はきわめて多量であって、今日の自治州の朝鮮語使用における漢語や日本語からの借用語の存在はいわば歴史的必然からの所産であり、容易に除去すべきでもなければ、除去できるものでもない。

第二節　民族語純化運動の展開と日本語からの借用問題

一　百花斉放・百家争鳴運動と民族語純化運動の発動、高揚、沈滞

自治州における民族語純化運動は、百花斉放・百家争鳴運動と共に展開された。百花斉放・百家争鳴運動は、思想や文化、人文科学が自由活発に行われることを共産党と各民主党派との間で結ばれた暗黙の共通認識として定義されているが、一九五〇年代中国の社会状況の一つのあらわれでもあった。すなわち、中共の強固な政権がいまだ確立されておらず、国内の政治安定をまだ果たしていなかった情況のもとで打ち出された文化政策であった[22]。運動は、一九五六年六月の『人民日報』の二つの社説によって開始された。

毛沢東の一九五六年四月の政治局拡大会議で百花斉放・百家争鳴の方針の提起を受けて、五月二六日には、陸定一[23]が中共中央を代表して、「百花斉放・百花争鳴」と題する講演を行い、文学芸術活動と科学研究活動において独立思考の自由を持ち、言論の自由を持つべきことを提唱した。またこの講演をもとに、一九五六年六月一四日の『人民日報』に、「百花斉放・百家争鳴について」と題する社説が掲載された。論説は、マルクス主義を深化させるためには、ほかの思想との間での自由な討論が必要であると主張した。もう一つの社説は、六月二七日の『人民日報』に掲載された李維漢[24]の「第一次全国人民代表大会第三回会議での演説」と題するもので、主に「長期共存、相互監督」を強調した。

しかし、中共中央の百花斉放・百家争鳴政策は、単なる奨励制度という側面が強く、民衆動員政策としては端緒的なものにとどまっていた。このような政策の転換を受けて、当時、自治州の初代主席であった朱徳海は、「我が民族の新聞・刊行物の言語は、ピョンヤンを標準とすべきである。ただし、朝鮮半島統一後には、ソウルのことばを標準としなければならない」という見解を示した[25]。その後、朝鮮語術語統一委員会、朝鮮語版毛沢東選集出版委員会などによる組織的な翻訳事業が積極的に推し進められた。

百花斉放・百家争鳴運動の本格的な発動の契機となったのは、一九五七年四月二〇日の『人民日報』社説であった。「毛沢東主席の最高指示に基づいて、百花斉放・百家争鳴の方針を積極的に推進しよう」と題するこの社説は、毛沢東の最高モデルを提示し、百花斉放・百家争鳴運動を高揚させた[26]。この社説は自治州において、民族語純化をめぐる民族語対漢語・外来語との論争を巻き起こした直接的な原因となった。一九五七年三月一日から六月二九日までの『延辺日報』紙上で討論が続けられ、自治州における朝鮮語規範化が議論の焦点となり、漢語と日本語およびロシア語など外来言語文化からの借用語問題が重要視された[27]。

しかし、一九五九年以降、百花斉放・百家争鳴運動は沈滞局面に入り、民族語純化運動の実施は見られず、紙上討論も開催されなくなった。その理由は、以下のように考えられる。まず、急速な反右派闘争によって生じた社会的矛盾のために、多くの政策がその指導性を低下させたと同時に、運動の指導に放任主義の偏向が生じ、運動の矛盾を解決するための適切な指導がなされなかったという背景があったと思う。その結果として、紙上討論で議論された論理は、異端の思想として徹底的に排除された。また、漢語重視の立場は「プロレタリア社会主義思想」として、民族語重視の立場は「ブルジョア民族主義思想」として表現されるようになった。このような民族語純化をめぐる運動の背景を踏まえて、以下では自治州の日本語からの借用問題を中心に検討したい。

二　朝鮮族社会における日本語借用の問題

中国における朝鮮族の近代の歴史において、日本語とロシア語が重要な地位を占めていた時期があった。特に「植民地支配の落とし子」とも呼ばれた日本語は、戦後もかかわり深いものであった。熊谷明泰は、「この地方の朝鮮人学校は日本の支配管轄下におかれ、日本語での教育が実施されていたことなどから、日本語と朝鮮語のバイリンガルが多く存在していたため、『延辺朝鮮語』には今も日本語からの音借語が数多く残っている」と指摘している。[28]

自治州は、「韓国併合」の一年前である一九〇九年から、日本語教育が実施された地域として位置付けられる。一九〇九年、日本により閉鎖された朝鮮人私立学校「瑞典義塾」の跡地に新校舎が建設され、「間島普通学校」が開校した。その教課目としては、修身・国語・算術・日語・図画・体操・理科・地理・歴史などがあり、ここでいう「国語」とは朝鮮語をさし、「韓国併合」後は日本語をさすようになった[29]。特に「満洲国」時代の皇民化政策は、この地域の人々の言語を奪い日本語をそれにかえることによって、すなわち、彼らの民族性を消滅させることによって日本公民となることを強いた。その一つの政策が日本語教育であった[30]。この地域の日本語教育が本格的に開始されたのはこのころからであった。そして、一九三八年の第三次朝鮮教育令後、学校教育から朝鮮語文を抹消する政策が実施され、戦後直後の朝鮮族初等・中等学校の学生の中には朝鮮語文字の非識字者が多かったと言われている[31]。また、かつてこの地域の朝鮮人学校は日本の支配管轄下におかれ、日本語での教育が実施されていたことなどから、日本語と朝鮮語のバイリンガルが多く存在することになった。筆者が、かかる歴史について論じているのは、それが以下に述べる音借語の問題を生み出す原因になっているからである。「延辺朝鮮語」には今も日本語からの音借語が数多く残っているのである[32]。

「満洲国」時期の遺物でもある日本語が澱みなく飛び出してくるといった混乱を解決し、何よりも朝鮮語以上に大きな影響力を与えている漢語語彙の混用を是正するために、朝鮮語新聞『延辺日報』は、一九五七年三月から四ヶ月間にわたり、「民族語純化のための紙上討論会」を一九回にわたって掲載した。この会議の議論の中心はもっぱら朝鮮語の漢語化の進行を止めることにあった。それゆえ、延辺社会科学院言語研究所長の金琪鐘が「日本語からの借用語の問題はまったく取るに足りないものだ。何よりも深刻な問題は、漢語からの語彙干渉だ」[33]と断言しているように、日本語からの音借語などを排斥しようとするキャンペーンはほとんど目立たないものであり、それは漢語からの語彙干渉問題の前に消えかかりそうではあった。しかし、筆者は議論の多寡に関わらず、日本語起源の語彙の借用問題がどのように語られていたのかを見ていくことにする。この紙上討論会の後にも、延辺歴史言語研究所作成の「朝鮮語名詞・術語の規範化暫定法案」と「第一次朝鮮語名詞・術語規範の意見に関する報告」（一九六六年、延辺朝鮮族民族事務委員会により発布されている）には、日本語から受容した日常生活語彙が朝鮮語規範化の対象としてとりあげられている。

以下では、自治州における日本語起源の語彙の借用問題について、「漢語を介さず直接朝鮮語化したもの」の使用と「和製単語が漢語化しその後朝鮮語化したもの」の使用について比較検討を試みる。結論的に言えば、前者は中央から「地方民族主義者」として批判されることになったが、一方で、後者は「朝鮮語規範化原則草案」などの規定により、政策的に押し進められてきた。これは、中共の少数民族政策の一環として、朝鮮語の中の漢語成分の増加という漢語化の影響のもとであらわれたものであった。

例えば、「紙上討論会」欄の「民族語の正しい使い方に注意」（一九五七年三月一日）という論説は、朝鮮語の「混淆」問題の歴史的原因の一つとして「半世紀近くの日帝の民族抹殺政策の悪影響の深さにある」と指摘した。[34]そして、「朝鮮語の漢字語について」（一九五七年五月三日）という論説において、「ビェダル（配達）、シハブ（試合）、チュルザン（出張）、ギェンボン（見本）、ヨフスォ（葉書）、ウィチェ（上側）、ヨクハル（役割）、ズゥムン（注文）、インギェ（引継）」などの「漢語を介さず直接朝鮮語化したもの」の使用の実態を紹介し、「このような朝鮮語的感覚にしみ込んだことばの受容は積極的に認めなければならない」という見解を示した執筆者の金学蓮は、第二次全国少数民族語文科学討論会で「地方民族主義者」として批判されることになった。[35]

また、「民族言語の規範化の進むべき道」（一九五七年五月一一日）という論説では、次のような日本語から借用した語彙があげられた。[36]音借語としては、ウケツケ（受け付け）、カンジョ（勘定）、アッサリ（あっさり）、ビックリ（びっくり）、グルマ（くるま）、サルマダ（さるまた）、ゴップ（コップ）、インキ（インキ）などがとりあげられた。一方で、和製単語が漢語化しその後朝鮮語化したものとしては、シンイブ（申込）、ギェチャルグ（改札口）などがとりあげられた。こうした音借語は日本帝国主義の残骸として排斥される一方で、「和製単語が漢語化しその後朝鮮語化したもの」については、「主体民族である漢族の言語である漢語との共通成分の増加」という規定（『朝鮮語規範化原則草案』一九五八年九月作成）[37]のもとで、政策的に押し進められた。そして、このような政策は今日の「延辺朝鮮語」に混用されている日本語起源の語彙が、それと意識されないで使われている例が多いという状況の一要因ともなった。

この紙上討論会の後にも、延辺歴史言語研究所作成の「朝鮮語名詞・術語の規範化暫定法案」と「第一次朝鮮語名詞・術語規範の意見に関する報告」（一九六六年、延辺朝鮮族民族事務委員会により発布）[38]の中では、ビェダルブ→ウピェントンシンウォン（郵便通信員）、インテリ・ジシッイン（知識人）、ブルジョア・ザサンギェグブ（資産階級）などのような日本語から借用した日常生活語彙が朝鮮語規範化の対象としてとりあげられている。また、東北三省朝鮮語文第二次実務会議（一九七八年一一月）で採択された「朝鮮語名詞・述語の規範化原則」と「第一次朝鮮語名詞・述語統一案」には、「スリッパ」が「クルシン」にとりかえられている。そのほかに、「ユーギエクテエ」と「パルチサン」、「ゴンチェク」・「ピルギザン」と「ノート」が両方とも使えるように規定されている[39]。

このように、朝鮮語に借用される日本語起源の語彙に対する規範化と排斥運動の勢いは、漢語語彙とは比較にならないほど、劣っていった。なぜなら、建国後繰り返される政治運動の中で、漢語こそ「先進的」な、「洗練」されたことばとして提唱されており、まず中国の朝鮮族にとって一番の脅威は漢語化の進行であったからである。この傾向はかえって、日本語起源の語彙が文化大革命以降も、朝鮮族の日常生活の中で衰えることなく存続してきた理由とも言える[40]。

三　民族語標準化統一法案としての制度的帰結

民族語研究委員会の活動は、一九五七年一二月に延辺朝文準備委員会の創立によって開始され、自治州民族語文歴史研究委員会、自治州歴史言語研究所と後に改称されたが、いずれも「言語活動を簡素化し、統一し、能率よくし、民族主義に反対する目的を達成する」ことを目指すものであった。そして、一九六五年一二月一六日に、「朝鮮語名詞・術語の規範化暫定草案」と「第一次朝鮮語名詞・術語の規範意見草案」が自治州民族事務委員会に報告された。

これらの規範化法案の原則としては、以下のようなものがある。まず、朝鮮語の名詞・術語は民族化・大衆化・科学化の方向にそって規範化した。次に、名詞・術語は世界の朝鮮民族がすべて理解できるという原則にそって規範化した。さらに、外来語は一般的に固有語か、使用頻度が高い漢字語にかえて使用することを原則とした。

当時、自治州の言語規範の課題をめぐって、百花斉放・百家争鳴運動を通じて様々な議論が展開されたが、紙上討論に集中したため政策として明白な結論が出てこなかった。また、日本語からの借用規範が不完全で「ゲリラ的方法」が残存していた。このような課題を抱えながら、民族語規範化過程において、自治州政権は「外国語からの借用であろうと漢語からの借用であろうと、究極的には朝鮮語を離れては規範化の統一法案は実現できない」との認識を導き出した。しかし、その実態は、きわめて弱体であったために、法案は実現されず、漢語重視・民族語軽視という認識の構図が形成されるようになった。

この構図を参考にするならば、次のようなことが読み取れるのではないか。つまり、自治州の日本語からの借用は民族語純化運動のモデルとしてのみならず、民衆の日常用語としても機能していたため、これら借用語の政治性はきわめて重要な問題であった。借用をめぐる定義の問題、借用する際の範囲、実際に選出された借用語のいずれをとっても漢語への依拠の姿勢が貫徹していると考えられる。中共中央による百花斉放・百家争鳴運動を契機に民族語運動を展開し、運動の中で自治州政権を支持し、漢語からの借用を民衆レベルで広めようとした一部の知識人たちは民族語の漢語化を強化した。そして、それは建国初期の中共の政治指導の漢族中心的な性格を端的に示すものでもあった。

四　北朝鮮・韓国との比較についての試論

中国の朝鮮族にとっての日本語とは、その学校教育における成立をめぐってはっきりと歴史性を負ったことばであった。それは一九一〇年代の日本による文化統治のことばとして、一九一〇年から一九四五年にかけて帝国日本による中国東北を中心とした支配地域への文化統治の展開と共に強い政治的な意味を担うようになった。そこから「帝国主義のことば日本語で皇民化教育を受けた朝鮮族」という言説が構成され、それがさらに「外国崇拝」・「日本のスパイ」の疑念へと拡大されていった。このような帝国日本と共にあったそのことばの歴史的系譜、および現代中国における「負」の刻印を明らかにすることこそ、中国の朝鮮族にとっては開かれた多様な外来言語文化の受容に繋がると考える。

日本の植民地統治から解放後の韓国社会における日本語からの言語干渉についてはすでに多くの論考があり、ここで詳述はしない。解放後、朝鮮語を整理・発展させるために、日本語を混淆使用する状況から脱却しそれまで「国語」の位置にあった日本語を排斥対象とみなした。一九四八年には漢字使用の全廃をはかったハングル専用法制定に関して対立があらわれ、さらに文教部における文法用語制定をめぐって、「文法波動」と呼ばれる対立が露わになった。この対立は、「名詞、動詞」のような日本語起原の文法用語の制定をはかるグループと、崔鉉培著『中等朝鮮マルボン』で用いられた固有朝鮮語による文法用語の制定をはかるグループとの対立であった。そして、朝鮮語純化運動が展開される中で常に強調されてきたのは、日本語からの言語干渉に伴う朝鮮語の「汚染」問題であった[41]。

一方、北朝鮮においては、「朝鮮語外来語表記法」における方針のもとに、朝鮮語の外来語をロシア語に接近させる政策が進められた。その後一九六〇年代半ばに始まる「文化語」建設運動において、固有の朝鮮語をもって従来の語彙に置き換えていく大胆な朝鮮語純化運動が進められる中で、日本語からの音借語を排斥しようとするキャンペーンは目立たなくなっていった。「文化語」運動の大きなうねりのもとで、日本語からの音借語の問題は、相対的に小さなものとなっていった[42]。

一九四五年以降、冷戦体制や朝鮮戦争などの影響の中で、中国の朝鮮族における日本語をはじめとする外来言語文化受容には自己抑制が働いていったのは言うまでもない。つまり、建国後の朝鮮族は対朝鮮半島の関係ではなく、対漢族関係を軸とした中国における位置の再構成をせざるを得なくなった。建国後朝鮮族にとって特に日本語は政治的に空白のままであり続けたといっても過言ではない。あるいは朝鮮族は意図的に日本語との関係を空白のままにしてきたというべきかもしれない。それは国家の政治的なレベルだけではなく、知識人の認識的なレベルにおいてもそうであった。

おわりに

中国の中で民族的少数者は少数民族として位置付けられて、多民族国家の一構成員として構成し直す必要があった。少数民族が「中国公民」としての役割を果たすためには、中共中央の権威を落とさないように、少数民族における威信造成過程が求められた。そこで、漢語による統一がはかられ、漢語との関係において民族語および外国語をどのような状態に置くか、その重要な一環をなすものに民族語における借用問題があった。それゆえ借用をめぐる議論の過程は、国家観念の醸成と言語教育の意味が社会主義中国という特殊状況で政治的な位置付けを与えられつつ、少数民族の言語教育へと波及していく過程であった。

その影響はかつて植民地支配を受けた自治州にも及び、一九五〇年代末以降、民族語純化運動を担った知識人の中では、民族語標準化統一運動や外国語からの借用問題が自治州の政治的過去と結びづけて語られた。そこでは、獲得すべき目標として、民族語と民族文化を持った自治州の姿が議論されていたのである。

しかしながら、植民地支配を受けた自治州において、言語問題はもっぱら民族解放の問題に収斂し、民族教育への期待は政治的には民族語と漢語の問題に帰着することになる。その過程では漢語の存在が民族語・外来語を凌ぐ中、日本語・ロシア語からの借用の問題が民族語標準化との結び付きを強め、借用に関する認識に二分化された事態が生じた。特に、一九五六年に中共中央が百花斉放、百家争鳴を提唱して、多くの学者の間で自由に自説を発表し論争する運動がおこると、それまで隠されていた日本語などからの借用の言語問題が一挙に顕在化していった。しかし、その後に民族語純化運動の理念が具体化する標準化法案制定作業を経て制度化された法案では、それぞれの借用情況は二分化する形で制度的帰結に至った。この点で韓国や北朝鮮の状況とは大きな違いがある。つまり、韓国や北朝鮮など、ほかの東アジア諸国と比較する観点からみれば、マイノリティー集団として中共による政治的支配を受けた点、そして日本語からの借用の問題が短絡的な紙上討論によって片付けてしまったという点に、ほかのケースに見られない大きな特徴がある。建国と共に中国の領域に組み込まれてしまった朝鮮族は、「中国公民」に再構成されることで、そのような植民地の経験がつくりだした言語状況をかなり意識的に忘却してきたと言えると思われる。

注

(1) 倉石武四郎『漢字の運命』岩波書店、一九五二年、村田雄二郎「「文白」の行方に──近代中国における国語問題」『思想』第八五三号、村田雄二郎「もう一つの簡体字──漢字とナショナリズム」田中克彦・山脇直司・糟谷啓介編『言語・国家、そして権力』新世社、一九九七年、大原信一『中国の識字運動』東方書店、一九九七年、汪暉著、村田雄二郎・砂山幸雄・小野寺史郎訳『思想空間としての現代中国』岩波書店、二〇〇六年、などを参照。

(2) 建国後、新中国は一九五四年憲法・一九七五年憲法・一九七八年憲法・一九八二年憲法に、「北京語音を標準音とする漢民族共通語」である「普通話」を共通語として位置付けて、その普及推進に取り組んできた（全国文字改革会議秘書処編『第一次全国文字改革会議文献匯編』文字改革出版社、一九五七年、三〜七頁、費錦昌編『中国語文現代化百年記事一八九二〜一九九五』語文出版社、二一二頁などを参照）。

（3）S・R・ラムゼイ著、高田時雄・阿辻哲次・赤松祐子・小門典夫訳『中国の諸言語――歴史と現況』大修館書店、一九九〇年、大原信一『近代中国のことばと文字』東方書店、一九九四年などを参照。

（4）前掲書『中国の諸言語――歴史と現況』、二〇五〜二〇六頁、二一四頁、中国社会科学院民族研究所・国家民族事務委員会文化宣伝司編『中国少数民族文字』中国蔵学出版社、一九九二年、中国社会科学院民族研究所・国家民族事務委員会文化宣伝司編『中国少数民族語言使用情況』中国蔵学出版社、一九九四年を参照。

（5）岡本雅享『中国の少数民族教育と言語政策』社会評論社、一九九九年、小川佳万『社会主義中国における少数民族教育』東信堂、二〇〇一年、藤井久美子『近現代中国における言語政策』三元社、二〇〇三年、一三七〜一三八頁を参照。

（6）日本ユネスコ協会連盟・「民間ユネスコ運動六〇年史」編纂委員会『民間ユネスコ運動六〇年史』日本ユネスコ協会連盟、二〇〇七年を参照。

（7）これが中共中央政府の基本的な見解であると考えられる。各民族がその固有の言語にそれぞれの文字化を行い、学校教育は言うに及ばず、行政用語として使用されれば、その負担は単に経済面のみならず、言語学習の面からもかなりの負担を強いられることになる。また、文字言語は、話しことばと違った独特の文法、語彙、音韻を持ち、規範的であろうとする傾向を持っており、文字言語が社会全体に普及するにはかなりの歳月が必要であろう。

（8）前掲書『中国の識字運動』、一八七頁、一九三〜一九四頁、周恩来「論当前文字改革的任務」『光明日報』一九五八年一月一一日を参照。

（9）孫鳳岐・李家林署名「全国掃除文盲工作会議」『中国教育年鑑』（一九八九年版）、人民教育出版社、一九八九年。

（10）『中華人民共和国憲法』総則第一九条、国家語言文字工作委員会政策法規室編『国家語言文字政策法規匯編一九四九〜一九九五』語文出版社、一九九六年、二八四〜二八九頁、三二三〜三二七頁を参照。

(11)『中華人民共和国憲法』総則第四条。
(12)呉宗金編『中国民族法学』法律出版社、一九九七年、中央人民政府法制委員会編『中央人民政府法令彙編　一九五一』人民出版社、一九五三年を参照。
(13)崔吉元「朝鮮族学校漢語文教学問題」『中国少数民族語言文字使用和発展問題』中国蔵学出版社、一九九三年、二三七頁。
(14)南日成等著『中国朝鮮語文教育史』東北朝鮮民族出版社、一九九五年、一七〇〜一七一頁。
(15)延辺専署文教科「一九五〇年工作初歩総括(一九五〇年一二月二五日)」延辺朝鮮族自治州檔案館編『中共延辺地委延辺専署重要文献汇編(第一巻)一九四九．六〜一九五二．八』、一九八六年、三五一頁。
(16)熊谷明泰「朝鮮語ナショナリズムと日本語」田中克彦・山脇直司・糟谷啓介編『言語・国家、そして権力』新世社、一九九七年、一八七頁。
(17)権寧俊「中国朝鮮族の『朝鮮語純化運動』と漢語――一九五七年『延辺日報』紙面上の『朝鮮語純潔化討論』を中心に」『一橋論叢』第一二三巻三号、二〇〇〇年三月を参照。
(18)新しい知識、情報伝達の速度、各種参考書の量という点で、朝鮮語でつくられる出版物は漢語によるそれに及ばない。例えば、一九八六年の調査では、漢族学校である延辺第二中学の初級部第一学年では、六九種類の課外読み物を使っているのに対し、朝鮮族学校である延辺第一中学は一九種類。朝鮮語の出版物は教科書、雑誌を除くと一年に二百種類程度しか出版できておらず、専門的な本はほとんど出版できない。こうした点から常に総体として漢族の知識量に及ばず、それが社会的・経済的な発展が漢族に比べ緩慢であると、朝鮮族自身が嘆くほどであった。ただしこの点については、一九九二年以降、韓国と中国との交流が目覚ましい勢いで拡大したため、韓国がハングルで出す様々な情報を、中国の朝鮮族が使う可能性が大きくなった(前掲書『中国の少数民族教育と言語政策』、一六五頁)。
(19)朴奎燦『延辺大学校史』延辺大学出版社、一九八九年、北京大学朝鮮文化研究所編『中国朝鮮民族文化史大系四　教育史』民族出版社、一九九七年を参照。
(20)前掲書『中国の少数民族教育と言語政策』、一五〇頁、一六〇頁、中国少数民族教育史編委会編『中国少数民族教育史』

広東教育出版社・雲南教育出版社・広西教育出版社、一九九八年、五三五頁、五四七頁、五七〇頁を参照。

(21) 北京大学朝鮮文化研究所編『中国朝鮮民族文化史大系一　言語史』民族出版社、一九九五年、南日成・方学哲・任昌吉編著『中国朝鮮語文教育史』東北朝鮮民族出版社、一九九五年、呉泰鎬『延辺日報五〇年史』延辺人民出版社、一九九八年、二一〇頁、前掲書「中国朝鮮族の『朝鮮語純化運動』と漢語――一九五七年『延辺日報』紙面上の『朝鮮語純潔化討論』を中心に」を参照。

(22) 中共が一九五六年に唱えた自由化政策のスローガンである。芸術の分野で異なった様式・内容の作品を自由に発表させ、学術の分野で異なった学説や理論を自由に発表・論争させることで、「双白」とも称される。一九五六年に工商業の社会主義的改造が基本的に完成して、経済建設が中共の基本中心となったことに伴い、知識人の協力が必要になった。そのためにそれまでの知識人の思想改造政策を転換し、民主諸党派との「長期共存・相互監督」と「百花斉放・百家争鳴」を中共の基本方針とした（Roderick MacFarquhar・費正清編『剣橋中華人民共和国史――革命的中国的興起一九四九～一九六五』第一四巻、中国社会科学出版社、一九九二年、二五五頁、ロデリック・マックファーカー、ティモシー・チーク、ユージン・ウー編、徳田教之・小山三郎・鐙屋一訳『毛沢東の秘められた講和』上、岩波書店、一九九二年を参照）。

(23) 陸定一は、一九二五年に中共入党、二八年にソ連へ赴いた。建国後、中共中央宣伝部門の指導者として百花斉放・百家争鳴を提唱した。文化大革命直前の五人小組の一員だったが、文化大革命開始と共に毛沢東に反対したと批判され失脚した。一九七八年に名誉回復され、一九八二～九二年まで中共中央顧問委常務委員を務めた。

(24) 李維漢は、一九二二年ヨーロッパ中国少年共産党の結成に参加した後、中共に入党し、一九三一年にソ連に赴いた。建国後、中共中央統戦部長を務め、民族区域自治を成立させ、チベット問題にも取り組んだ。

(25) 前掲書『中国朝鮮民族文化史大系一　言語史』、一九五頁。

(26) 前掲書『剣橋中華人民共和国史――革命的中国的興起一九四九～一九六五』第一四巻、二二五頁、前掲書『毛沢東の秘められた講和』(上)、八七～九八頁を参照。

(27) 前掲書『延辺日報五〇年史』、二一〇頁、前掲書「朝鮮語ナショナリズムと日本語」、前掲書「中国朝鮮族の『朝鮮語純

化運動』と漢語――一九五七年『延辺日報』紙面上の『朝鮮語純潔化討論』を中心に」、前掲書『中国朝鮮民族文化史大系一　言語史』を参照。
(28) 前掲書「朝鮮語ナショナリズムと日本語」、一八五頁。
(29) 竹中憲一『「満洲」における教育の基礎的研究』第五巻、柏書房、二〇〇〇年、八八～九〇頁。
(30) 「満洲国」における日本の文化統治と日本語については、駒込武『植民地帝国日本の文化統合』岩波書店、一九九六年、イ・ヨンスク『「国語」という思想』岩波書店、一九九六年、安田敏朗『帝国日本の言語編成』世織書房、一九九七年、長志球絵『近代日本と国語ナショナリズム』吉川弘文館、一九九八年などを参照。
(31) 前掲書『中国朝鮮語文教育史』、六一～六七頁、前掲書『中国朝鮮族教育史』二四四～二四五頁。
(32) 前掲書「朝鮮語ナショナリズムと日本語」、一八五頁。
(33) 前掲書「朝鮮語ナショナリズムと日本語」から再引用。
(34) 前掲書「朝鮮語ナショナリズムと日本語」、一八六頁。
(35) 『延辺日報』一九五七年三月一日。
(36) 『延辺日報』一九五八年一一月九日。
(37) 『延辺日報』一九五七年五月一一日。
(38) 前掲書『中国朝鮮民族文化史大系一　言語史』、二三二頁。
(39) 同上書、二九八頁、三〇三頁。
(40) 文化大革命以降の状況については、林成虎氏の「中国延辺における日本語からの借用語」という調査レポートに書かれているように、服装類、食べ物・食器類、建築・家具類、道具類、人間関係類、子供の遊び類、交通類、抽象語など八種類にわけて、八六語のいまだに残存する日本語起源の語彙をあげている。その中で、使用率が九〇％以上に達する語彙として、半袖、半ズボン、上着、靴、毛糸、もんぺ、人参、いりこ、味の素、皿、弁当、水筒、包帯、眼鏡、電池、たま、車、手下、たんす、えり、逆立ち、箱、押入、背広、座布団、てんぷら、押しピン、げた、こした、おこし、さるまた、千切り、かんづめ、宝、冷やかし、元気、たまねぎ、合掌、刺しピン、角木などをあげている（林成虎「中国延辺における日本語からの借用語」『季刊三千里』第四七号、一九八六年、一七九〜一八二頁）。

(41) 高永根『崔鉉培의 学問과 思想』集文堂、一九九五年、シン カクチョル「법령에서 쓰이고 있는 일본식 표기 용어의 정비」『새국어생활』第五巻第二号、国立国語研究院、一九九五年などを参照。

(42) 前掲書「朝鮮語ナショナリズムと日本語」、一八八頁、熊谷明泰「朝鮮語に転移使用された日本語語句——解放前朝鮮語出版物の語彙調査」、『韓国外国語大学校論文集』第二四期、一九九一年を参照。

第三章
整風運動から一九六〇年代前半までの外来言語文化

はじめに

本章は、整風運動（一九五七〜五九年）から一九六〇年代前半に至る過程において中国の国内外の環境の変化と朝鮮族の外来言語文化の受容過程を中心に分析する。そのために、外来言語文化の受容の意味が、中ソ関係悪化と内政などの状況に応じてどのような政治的な位置付けを与えられつつ、少数民族の外国語教育へと波及していったのか、それを自治州を事例に具体的に解き明かすことにする。筆者がこの問題に関心を持ったのは、しばしば政治運動に巻き込まれる外国語教育という方法的視点から、外国語教育の政治化、少数民族における外国語教育の政策的特徴などを明らかにすることができると思ったからである。しかし、この時期の中国少数民族教育の研究、とりわけ言語教育政策についての研究は、今まで主に漢語教育と少数民族言語教育との関連性を中心に行われてきており、外国語教育についての論述は少ないようである。

まず、本章と関連する先行研究について述べる。中国では、一九八〇年代末から、外国語教育に関する著書が出版された。それは、付克、周華全などの研究である[1]。これらの研究の多くは、外国語教育の歴史的過程、および重要史実について考察している。しかし、膨大な内部資料による叙述にもかかわらず、外来言語文化の排斥や学校教育における外国語の政治問題化についての検討が欠落しているように思われる。とりわけ、整風運動から一九六〇年代前半に至る外国語教育における運用実態とその政治性がもっと具体的に分析されるべきではないかと考える。日本側の研究としては、権寧俊、岡本雅享、鄭雅英などの研究がある。権寧俊は、朝鮮族の民族教育における民族語と漢語との関係に焦点を当てて、一九五〇年代半ば頃に行われた「民族語純化運動」を中心に検討し、[2] 民族教育と言語問題にふれながら、毛沢東思想を基本とする民族教育政策の実施、漢語借用語による朝鮮語規範化問題など、自治州の朝鮮語という民族語の側面に重点をおいて考察した。[3] 岡本雅享は、中共中央および少数民族自身による教育・言語政策と少数民族のおかれている実態を考察し、[4] 鄭雅英は朝鮮族の民族関係を中心に据え、そこから朝鮮族社会を考察している。[5] しかし、これらの研究においても整風運動から一九六〇年代前半における外来言語文化の受容過程の実態は未解決であると思われる。

　中共中央では、建国初期から国家の発展および外国との交流のために不可欠であると、学校教育における外国語教育を重要視していた。そして、自治州においても外国語は教科として、漢族学校のみならず、朝鮮族学校のカリキュラムにも組み込まれていた。しかし、一九六二年一〇月の陳毅の講話に端を発し、外国語を学ばせる必要は認めつつも、その言語の思想や文化を分けて考える風土が見られるようになった。さらに、整風運動から一九六〇年代前半期においては、政治運動による外国語教育の革命化が主張され、外国語教育の政治問題化が進められた。このような政治的な影響は自治州の外国語教育だけではなく民族語教育においても存在した。例えば、権寧俊は、朝鮮族の民族教育と民族語問題をめぐって、「朝鮮語純化運動」を指摘すると共に、朝鮮語の漢語化が急速に進められたことを実証している。[6] ところが朝鮮語の漢語化を否定する朝鮮族の民族主義が主な背景として提唱された「朝鮮語純化運動」とは異なり、整風運動から一九六〇年代前半に至る外国語教育をめぐる諸議論は、外国語を学ぶことによって精神も外国化されることを警戒したという側面に重点をおいていた。その結果として、朝鮮族の三言語教育において漢語教育と朝鮮語教育のせめぎ合いの中で外国語教育は常にその存在意味を問われ続けなければならなかった。

　このように、整風運動から一九六〇年代前半に至る過程で、教育をめぐる様々な政治的闘争が朝鮮族社会の言語教育に与えた影響は大きかった。その中で、外国語教育分野は中共中央の政策決定に起因する国内の政治運動などに常に巻き込まれた領域であった。中国の少数民族教育を研究するに当たって、漢語教育と少数民族言語教育との質的量的重ね合いの流れの中で見るのは前提であり、これについては筆者も同感である。そこで、本章においては、整風運動から一九六〇年代前半に至る過程で朝鮮族の学校教育における外国語の政治問題化と、その過程で影響された変化の局面を明らかにしたい。そのため、まず、中央政府の対外認識と国内政治の変遷を述べ、第二に、そのような認識の中で進められた少数民族地域における外国語教育の問題について朝鮮族をとりあげ、彼らの外国語教育を取り巻く政治的、文化的背景を分析し、その過程で影響された朝鮮族の外国語教育をめぐる三言語教育に関する問題を考察する。

第一節　中国の国内外環境と朝鮮族社会

一　国民統合の中の朝鮮族社会

（一）国内の政治的環境

百花斉放・百家争鳴という方針は、党内外に潜む「反革命右派分子」を誘い出し、暴露するための手段であり策略であった。一九五七年五月以降の事態はまさにそのように展開した。百花斉放・百家争鳴は捨て去られ、「右派分子」を摘発し追放するいわゆる反右派闘争が開始されたのである。同年六月八日、毛沢東は中共中央に対し「右派分子の狂気じみた進攻に組織的反撃をせよ」という指示を出すと共に、『人民日報』に「これはどうしたことか」という社説を載せ、「少数の資産階級右派分子」が機会を利用し党と社会主義に対し反撃を加えているとし、反右派闘争を開始した。その後一年間にわたり全国規模で大規模な反右派闘争が展開され、百花斉放・百家争鳴運動で批判的意見を表明した知識人たちは根こそぎ逮捕・追放された。毛沢東が階級敵を打倒するために使った策略は知識人を沈黙させるには有効であった。以後、約三〇年間にわたり一部の例外的抵抗を除いては、知識人による共産党批判は中国から姿を消すようになった。(7)

毛沢東は反右派闘争を階級闘争と位置付け、「右派」と人民の矛盾を敵対的で対抗的矛盾であると見なし、大衆を動員して「右派分子」を摘発するという大衆動員方式を採用した。毛沢東によれば壁新聞、座談会、弁論会などは矛盾を暴露するのにいい方法であり、革命にふさわしいやり方であった。一九五七年一〇月の第八期三中全会で毛沢東は反右派闘争を社会主義の階級闘争と位置付けると共に、「大民主」を社会主義階級闘争の最も望ましい形式として提起した。

反右派闘争は多くの無実の知識人を長期にわたって苦しめただけではない。毛沢東の策略によって、一九五四年憲法に保障された公民の基本的権利に関する諸規定はもとより、党政治局の方針も無視された。そのため、法の規定と現実が極端に乖離するようになる。反右派闘争はあまりにも拡大され、一部の愛国人士、知識分子、党内の幹部にあやまって「右派分子」というレッテルを貼り、長期にわたる屈辱を与えただけでなく、社会主義民主と法制にも重大な損害を与えた。

反右派闘争は一九五八年の夏には一応の終結をみたが、その頃中国が取り組んでいた社会主義建設の総路線

(農業における人民公社化と工業における大躍進)は反右派闘争の精神を色濃く残していた。「一五年でイギリスに追いつき、追い越す」という急進的な経済目標の設定には、「右派」あるいは「保守派」といったレッテルを貼られるのを恐れた下級幹部や知識人が急進主義に反対しなかったことが影響して、穏健でバランスのとれた経済建設を提唱する反対意見を封じ込めた。(8) 毛沢東は一九六四年六月にいわゆる四清運動(政治・経済・組織・思想を清める)を提唱し、社会主義教育運動を全国的に展開した。ここには教育問題をきっかけにして、階級闘争を持ち込み、運動を拡大していくという文化大革命の典型的なやり方がすでに示されていた。そうした運動を担うのは当然のことながら大衆であった。一九六五年一月に毛沢東は全国工作会議を招集し、都市と農村の間には先鋭的な階級闘争が存在すると述べ、所有制度の社会主義改造が完成した後も、社会主義に反対する敵は「和平演変」(平和的転覆)で資本主義の回復を企画していると階級敵の存在を強調した。そして、社会主義教育運動の重点を「党内に存在する資本主義への道を歩む実権派」との闘争に移すよう提議した。(9)

(二) 朝鮮族の政治的覚醒と文化的価値の政治化

建国後、統合の方向に向かう傾向を見せた朝鮮族社会の政治ベクトルは、百花斉放・百家争鳴運動を境に分裂、分散、対立の方向に転じていった。その主要な要因は、それまで中国国内政治への関心が低かった朝鮮族中下層の知識人が、百花斉放・百家争鳴運動中急速に政治意識を高め、憲法が定めた多民族平等原則の下での権利を行使しながら、自立した政治勢力として政治舞台に登場してきたことである。さらに、着目すべき点は、新たに参政意識に目覚めた多数の朝鮮族知識人が自治州の居住民などを含む中下層に属していたことである。このことは、上層部主導の「上から」の一元的な動員が中心であった百花斉放・百家争鳴運動以前とは異なり、中下層による

「下から」の多元的な政治勢力形成の可能性が生まれたことを意味していた。

朝鮮族中下層の知識人、とりわけその大半を占める「朝文派」は建国時に「漢文派」指導者が譲歩した点、すなわち文化面での民族的権利の回復・維持と、民族間の機会の平等、具体的には「漢族の特権」の縮小もしくは撤廃を求めて政治運動へと加わっていった。[10] 特に、中下層の知識人の政治参加を促した争点は言語・教育問題であった。言語・教育政策決定の主導権を握った中共中央政府の指導者は、漢語の単一国語化をはかると共に、漢語以外の民族語（朝鮮語もその一つ）を媒介とする民族教育を漢語媒体の全国統一的な教育体制へと統合する政策の推進をはかった。[11] これに対して、朝鮮族側の対応は分れた。

「漢文派」は、この政策に概して寛容であった。特に、自治州の「漢文派」指導者は、漢族との協調重視の態度を貫き、中共中央が打ち出す言語・教育政策を受動的に追認すると共に、朝鮮族社会内への適用を促した。一方、「朝文派」は、朝鮮語の使用が限定され、朝鮮語教育が廃止されるという現実的な影響への懸念に加え、それらを通して将来朝鮮族文化が衰退・消滅していくことを危惧して強い反発を示した。また、「朝鮮族文化の優等性を誇りに感じ、漢語や漢族文化は朝鮮語や朝鮮族文化より劣るものと考えた。もし彼らが母語を放棄し、漢語を唯一の教育媒体として受け入れるよう強制されるなら、朝鮮語教育に強い関心を寄せる者にとって、それは漢族文化への屈伏であり、朝鮮族文化存亡の危機である」と指摘されるような文化的優越意識が、「言語は民族を映し出す影である」、「教育の存廃を文化継絶の象徴とみなす」という見地から、執拗な反対運動を行った。[12]

朝鮮語教育を漢語中心の教育体制の中に吸収する方向付けを明確にした教育方針に対する反対運動、朝鮮語の公用語としての地位を保証するよう求めた運動、朝鮮語を教育媒体とする民族教育の充実化を求めて高揚した運動など、一九六〇年代における大規模な朝鮮族の大衆政治運動のほとんどが言語・教育問題をめぐるものであった。漢語の共通語化と統一的な国民教育制度構築の試みは、国民統合に向けての文化の共通化政策であった。それは、漢語が多数派の言語であること、および憲法の合意に基づいていることによって正当化されていた。しかし、朝鮮族大衆、とりわけ「朝文派」にとっては、異文化への強制的な接触と同化の圧力にほかならなかった。彼らはこのような文化面での統合に対して強い反発を示した。

しかし、文化的差異の存在や異文化への接触が、ただちに民族自治を建前とする対立関係の激化や民族間の闘争に結び付いたわけではなかった。また、「上から」の統合を進めようとする政府の内部に、それを容認する少数派民族の代表も含まれていたことから、単なる多数派民族と少数派民族との対立でもなかった。その間には、異文化との接触で活性化された民族意識が、以下に示すような民族内および民族間の政治的枠組みの中で政治化され、増幅されていく過程が存在していた。

(三) 政治変動と民族自治を建前とする対立関係

朝鮮族知識人の政治参加の拡大と国民統合過程における民族的問題の政治化に伴い、一九五〇年代末から六〇年代前半にかけて、朝鮮族社会に政治変動がおこった。特に、整風運動期間中に中国指導者は少数民族に対し、イデオロギーに基づく統合主義政策をとった。朝鮮族社会においてもその多様化と民族自治よりも全国的な統一と政治的中央集権化という究極の目標を優先させた。

以下、この時期の中国国内政治の変動が朝鮮族内の民族自治を建前とした対立関係を生成・激化させていった諸様相についてみていきたい。

第一に、社会主義イデオロギーと民族自治を建前とする立場との関係である。漢族を中核とする国民統合を優先した中共中央のイデオロギーは、基本的には階級間の政治闘争を標榜する社会主義的イデオロギーであった。中共中央は概して、整風運動が朝鮮族社会で展開された場合、民族間の対立は階級間の闘争の中に吸収・解消され、民族間に平等主義がもたらされるとの立場に立っていた。そして、民族主義者が主張する朝鮮族の文化的な独自性や「朝鮮族の特権」を非難する手段として社会主義思想や階級闘争論理を用いた。

このような民族自治を建前とする対立関係は、社会主義と少数民族主義との間の対立に象徴される。中共側はその対立を「長期の複雑かつ尖鋭化したプロレタリア意識と資本主義的意識の間の階級闘争であった」と指摘し、「朝鮮族の資本主義者と知識人の間に『悪性な影響』が広がり、彼らは複数祖国理論と民族言語の純粋化を主張した」と警告した[13]。明らかに、中共中央は中国における民族問題の根源を民族間の対立よりもむしろ階級間の闘争ととらえ、愛国主義と祖国統一、および民族団結の原則に基づいた統一的な社会主義国家の建設を掲げた。さらに、「現存する少数民族の言語の純粋性を保存せよという主張は断固排撃するべきである」と指令した[14]。また、「朝鮮族右派分子に対しては、民族に触発されたブルジョワ思想を清算し、より高い水準の愛国主義と民族団結意識を注入するためには階級教育が必要である」と強調した[15]。朝鮮族ばかりでなく、時代を遡ればほかの少数民族も漢族と比較すれば、人口的にも、歴史・政治・経済・文化の分野においても中核の民族にはなりえないと論じた。そして、漢族こそが中核をなす民族であるとの前提に立って少数民族主義への特権の付与を正当化する民族主義者の議論を批判した[16]。このような中共中央の主張は、民族間の平等を訴える政治スローガン「全国各民族大団結」と共に、整風運動を契機に朝鮮族社会内に急速に浸透していった。

これに対して自治州の指導層は、一九六二年に朝鮮族教育機関に向けて、民族聯合学校を朝鮮族学校と漢族学校に分離し始めた。そして、朝鮮語と漢語の教科書を改訂するために、中共の延辺党書記の金文宝を委員長とする編集委員会を設けた。また、朝鮮語学習に新たに重点を置き、朝鮮族の一年生に対する漢語学習を全廃し、民族教育計画を復活させた[17]。その背景には、一九六〇年代初め、大躍進運動(一九五八~六〇年)とその極左的な措置が、より穏健な政策に取って代わられるにつれて、朝鮮族民族教育に対する制約も多少緩和された側面もあった。このことは、中国のような多民族国家においては、前提の違いにより、意識的または無意識のうちにイデオロギーと民族自治を建前とする立場が相互にすりかえられる、換言すれば、階級間の問題が民族間の問題にすりかえられる可能性が強いことを示している。

第二に、民族自治を建前とした民族間の勢力争いによる対立関係の助長である。中共中央は百花斉放・百家争鳴運動の中で、公然と漢族の愛国主義的兆候を批判していた少数民族の知識人を「反党の偏向分子」、「資本主義的右翼分子」、「地方民族主義者」と非難した。しかし、一九六〇年代初め、北京の指

写真1　延辺の高等学校を視察する周恩来総理(1962年6月)(北京大学朝鮮文化研究所編『中国朝鮮民族文化史大系4　教育史』民族出版社、1997年)

導者たちは個人的に自治州に強い関心を抱き、周恩来首相をはじめ、朱徳（全国人民代表大会常務委員長）、董必武（副主席）が延辺大学と民族教育文化施設を視察した[18]。それは自治州が中国の対ソ連、対北朝鮮関係の変化に伴い、政治的に敏感な地理的な位置を占めていたからであると考えられる。このため、自治州の最大の支持層である朝鮮族の支持獲得が漢族勢力拡大のための最大の目標となった。

朝鮮族の政治・教育指導者はこのような中国首脳の訪問を少数民族教育に対する穏健化路線としてとらえていたが、一九六三年に社会主義教育運動が開始されたため、穏健化の動きは短命的に終わってしまった[19]。社会主義教育運動においては、朝鮮族の関心が最も高い言語・教育問題で中共中央の要求をとりいれざるを得ず、民族主義者の抵抗にもかかわらず、いずれの少数民族においてもしだいに民族自治を建前にする対立関係は相乗的に作用し、建国当初の多民族平等主義の理念から掛け離れた方向へと民族教育の性格を変化させていったのである。

整風運動の結果は、朝鮮族社会内での漢族を中核とする民族政策や制度に関する主張の台頭と中共の影響力の向上という、一九五〇年代後期に展開した中国の朝鮮族政治の潮流を象徴的な形で映し出した。中共吉林省委員会と延辺人民代表大会、および中国人民政治協商会議延辺委員会も自治州の下級幹部を対象に、知識人、芸術家、そのほか文化、工業、商業指導者の中の「右派分子」を批判する会議と人民集会を数回開き、激しい反右派闘争が開始された[20]。

この結果は、朝鮮族社会内部における政治的バランスを決定的に変えたのみならず、自治州体制に大きな動揺を与えた。それは、建国時点での民族上層部間の合意を、整風運動における中共の政治的発言力によって覆そうとする動きとも言えた。しかしながら、ある意味で民主主義のルールに反するこの運動が、権力構造の再編と新たな民族間関係の制度化へと具体化される前に、整風運動の延長線上に位置付けられ中国の政治体制を瞬時にして変革させるきっかけとなった歴史的な文化大革命が勃発したのである。

以上において、一九五〇年代後半から六〇年代前半にかけての中国の国民統合の問題について朝鮮族社会に視点を据え、その民族意識の変化、民族内統合、政治変動などの過程に着目しながら検討してきた。

中国の朝鮮族社会では、自治州成立後の民族自治の達成過程において共通意識の形成と組織面での統合が進む傾向が見られたものの、統一的な意思と均質な政治文化の存在を想定することは難しい。特に、整風運動から一九六六年の文化大革命に至る過程においては、急速な政治化が進展する中で、多元化と分裂が進んでいった。その過程でおこった朝鮮族社会内の政治変動が、全体の国民統合過程にも影響を及ぼした。その意味では、朝鮮族社会内部に、ある程度の均質性が存在することを想定しながら中国の統合問題を考える場合には、少なくとも、朝鮮族内の階層や歴史的、文化的背景を異にするサブ・グループの存在、およびそれらの相互関係を視野に含め、民族の枠を一度相対化してみる必要がある。

中国の国民統合の方向性は、一九五七年の整風運動によってその政治体制と共に一変した。混乱収拾の過程で政治的主導権の掌握と権力の集中化に成功した中共中央の指導者は、イデオロギーに基づく一元論的・統合主義を少数民族政策と位置付け、社会の多様化と民族自治よりも全国的な統一と政治的中央集権化することが国家の政治的安定と国民統合の前提となるとの考え方を前面に打ち出した。そして、その考え方に基づいた大躍進運動と社会主義教育運動によって、少数民族上層部の「右派分子」や「地方民族主義者」の追放、および民族教育の多様化の廃止と漢族を中核とする民族統合を原則とした旧体制の転換をはかった。

一方、職場からの追放者が集中した整風運動への恐怖感や、運動の過程で明確化した「漢族＝進んだ文化と経験の持ち主」という図式を強く認識させられたことを背景として、朝鮮族の間には政治的無力感が広まった。百花斉放・百家争鳴運動の中で高揚してきた朝鮮族の政治的な関心と関与は急激に低下した。民族自治や民族教育の多様化にしても、少数民族教育の穏健化活動に対する厳しい取締りの中で、整風運動以前の勢いを失っていた。

このような状況下、結果的には漢族優先主義を制度化した反右派闘争の政策が策定された。中国東北地域において、同政策は特に朝鮮族指導者に向けられ、彼らは反党や反社会主義、および反漢族だと指弾された。その最大の狙いは、漢族化を軸とする国家主導型の統合政策を推し進め、その中で従来朝鮮族にほぼ独占され朝鮮族文化の独自性の象徴でもあった延辺大学への漢族の教員・学生両面での進出を推進することにあった。[21] また、共通語としての漢語学習運動が実施され、漢族優先の民族統合に対する反発が表面化することを封じ込めるために、言語上の障壁を除去する方策がとられた。[22]

このように、中共中央主導の体制変革が一気に進み、漢族優先政策が政治的安定と国民統合の手段として正当化され、さらにそれが朝鮮族の自治政策の中に組み込まれることになったのである。こうして生まれた国民統合の新たな枠組みの中で、朝鮮族は新たな対応を迫られることになった。

二　朝鮮族社会をめぐる国際環境

建国後の中国の世界認識の変化は、東西問題基軸、すなわち社会主義、資本主義という両体制の対決に基軸をおく視座から、南北問題基軸、すなわち「北」の先進諸国と「南」の発展途上諸国の間の対立と協力に基軸をおく視座へと大きく転換した。[23] 一九五〇年代後半から六〇年代半ばまで、毛沢東と周恩来を中心とする政治体制下の中国の対外認識は、以下の四つの特徴があった。

第一に、建国直後、対ソ一辺倒から中ソ分裂によって、一九六〇年代から中国は独立自主の外交を強調し始めた。いかなる国の指図も受けずに独自の外交政策を堅持した。

第二に、平和共存五原則（Five Principles of Peaceful Coexistance）を打ち出し、相互不可侵や内政不干渉を強調した[24]。最初は社会制度の異なる国家間の基本原則として打ち出したが、中ソ関係の悪化に伴い、平和五原則を社会主義国家を含むすべての国家関係への適用を求めるようになった。しかし外交問題におけるイデオロギー的な考え方は色濃く残り、経済発展より政治運動を重要視していることはその特徴であった。

第三に、非同盟原則を堅持した。一九五〇年二月の中ソ友好同盟相互援助条約は、新中国が外国と結んだ唯一の同盟条約である。しかし中ソ関係の悪化でこの条約は長く効力が持たず、一九六〇年代初め頃からも事実上無効になった[25]。一九六一年七月には、中国と北朝鮮との間に「友好協力相互援助条約」(Sino-KPDR Treaty of Friendship, cooperate andMutual Assistance, 三〇年間期限付）が結ばれた。「同盟」という文字がないものの、そこには「一旦締約国一方がいかなる国または国家グループからの武力攻撃を受け、戦争状態になった場合、もう一方の締約国は、速やかに軍事およびそのほかの援助をもってそれを与えるべき」と規定され、同盟条約の性格を有することが示されている[26]。

第四に、社会主義革命と民族解放運動への支援を実施した。朝鮮戦争やベトナム戦争への参加は、社会主義革命と民族解放運動への支援と位置付け、自国の経済建設に悪影響があってもあえてこれを敢行した。最も典型的なものは、「抗米援朝」「抗米援越」という二大戦争への参加と援助であった。朝鮮戦争の場合、建国間もない時期であり、経済基盤も極めて弱体だったにもかかわらず、中国は「抗米援朝」と「中朝友誼」の名義で、世界一の超大国であるアメリカと直接戦い、毛沢東の息子を含め三六万人以上の死傷者も出した。「抗米援朝」戦争は直接の戦費や物資援助のほか、停戦後米国の対中封じ込め政策などで中国の経済に与えた悪影響も極めて大きかった[27]。

建国後の中共において、対ソ関係も、かつて一九五〇年の中ソ友好同盟条約（Sino-Soviet Treaty of Friendship, Alliance and Mutual Assistance 三〇年間期限付）による中ソ同盟関係はそう長続きはしなかった[28]。ソ連共産党のスターリン批判、国際共産主義運動をめぐる意見対立や対米宥和政策などに対して、中国は強い批判を加え、中ソ論争にまで発展させた[29]。つまり、中共がソ連の理論的枠組みを習得する段階とほぼ同時に、スターリンの死去を受けて中国の対ソ対等意識が台頭し、さらに一九五六年二月のソ連共産党第二〇回党大会で行われたフルシチョフの反スターリン秘密報告に対する反発から、中共は理論、政策など各方面で独自路線を模索し始めた。独自路線の一環として、ソ連の政治経済学の体系、およびその国際政治観の枠組みを学び、国際政治観の枠組みの中国化を本格的に始動させた[30]。そして中ソの対立が徐々に拡大化するにつれて、中国ではその国際政治観の枠組みの独自化はさらに積極的に推進された。一九五八年、中共中央に属する理論誌『紅旗』が創刊され、陳伯達、康生らが党の理論体系とすべての理論部門に対して監督・管轄する責任も明確化された[31]。

一九五〇年代半ば以降、中ソの軋轢が高まる中で、一九五〇年代末からの国内外環境の急激な変化によって、中共においては帝国主義と資本主義が存在する限りそれらとの戦争必至論や革命至上論は説得力を増していた[32]。このような中国の急進的な革命路線に対して、ソ連は一九六〇年七月に中国に派遣中のソ連人専門家一三九〇人を一ヶ月以内に引き揚げるという通告を正式に中国に提出した。このソ連の処置は、一九五七年の核開発関連協定の一方的な廃棄の延長線上のことであり、国際関係における両国間の利害はこれ以上共有できないという様相を呈した[33]。

そして中ソ論争の最中で、中共の反帝国主義と反修正主義の姿勢が明確化し、米・ソ超大国が支配する国際政治体制に対抗するために国際統一戦線を構築することを最優先課題とした。また、第三世界を後備勢力として動員するために国際社会を分裂的なものとしてとらえる急進的な姿勢をとるようになった。つまり、中共が意図したのは、帝国主義に対する持続的な民族解放闘争こそが世界人民の政治意識を向上させるのに重要な役割を果たすことができるということであった。このような視座で、中共は米・ソ間の和解を批判する一方で、第三世界に対してソ連の基本的立場とは相反する主張をし始めた[34]。その結果、反米・脱ソ政策の不可避によって政策転換を模索することに至った。このようにして米国・ソ連からの軍事的、政治的圧力への対抗としての新生共和国の対外行動は、いずれも帝国主義反対、民族解放運動の支援、そして自国の安全と領土保全のための措置であった[35]。

第二節　朝鮮族社会の外来言語文化の受容過程

一　中共中央の外来言語文化の受容に対する認識

（一）ロシア語と英語をめぐる認識上の混乱

新中国設立直後の中共中央は、一九五〇年に結ばれた中ソ両国間の友好同盟協力関係のもとで、「経済、文化の発展を促進し、両国間の兄弟のよしみをさらに一段と強固にし拡大する」というソ連一辺倒政策を打ち立てた[36]。そして、外国語教育もその一環に組み込まれており、ロシア語に対する社会的需要と学校教育におけるロシア語学習者の急増の現象である「ロシア語ブーム」があらわれた[37]。

「ソ連の科学や技術を学ぶ」という理念の下で、異常に高まったロシア語学習熱は、結局、冷戦を背景とした当時の中ソ両共産党の間のイデオロギー論争によってその姿を消した。この論争は、一九五六年のソ連第二〇回党大会でのフルシチョフのソ連共産党中央委員会報告と秘密会議でのフルシチョフのスターリン批判を契機に始まった[38]。これをきっかけに、毛沢東はこれまで学んできたソ連の社会主義建設に疑問を抱くようになり、中国独特の「社会主義への道」[39]を追求し始めた。このため、教育分野においても従来の教育システムに対する見直し作業が進められた。

外国語教育分野においては、一九五七年六月八日、教育部が一九五八学年度「中等教育機関教学計画」(以下、「教学計画」)を発表し、一九五七年度の冬学期より、条件が整った中等教育機関での外国語科目の開設を認めると同時に、英語の学習者数を増加して、ロシア語と英語の学習者の比率を半々に変えた[40]。これは戦後、中共中央のはじめての英語教育の強化に関する措置でもあった。その後の外国語教育政策の展開はどうしても東西冷戦という国際情勢に左右されていくことが避けられなかった。特に、中ソの亀裂の拡大は、西欧やカナダなど対米矛盾が見られる西側の英語圏を含め、第三世界と呼ばれる発展途上の国々との連結を強める傾向をもたらし、外国語教育政策の設定に当たってもロシア語以外の外国語が重んじられ、英語の価値も認める結果となった。

しかし、このような外国語教育政策の急激な変化は、大きな障害にぶつかるようになる。それは、主にロシア語や英語などの外国語学習の意味に対する認識の混乱が生じたためである。一九六三年九月二〇日の教育部の

「通知」は次のように指摘した。「現在、中等教育機関の外国語教育関係者と学生の外国語教育に対する認識は極めて混乱状態にあり、一部の学校やロシア語教師たちはロシア語教育の前途に対する困惑によって動揺することさえある。……それは、ロシア語科目の設置には消極的でありながら、英語の受け入れにはやみくもに追従するというような教育現場の各方面に示されている。……したがって、世界各国人民との連結を強める先決条件としての英語教育を拡大する一方で、社会主義・反帝国主義のテンポを促すために安定したロシア語教育が必要である、という認識の確立が求められる」[41]。このように、中共中央にとって国際的にも国内的にも当時の現実を考えると、英語、ロシア語ともに重要であったが、社会的には実利的な意味から英語に傾いてしまい、ロシア語中心の政策からロシア語と英語ともに重要視する政策への転換は容易に進まなかった。

(二) 専門性と思想性の対立

このような外国語教育をめぐる認識上の混乱は、中ソ関係悪化の影響だけではなく、実は、中共中央が打ち出した中国独特の「社会主義への道」への挫折および政策調整によるものも多かった。つまり、自国独特の「社会主義への道」へと突き進んだ後、中国経済は農村危機を中心に大きな困難に直面した。人民公社化による農村社会の急激な変化と中ソ関係の悪化の結果、当面の危機を打開するための政策的転換が必要となり、劉少奇らの指導による調整政策がとられるようになった[42]。

こうした調整政策の転換の意向を受けて、一九六四年一〇月二〇日、国務院文教科・教育部など五つの部署によって制定された「外国語教育七年計画綱要」(以下、「綱要」)は、外国語教育指導の綱領として全国で広く推し進められた。「綱要」は、中等学校における外国語の重要性を説明し、開設に向けての具体的な措置をとった。「外国語は中等教育の中で基礎知識の一部分であり、各国の科学技術をとりいれる際の重要な手段である」と外国語の専門性・実用性を再び強調した。

しかし、劉少奇の政策転換が行われた一年後、一九六二年九月の八期一〇中全会で、毛沢東は調整期の政治潮流に対して政治上、思想上の闘争を前面に押し出し、劉少奇らの路線に激しく反発した[43]。その反発は、再度「社会主義への道」の追求を意識したものであったため、各方面に及んで、階級闘争やイデオロギー面での影響は不可避的であることを強調していた。したがって、外国語教育を取り巻く政治的思想的な意味での要素も増加しなければならないという認識のもとで、「社会主義徳性」の向上にも積極的な措置をとるようになった。つまり、「綱要」では「よりいっそう教育の質を高め、思想と専門、政治と業務とも優秀な外国語の人材育成を重視し、外国語教育の発展に努める」[44]ことを求め、外国語教育の思想性と専門性の統一のための基盤を築いた。

このような対立状態に対応するために、教育分野における政策調整は、結局「教育の専門性と思想性の統一」論を唱え、教育の内容や方法、方針などの面における社会主義教育革命を呼びかけた。

一九六二年六月『外国語教育と研究』(第一期)には、外国語教育分野で党の代弁者として活動した外交部長兼副総理陳毅の談話が掲載された。この談話は当時の「外国語教育の方針と政策」に関する代表的なものであるので、本論文の論点を明らかにするには注目すべきところだと思う。陳毅は、外国語教育についてまず学習の目的を正すべきであると指摘し、発音、文法、学習方法などに分けて述べている。「我々が学ぶべきものは外国語という言語であり、これを外国人の思想の導入に使うのは危険である。……そして、国家と人民の解放のために必要だという意識を持つべきで、外国語教育は政治のために貢献すべきである」[45]。陳毅は、外国語を通して、その言語を使用する民族の文化や思想を学ぶ必要性がなく、ただの政治的宣伝のための道具であるべきだと説いている。

引き続いて一九六四年一〇月二九日、北京第二外国語学院での講話の中で示されたように、陳毅の言う政治のための貢献とは毛沢東思想を掲げた社会主義の進歩への貢献であった。講話の要点は次のとおりである。「我々が外国語を学ぶ主な目的は、わが国の社会主義政治宣伝のためであって、……決して外国人の思想とか文化をとりいれるためではない……外国語を学ぶことによって精神も外国化されることは、我々人民の信仰心を揺るがせ、徹底的な解放が得られない恐れが多分にある」。[46] このような陳毅の言語観は、言語をそれを生んだ思想・文化と切り離して導入しようとする思考には無理があると思う。これは功利主義的で一面的な言語観であり、陳毅は外国留学したにもかかわらず、言語の本質を理解していなかった。

このように、陳毅は中等教育と高等教育における外国語教育の重要性を否定せず、それと同時に、社会主義的観念、特に毛沢東思想宣伝の役割を強調している。しかし、外国語教育は、単なる外国語の学習にとどまるものではなく、その国の文化や思想に対する政治的な連帯感や認識という課題も含み込んでいる。[47] 当時の中国においては、反資本主義と反帝国主義の風潮に基づいて、「教育の専門性と社会主義思想性の統一」を確立することが、外国語教育における最大の課題であった。この主張は無視することのできない影響を外国語教育に与えた。

(三) 教科書の編纂への影響

一九六一年四月、教育部は「全国文科系の教科書編纂に関する会議」を開き、政治と教科書との関係において、外国語教科書そのものに内在する政治性を強めるべきであると提案した。[48] しかし、「あまりにも政治的語彙を入れすぎると外国語教科書としての性格が失われ、外国語教育の本来の目的が果たせなくなる」という反対意見も浮上して、その対立は文化大革命直前まで続けられた。それを象徴するのが、教科書の編纂であった。

一連の政治運動の中、一九六〇年から一九六二年の間につくられた、黒龍江省教育庁編集の中学校用暫定本『ロシア語』（全三冊）、上海教育局編集の中学校用暫定本『英語』（全三冊）について、次のような指摘がある。「これらの教科書には、外国の原文の採択はほとんどなく、国内の政治運動を描いた文章ばかりである……このように、外国語を教えるべき教材の中で、政治を強調し過ぎるということは、言語教育の本質からみれば、その『質』の向上に大きな妨げになりかねない」。[49] そこで、上記の一九六一年四月「全国文科系の教科書編纂に関する会議」が開かれ、その後、中央の人民教育出版社は、地方の各出版社による外国語教科書の編集について統轄作業を行い、教材の「質」に関する対応の不十分さを指摘した。その上で、「中等教育機関英語・ロシア語教学カリキュラム（草案）」に基づき、一九六五年に中等教育機関用『英語読本』と『ロシア語読本』が編集され、全国統一教科書と指定された。外国の原文の採択率からみると、統括の前の教科書に比べて、採択率がかなり増え、五〇％以上にも達したという。[50]

しかし、中共中央の外国語教育政策は、文化大革命前夜の複雑に絡み合った対立する二つの路線の狭間で、教育の思想性と専門性の統一をますます強め、毛沢東思想学習重視のブームを盛り上げ、文化大革命の中で外国語教育そのものの政治問題化の前提となったのである。一九六五年三月四日、教育部は「外国語教材における毛沢東著作の活用に関する通知」を発表して、高等教育機関の外国語教材編纂において、毛沢東思想による思想の統一を呼びかけ、社会主義革命を反映した政論と毛沢東著作の使用を強化するよう指摘した。[51] また、一九六五年六月二二日から七月六日まで、国務院文教科は総合大学と外国語学校の外国語教育座談会を開き、外国語学習者を社会主義的自覚と教養を具えた後継者に育て上げ、毛沢東思想に忠実で、外国語という道具をマスターし、一定の文化知識を持った者にする方針を打ち出した。[52] 座談会の開催は、文化大革命を目前に控えて、これまでの政策の総括と将来展望と同時に、何よりも高等教育機関の外国語教育関係者に対する政治的総動員であった。座談会で採択された方針は、外国語の学習は外来思想の受容と切り離せないから、マルクス・レーニン主義の思想を堅持した者にだけ学習の機会を与えるという見解であった。きわめて教条主義的であり、陳毅の言語観と同一であった。

二　朝鮮族社会の外来言語文化の受容

（一）文化大革命前夜の延辺大学における日本語教科書の「毛沢東思想化」

中共中央は外国語教育の思想性と専門性の統一のために基盤を築いた「綱要」（一九六四年一〇月二〇日）の基本方針第三条において、「学校教育における第一外国語を英語に指定し、科学技術の導入などのためにはロシア語以外のフランス語、日本語、ドイツ語などの学習者数を増加すべきだ」[53]という指示を出した。これは朝鮮族にとって、日本語科目の設置のきっかけとなった。朝鮮族の中には、旧「満洲国」の影響で日本語ができる人がかなり存在していた。しかし、新中国建国以降、日本語は帝国主義の支配言語であったため、学ぶこともできず、教えることも許されなかった。そのため、中共中央のこの指示は、ロシア語しか学ばされることができなかった朝鮮族にとって、日本語教育の復活の機会となったのである。

一九六四年、延辺教育委員会の認定と朝鮮族の知識人らの呼びかけによって、朝鮮族唯一の民族大学である延辺大学では戦後はじめての日本語講義が開かれた。これは、劉少奇と毛沢東の対立構造に順応するために、朝鮮族がロシア語中心の単一の外国語教育を改め、教員の採用も可能な日本語科目の開設によって選択の余地のある外国語教育を目指した第一歩であった。

しかし一方では、専門性と思想性の統一という教育指針の下で、毛沢東思想を受け継ぎ、朝鮮族の社会主義意識を向上させることが提唱された。一九六五年三月四日、上記の「外国語教科書における毛沢東著作の活用に関する通知」が発表され、外国語講義の思想性を強め、階級闘争を軸とした「有用」な知識だけを教えるために、政論、毛沢東著作を教科書の基本内容とすることを指示した。最も民族教育においては、『毛沢東語録』が各文科系科目の中心となり、このような動きは朝鮮族大学の外国語講義の「政治化」を促した。

以下の事例は、朝鮮族の外国語教育が毛沢東思想と結び付かなければならなかったことを示している。元朝鮮語学部教員であった李成徽（筆名は、雪人）は、この日本語科目開設に参加した一人である。二〇〇一年三月に行った筆者とのインタビューの席上で、李は「文化大革命直前の一九六四年、延辺大学では教養科目として日本語科目を設置したが、それは一年間しか続けられずその後の文化大革命によって停止されてしまった」と断言した[54]。李の証言によれば、反帝国主義・反資本主義が唱えた政治闘争の最中、日本語教科書の編纂に携わった人々は、植民地支配言語としての日本語に対し、まだ抵抗があり、編纂作業の展開は大きな困難にぶつかったようである。ここで李は、当時の朝鮮族大学にとって、日本語教育を導入する際に朝鮮族知識人の中で生じた抵抗を排除し、思想上の準備をするためには、抗日的思想と毛沢東思想の伝播を理念とした教育の専門性と思想性の統一という指針の実行に頼るしかなかったと指摘した。このような情況に対応する方法として、抗日戦争の関係文献と毛沢東著作を教材の主な内容として教科書編纂を行ったということである。

李は地理学部の二人の教員と一緒に教科書執筆組を組んで、朝鮮人抗日運動を描いた叙情詩「間島パルチザンの歌」、毛沢東思想を象徴する「人民に奉仕する」(『毛沢東語録』一七節)をその主な内容として、教養科目の日本語教科書を編纂した。教科書の大半を占める「間島パルチザンの歌」は、日本の「反戦革命的詩人」・槙村浩が一九三二年に書いたもので、一九一九年の朝鮮「三・一」民族独立運動直後、間島に渡ってきた主人公が、「在満日本革命兵士委員会」などの支援を受けながら、間島パルチザンの隊員の一人として日本帝国主義と戦う経歴を描き、「間島パルチザン」を国家、民族を越えたインターナショナルな組織として歌った叙情詩であった。(55)

このように、漢族の日本語教育とは違って、朝鮮族は日本語による外国語教育の具体的なプロセスとして、かつて「国語」として教えられていたがゆえに、「毛沢東思想」以外に、抗日的な内容も導入しなければならなかった。この導入が提起される論拠としては、「外国語を学ばせる必要は認めるが、その言語の思想や文化は認めない」という陳毅の発言が、強い影響力をもっていたと考えられる。陳毅は一九六二年一〇月と一九六五年一〇月、二回にわたって「対内的には人民の徹底的な解放、対外的には毛沢東思想の宣伝」(56)という外国語教育に対する認識を示している。このような認識に至った経過と、建国初期の朝鮮戦争、および中ソ関係悪化という危機的状況にさらされてきた東北辺境の安定化という政治的時代背景とをあわせて考えてみる場合、やはり、民族教育の一環としての外国語教育における抗日的な内容の増加によって、抗日戦争を通じての共産党との「同志関係」をさらに強め、朝鮮族の社会主義中国への帰属意識を再確認する必要があったのであろう。

以上の延辺大学における日本語教育のあり方は、社会主義中国の毛沢東思想の紹介と抗日的思想の宣伝という、二重の要素が重ねあって作用したことにより決定づけられたと思われる。そして、毛沢東思想の宣伝という意味では、中国少数民族の一員とされた朝鮮族の外国語教育は、戦前の日本植民地支配からの解放と、社会主義中国の少数民族としての意識を高めることに終始する結果となった。一方、朝鮮民族独立運動の影響による抗日運動を日本語講義の教科書内容としたのは、結局、朝鮮族の民族主義を日本語講義という外国語教育に密接に結び付けることにもなった。すなわち、日本語講義は、朝鮮族の民族教育における民族意識を深める好機をもたらしたと言える。しかし、外国崇拝に対する批判や大漢族主義が唱えられる文化大革命が始まると、「外国語無用論」などによって、延辺大学の日本語講義は否定された。

（二）自治州における外国語教育とそれをめぐる三言語教育

すでに、民族語としての朝鮮語教育と共通語としての漢語教育を抱えている朝鮮族の民族教育にとって、外国語は第三言語である。この点は、自治州の朝鮮族における外国語教育政策の特徴に繋がるものとして考えられるので、以下では、外国語教育をめぐる三言語教育について述べたい。

建国初期から、自治州においての外国語教育は主にロシア語教育であった。その背景には、もちろん全国的規模で巻き起こされた「ロシア語ブーム」があった。朝鮮族の場合、実際学ばされた外国語と言えば、一九四五年以前の日本語とその後のロシア語しかなかった。しかし、日本語は日本帝国主義の支配言語であったため、建国後は、学ぶこともできず、教えることもできなかった。そのため、ロシア語教育だけが継続的に行われるようになったのである。朝鮮族の知識人たちは社会主義国家ソ連の経験に学ぶ運動に適応するために、民族学校教育における外国語教育をロシア語に移した[57]。

しかし、当時の学校教育で最も積極的に行われたのは漢語の識字教育運動と「普通話」（共通語）の普及政策であった。中共中央は、識字教育を組織的に展開して、識字率を一九四九年には一〇％（推定）、一九五五年には二〇％であったものを、一九六四年には五〇％近くまで引き上げた[58]。この識字教育と直結しているのが「普通話」

表 3-1　朝鮮族高等学校課程案比較表（年間総授業時数）

科目／年度	朝鮮語	割合（%）	漢語	割合（%）	外国語	割合（%）
1950 年度	612	20.2	408	12.6	68	2.0
1960 年度	306	10.1	612	19.0	782	23.0
1965 年度	408	13.5	306	9.5	578	17.0

出所：中国朝鮮族教育史執筆組編『中国朝鮮族教育史』東北朝鮮民族出版社、1991 年、345 頁、編纂部編『中国教育年鑑　一九四九〜一九八一』中国大百科全書出版社、1984 年、397 頁、403 頁より作成。

注　：比較覧の（　　）の中の数字は課程案の中での比率を表す数字である。この比較表は自治州の「朝鮮族中等教育機関の 1950 学年度、1960 学年度、1965 学年度の課程案に基づいて作成したものである。

と呼ばれた漢語の普及政策であった。一九五七年一二月一一日の『人民日報』社説では、「漢字を改革すること、それをさらに容易に広範な人民に掌握させて、思想を表現し、民族文化を普及し、向上させるのに役立つようにすることは、中国人民の長い間の念願だった」と述べている[59]。国家指導者には、普遍語としての外国語も共通語としての漢語もそれぞれ固有の思想・文化と結び付いているという認識があった。普遍語としての外国語の軽視と共通語としての漢語の重視は漢族（中華民族）の思想・文化を少数民族の精神に定着させる公民化過程であった。そのため、識字教育と「普通話」の普及政策は国家の重要なプロジェクトに位置付けられていたのである。したがって、当時の朝鮮族学校においては、漢語の運用能力を高めることが最大の課題であった。朝鮮族においても漢語教育が最も重要視され、外国語教育は民族語教育と共に、段々と軽視される傾向があらわれるようになった。

表3―1は、一九五〇年度、一九六〇年度、一九六五年度の自治州の朝鮮族高等学校課程案においての朝鮮語、漢語、外国語の比較を示したものである。

このように、漢語が共通語として位置付けられた社会状況の中で、民族語と外国語を加える三言語教育を受けなければならない朝鮮族の場合、外国語教育は漢族学校と比べて最も厳しいものであった。したがって、朝鮮族の外

表 3-2　自治州の朝鮮族と漢族の中等教育機関における言語教育課程案

民族 / 科目	朝鮮族学校					漢族学校				
	中 1	中 2	中 3	高 1	高 2	中 1	中 2	中 3	高 1	高 2
朝鮮語	2	2	2	2	2	0	0	0	0	0
漢　語	8	7	6	6	6	6	6	5	5	5
外国語	5	5	3	3	4	4	4	4	4	4

出所：「延辺教育志」編纂委員会編『延辺朝鮮族自治州教育志』東北朝鮮民族教育出版社、1992 年、116 ～ 117 頁より作成。

注　：朝鮮族学校の課程案は 1960 年度のものであり、漢族学校の課程案は 1959 年度のものである。なお、漢族学校においては「漢語」が「語文」とされている。朝鮮族学校における外国語はロシア語が選択されていた。

国語教育は各学校の課程において設置されていたとしても、実際の教育現場では充実した教育を行う余裕がなかった。また、中ソ関係悪化以降、漢族学校の場合は英語中心の学習に転換させる情勢があらわれるが、朝鮮族学校においては、外国語よりむしろ漢語の識字教育運動に歩調を合わせていたため、ロシア語中心の現状維持しかできず、結果的には普遍語としての外国語の軽視となった。

ところが、吉林省教育庁の「一九五九学年の朝鮮族中等教育機関とモンゴル族中等教育機関の教学計画に関する通知」によると、三言語教育を実施する朝鮮族中等教育機関の各学年では外国語科目を増設し、毎週三時間と規定した。また、二言語（漢語・外国語）教育を実施するモンゴル族の中等教育機関では外国語科目を新しく設置し、毎週四時間と規定している[60]。この規定は、漢族学校の課程案を基準として制定されたものであるが、朝鮮族学校においては時間数の若干の異なる点がみられる。当時の朝鮮族学校と漢族学校の言語課程案は表３―２のとおりである。

表３―２のように当時の言語教育において、外国語教育は強化されつつあったが、朝鮮語教育は漢語と外国語の教育に取って代わられた。その背景には、当時の反右派闘争や整風運動による民族語に対する批判があった。それは、一九六一年まで続き、その後、民族語の地位は回復されたが、朝鮮語の非識字率

が低くなったため文化大革命期において朝鮮語使用を否定する「朝鮮語無用論」によって衰退してしまった。しかし、外国語教育はその重要性が指摘され、その役割は再び強調されるようになった。ところが、その内容においては、外国語教育の本来の目的とされる外国人の思想と文化を学ぶものではなく、政治的・革命的内容を中心とする教育に転換してしまった。すなわち、思想や文化と切り離して普遍語としての外国語を学ぶことを強制された。他方で、民族語である朝鮮語学習は軽視された。その結果、朝鮮族の思想・文化を学ぶ機会も喪失した。しかし共通語としての漢語教育のみが重視されながら、朝鮮族の公民化（漢族化）が進められた。

以上のように、民族学校では三言語教育において、最も重要視されたのは漢語教育であった。これは当時識字教育と「普通話」の普及政策が学校教育において最大の課題として立ちはだかっていたからである。しかし、「漢語普及」を目指す学校教育は、当面の課題に追われ、それに対処するために、外国語教育にまで影響を及ぼし、外国語教育の「手抜き」を生み出す一要因となってしまった。そして、自治州の朝鮮民族の外国語教育においては自主選択の余地はなく、社会主義国家のことばとしてのロシア語中心が一貫して必要とされた。さらに、文化大革命期の朝鮮族学校においては、外国語科目は設置されているものの、実際の授業は行われなかった。また、表3―2で示したように、二言語（朝鮮語・漢語）教育の授業時数が全教科目の二五～三二％を占め、外国語まで加えての三言語教育の授業時数は四二～四五％を占めている。そのため、朝鮮族学校は漢族学校に比べ、教科目の不均衡を招き、学生たちの教育への負担を加えさせる結果となった。したがって、漢族学校と比べ、少数民族地域の民族学校は深刻な被害を受けざるを得なかったと考えられる。

おわりに

本章においては、整風運動から一九六〇年代前半までの国民統合における朝鮮族社会の外来言語文化の受容過程に焦点を当て、中ソ関係悪化以降の国内外の情勢変化を踏まえつつ、朝鮮族社会における外来言語文化の受容問題を考察した。具体的な論点としては、中共中央における外国語教育政策をめぐる議論、またこうした政策に基づいた具体的な外来言語文化の受容の実態と問題点、などをとりあげた。そして最後に以上の議論を踏まえながら、冷戦体制下の中国国民統合との関連性の中で、朝鮮族社会の外来言語文化の受容過程を検討し、そこから当該時期の中国における外来言語文化の受容における問題点を明らかにした。

「外国語を学ばせる必要は認めつつも、その言語の思想や文化を分けて考える」という外国語教育の方針が中国の全体に貫徹されたのは、この時代の特徴であった。それは、本章で言及した政治運動などの過程の中で、教材編纂などとして外国語教育分野に具体化された。したがって、自治州の外国語教育においての政治化問題は、延辺大学の日本語講義の開設と講義内容（教材編纂）におけるその政策の実施によって反映されたのである。

しかし、少数民族としての朝鮮族の外国語選択は漢語教育と朝鮮語教育との狭間で困難な事態にぶつかった。それは、文化大革命に至る過程の中で、少数民族の言語教育に対する漢語を強化しようとする中共中央の政策によって、第三言語となる外国語教育が軽視されたものであったと思われる。漢語の識字教育運動と「普通話」（共通語）の普及政策の前では、朝鮮族は、民族語である朝鮮語と第三言語である外国語の放棄以外に道はなかったと言えよう。そして文化大革命により、いっそう衰退された外国語教育は「外国語無用論」への方向に突き進んだ。その結果、「朝鮮語無用論」も含む言語教育の破壊が拡大されたのである。
なお、外来言語文化の受容過程における当該時期の政治運動の影響を概観するに当たって、毛沢東思想の宣伝標語を掲げる外国語教育のみが、その正当性が認められたことをあらためて強調したい。最後に、文化大革命期に至る外国語教育と外国語の使用実態について、本章においては朝鮮族に対する検討にとどまっており、モンゴル族などほかの少数民族との比較という視点からの詳細な分析はできなかった。これらの問題点は今後の課題としたい。

注

(1) 付克『中国外国語教育史』上海教育出版社、一九八六年。周華全『「文化大革命」中的「教育革命」』広東教育出版社、一九九九年。
(2) 権寧俊「中国朝鮮族の『朝鮮語純化運動』と漢語」『一橋論叢』第一二三巻三号、二〇〇〇年三月。
(3) 権寧俊「文化大革命期における延辺朝鮮族自治州の民族教育と言語問題」『アジア経済』第四三・巻第七号、アジア経済研究所、二〇〇二年。
(4) 岡本雅享『中国の少数民族教育と言語政策』社会評論社、一九九九年。
(5) 鄭雅英『中国朝鮮族の民族関係』アジア政経学会、二〇〇〇年。
(6) 前掲書「文化大革命期における延辺朝鮮族自治州の民族教育と言語問題」、二三～四一頁。
(7) そもそも「右派」の定義が曖昧なまま、闘争が開始されたため、闘争は無制限に拡大し、一〇〇万人にのぼる被害者が出た。この時「右派」と見なされ、追放されたものが公称五五万人いたが、そのうち五三万人は二二年後の一九七九年に名誉回復された（野村浩一編『現代中国の政治世界』岩波書店、一九八九年、Roderick MacFarquhar・費正清編『剣橋中華

人民共和国史——中国革命内部的革命一九六六〜一九八二』第一五巻、中国社会科学出版社、一九九二年、丸山昇『文化大革命に至る道』岩波書店、二〇〇一年を参照)。

(8) 宋連生『総路線・大躍進・人民公社化運動始末』雲南人民出版社、二〇〇二年、五二〜五六頁。

(9) 中華人民共和国重要教育文献編審委員会編『中華人民共和国重要教育文献一九四九〜一九七五』海南出版社、一九九八年、一三四三頁、一三七一頁。

(10) 劉鴻文『論国内民族問題』河南人民出版社、一九六〇年、四三頁。

(11) 中国科学院民族研究所・吉林少数民族社会歴史調査組編『朝鮮族簡史(初稿)』、一九六三年、一二〇〜一二一頁、金炳善「延辺朝鮮族的双語教育」『民族語文』一九九二年第二号、七八頁、姜永徳「延辺的漢語文教学」東北朝鮮民族教育出版社漢語文編纂室編『朝鮮族中小学漢語文教学四〇年経験論文集』東北朝鮮民族教育出版社、一九九二年、六頁。

(12) 前掲書『朝鮮族簡史(初稿)』、五一〜五五頁。

(13) 同上書『朝鮮族簡史(初稿)』、二〇九頁、二一二〜二一三頁、葉尚志・群力『我們的偉大祖国・延辺朝鮮族自治州』民族出版社、一九五七年、一八頁。

(14) 同上書『朝鮮族簡史(初稿)』、二八〜二九頁。

(15) 同上書『朝鮮族簡史(初稿)』、二一二〜二一三頁。

(16) 同上書『朝鮮族簡史(初稿)』、五一〜五五頁。

(17) 吉林省教育誌編纂委員会教育大事記編纂組『吉林省教育大事記』第二巻、吉林省教育出版社、一九八九年、一七〇頁、前掲書「延辺的漢語文教学」、七頁。

(18)『人民日報』一九七七年一月八日。

(19) 社会主義教育運動とは、一九五七年後半から五八年にかけて反右派闘争と並行して行われた社会主義思想教育運動および一九六三年から六六年の春まで、中共が一部の農村と少数の都市の基層単位で展開した政治運動である。特に、農村では四清運動ともいう。運動の過程で階級闘争についての認識と具体的方針をめぐって毛沢東とそのほかの指導者との間で深刻な対立が生まれ、文化大革命の原因となった。

(20)延辺朝鮮族自治州概況執筆組『延辺朝鮮族自治州概況』延辺歴史研究所、一九八二年、一三五頁、前掲書『中国朝鮮族の教育文化史』、六八～七〇頁。

(21)前掲書『朝鮮族簡史(初稿)』、一二〇～一二一頁、前掲書「延辺朝鮮族的双語教育」、七八頁。

(22)朴奎燦ほか編『延辺朝鮮族教育史稿』吉林教育出版社、一九八九年、一七五～一八一頁。

(23)建国当初の(プロレタリア革命と帝国主義の時代という世界史認識を前提とした)東西対決に基軸をおく世界認識は、当時からすでに様々な矛盾をはらんでいた。やがて社会主義陣営内部の矛盾、対立が深まるにつれて、中国は独自の世界認識を表明するようになる。視座の転換は中ソ決裂と米中接近という二つの段階としてとらえることができる(小林弘二『中国の世界認識と開発戦略――視座の転換と開発の課題』アジア経済研究所、一九九〇年、岡部達味「中国外交の五十年」岡部達味編『中国をめぐる国際環境』岩波書店、二〇〇一年を参照)。

(24)社会制度の異なる国家間の共存関係を目指す中国外交の基本原則である。一九五四年四月中国とインドとの間に結ばれた「中華人民共和国とインド共和国との間の通商・交通に関する協定」で明記された。①領土・主権の相互尊重、②相互不可侵、③内政不干渉、④平等互恵、⑤平和共存の五項目からなる(『岩波現代中国事典』「平和五原則」項参照)。

(25)日中国交正常化交渉に当たり、周恩来は田中角栄に対し、次ぎのように中ソ同盟を語った。「中ソ友好同盟相互援助条約が実際に効果を見せたのは、最初の六年くらいで、(現在)実際には存在しないとも同然である」(『田中総理・周恩来総理会談記録――日中国交正常化交渉記録』〈第四回・国際問題について〉、日本外務省公開史料、二〇〇〇年六月)。一九七九年二月、中国は同条約の規定に基づき、条約の期限である一九八〇年二月で終了させることを宣言した。

(26)かつて朝鮮戦争で米国と共に戦い、中朝両国は常に「血で結ばれた友誼」と謳歌され、また毛沢東・周恩来と金日成との間の個人関係が重要視されている中朝関係は、通常のものとは異なる特別的な関係を保ちつづけた(朱建栄『毛沢東の朝鮮戦争』岩波書店、一九九一年、和田春樹『朝鮮戦争全史』岩波書店、二〇〇二年を参照)。

(27)毛沢東と楊開恵(Yang Kai-Hui、一九三三年国民党に処刑された)との間での三人息子の長男である毛岸英(Mao An-Ying)

のことである。一九五一年義勇軍総司令部で勤務中、米軍の空爆で死亡。その遺骨はほかの義勇軍戦死者と共に北朝鮮の地に埋められた。

(28) 中国側の強い要望に基づき、ソ連が一九四五年国民政府との間で結んだ中ソ友好同盟条約を破棄して一九五〇年二月中国政府との間で結ばれた同盟条約である。中ソ関係の悪化により同条約は有名無実化し、一九七九年四月第五期全国人民代表大会第七回大会でこの条約は一九八〇年の期限満了後、延長しないことを決定し、その旨をソ連側に伝えた(石井明『中ソ関係史の研究(一九四五～一九五〇)』東京大学出版会、一九九〇年、楊奎松『中共与莫斯科的関係(一九二〇～一九六〇)』海啸出版事業有限公司、一九九七年、石井明「中ソ・CIS関係」前掲書『中国をめぐる国際環境』を参照)。

(29) 中ソ両党間の意見対立は、一九五六年のスターリン批判から始まり、一九五七年一一月モスクワで開かれた社会主義諸国会議が中ソ意見対立を調整したが、不調に終わった。それにより中ソ間はもはやイデオロギー面だけではなく、国家関係、対外政策にも深刻な対立が生じた。一九六〇年代の中国はソ連を修正主義、社会帝国主義と批判した。一九八九年ソ連党書記長の訪中で中ソ関係の和解を成立し、中国も修正主義批判には誤りが含まれていたことを認めた。一方中国側は論戦の本質はソ連が中国をコントロールし、内政干渉をしようとし、中国がそれに抵抗したことにあると見ている(『岩波現代中国事典』「中ソ論争」項を参照)。

(30) 一九五六年九月の中共第八回全国代表大会は一つの転換点であった。この大会における劉少奇の政治報告や陳毅の国際情勢報告などには同じ枠組みを意識的に使おうとする傾向がみられた。さらに一九五七年一一月、各国共産党の首脳が集まったモスクワ会議で発表された「モスクワ宣言」の起草に毛沢東を団長とする中共代表団が参加した。この「モスクワ宣言」の文章の枠組みの構成に直接意見を述べたことにより、自分の国際政治観の枠組みの構築に結びづけられた(「関於和平過度問題的意見提綱」(一九五七年一一月一〇日)人民日報編集部・紅旗雑誌編集部『蘇共領導同我們分岐的由来和発展』附件一、一九六三年第一七期、二八～三〇頁)。

(31) 一九三〇年代後半、国際的にはコミンテルンの指導力の弱体化と反ファシズム統一戦線の波があり、国内的には、民族矛盾と階級闘争のどちらを主要矛盾として判断するかの選択に迫られ、中共に初めて独自の国際情勢分析をする意識が芽生えた。そして四〇年代前半の延安時代において、中共指導部はその国際認識を整理する余裕が出てきて、その前後の毛沢東の著書に独自の国際政治観の内容体系が形成されつつある形跡が見られた。その特徴は、抗日戦争終結前後の対米、対ソ交渉の実際の外交経験を踏まえて四六年に「中間地帯論」を提出することにあらわれた。新中国成立後、中共の国際認識は主権国家としての要素などを加えて改めて整理され、中国の国際政治観の内容体系として成立していった。五五年のバンドン会議までに、対ソ一辺倒の中でも第三世界を重視するという国際政治観の内容が安定した頻度で中国の公式文献の国際部分にあらわれ始めた（前掲書「中国外交の五十年」を参照）。

(32) 謝益顕「新中国対外関係四十年的回顧」中共中央党校中共党史教育室編『四十年的回顧與思考』中共中央党校出版社、一九九一年、一五八頁。

(33) 中国の発表によると、ソ連のこのような処置で技術援助に関した三四三件の条約が取り消しになり、二五七件の科学技術援助企画案が抹消された（소치형『中国外交政策論』도서출판글드、二〇〇四年、二〇一頁）。

(34) 一九六〇年から六四年頃まではソ連の時代変化論に対抗する形で、「我々の時代は、帝国主義とプロレタリア革命の時代であり、社会主義、共産主義が勝利を収める時代である」というスターリンの理論の継承、発展を強調する規定が中心であった（毛沢東「在拡大的中央工作会議上的講和」『毛沢東思想万歳』第一巻、台湾国際関係研究所、一九七四年、四〇七〜四一八頁、『人民日報』一九六四年一月二一日を参照）。

(35) このような措置には二つの側面があった。つまり、国家の独立自主の確保と社会主義体制の維持である。これは現代中国外交政策の基本であり、原点である（謝益顕『中国外交史——中華人民共和国時期一九四九〜一九七九』河南人民出版社、一九九六年を参照）。

(36) 新中国建国直前にして、一九四九年七月、毛沢東が『人民民主独裁論』を発表し、「向ソ一辺倒」の方針を明確に打ち出した（毛里和子、国分良成『原典中国現代史』第一巻上、岩波書店、一九九四年、三〇〜三二頁）。

(37) 日本国際問題研究所中国部会編『新中国資料集成』第四巻、一九六四年、五四二頁、四川外国語学院高等教育研究所編『中国外語教育要事録』外語教学与研究出版社、一九九三年、五六頁。

(38) 前掲書『原典中国現代史』第一巻上、岩波書店、一九九四年、九五〜九六頁。

(39) 中国共産党は、一九五八年に「社会主義建設の総路線」を打ち出し、大躍進運動を展開し、同年の夏には、農村において「世紀の実験」と言われる人民公社化が進められた。この「三面紅旗」(総路線、大躍進、人民公社)政策は、自然災害期と経済回復期に一時緩和されたが、その後、文化大革命に発展する(日本国際問題研究所編『中国大躍進政策の展開』上、日本国際問題研究所、一九七三年、七八頁、二四六頁)。

(40) 中華人民共和国重要教育文献編審委員会編『中華人民共和国重要教育文献 一九四九〜一九七五』海南出版社、一九九八年、七六四〜七六六頁。

(41) 前掲書『中華人民共和国重要教育文献 一九四九〜一九七五』、一二一三〜一二一四頁。

(42) 一九六一年一月一八日、中国共産党第八期九中全会で、経済調整の八字方針が定まり、経済法則を無視した政治優先式を是正する措置がとられた。このような措置は、経済分野にとどまらず、教育界や文芸界をはじめ社会の各方面に浸透していた。

(43) 大東文化大学東洋研究所編『現代中国革命重要資料集』第二巻、一九八一年、八〇八〜八〇九頁。

(44) 前掲書『中華人民共和国重要教育文献 一九四九〜一九七五』、一三二五〜一三二八頁。

(45) 陳毅「語重心長談外語学習――記陳毅副総理対外語学生的一次談話」『外国語教育与研究』第一期、北京外語大学出版社、一九六二年六月。

(46) 前掲書『中国外語教育要事録』、七八頁、丁望『中共文化大革命資料彙編』第一巻、香港明報月刊社、一九六七年、六五二頁。

(47) 外国語教育の意味について、田中克彦は次のように述べている。「外国語を知りたいという欲求は、自由に基づくものであり、それゆえに潜在的に、自国の文化や制度のそのままの受容と容認ではなく、それへの不満や批判を含んでいる」(田中克彦『国家語をこえて』筑摩書房、一九九八年、一三三頁)。

(48) 前掲書『中共文化大革命資料彙編』第一巻、六五〇〜六五二頁。

(49) 楊開書報供応社編『周揚文集』二、香港楊開書報供応社、一九六八年、三七〜三八頁、熊明安編『中国近代化教育改革史』重慶出版社、一九九九年、三一三頁。
(50) 劉英傑編『中国教育大辞典』上、浙江教育出版社、一九九三年、四三九〜四五六頁。
(51) 前掲書『中国外語教育要事録』、一〇一頁。
(52) 前掲書『中国外語教育要事録』、九二〜一〇〇頁。
(53) 前掲書『中華人民共和国重要教育文献 一九四九年〜一九七五年』、一三二六〜一三二九頁。
(54) 延辺大学元朝鮮語学部教員李成徽氏談（二〇〇一年三月一二日）。
(55) 次は詩の最後の一部分である。「早春の豆満江を渡り、国境を越えてはや十三年、苦い闘争と試練の時期を、おれは長白の平原で過ごした、……おれたちは間島のパルチザン、身をもってソビエトを護る鉄の腕、いま長白の嶺を越えて、革命の進軍歌を全世界に響かせる、ああ、インターナショナルわれらがもの」（鄭判龍「槇村浩と抒情詩『間島パルチザンの歌』」延辺教育出版社外語編集室編『日本語学習与教授』第三期、延辺教育出版社、一九八五年、九六頁）。
(56) 前掲書『中国外語教育要事録』、七八頁、一一二頁。
(57) 中国朝鮮族教育史執筆組編『中国朝鮮族教育史』東北朝鮮民族出版社、一九九一年、三四五頁。
(58) 中国研究所『中国年鑑』一九六〇年版、二七六頁、同書一九八五年版、一一〇頁。
(59) 前掲書『新中国資料集成』第五巻、五四二頁。
(60) 吉林省教育志編纂委員会教育大事記編纂組編『吉林省教育大事記』第二巻、吉林教育出版社、一九八九年、一二一頁。

第四章

文化大革命期における外来言語文化受容をめぐる論争

はじめに

建国の最初から外来言語文化の受容はイデオロギーの問題として、厳しい非難を受けた。かかる事実は外来言語文化が中国社会において受容される際の複雑な過程を示している。他方、外来言語文化の受容をめぐる政策・制度は、単なる外国語を教えることに意味があるだけではなく、それは政治的な国家観念の醸成と外国認識、そしてそこからとらえられる自国への認識という国家の構成員に対する国家権力の働きかけという課題をも含み込んでいて、それがゆえに、外来言語文化の受容のあり方は政治化するという課題も存在している。

本章では、文化大革命期の外来言語文化の受容をめぐる議論に焦点を合わせ、以上のような外来言語文化に対する認識過程を整理し、改めて外来言語文化の受容と中国社会のイデオロギー問題との関係を提起したい。また文化大革命期の中国における外来言語文化の受容をめぐる構造的な問題を考察することによって、国内の政治運動などに常に巻き込まれた領域であった外来言語文化の受容の一面を明らかにしたい。

この問題を解明するために、本章では、次のような視点から検討を試みる。

建国から半世紀を経過して、中国大陸は改革開放政策によって外来言語文化の受容の再構築を模索するに至っている。改革開放政策によって外来思想の復権が実現して以来、外来言語文化に対する評価も大きく変化してきた。文化大革命以前の社会主義のための外来言語文化、文化大革命期の「毛沢東思想」のための外来言語文化、改革開放期の近代化のための外来言語文化という三つの段階を経た中国の外来言語文化の受容において、文化大革命期の外来言語文化の受容が導き出した「外来言語文化の排斥」という論調がどのような意味を持ったかが改めて問われている。外来言語文化の再評価が進む中国大陸においても、文化大革命以前の「ロシア語ブーム」や文化大革命以降の多様な「外国語ブーム」に対する認識が難詰されることはあっても、文化大革命期の外来言語文化をめぐる議論そのものに対する注目はほとんど皆無であった[1]。なお、いまだに中国文化大革命期の関連の資料公開に進展が見られない現状を考慮しても、特に外来言語文化の受容に関する研究等は海外においても未開拓の分野であると考えられる。

文化大革命に関する先行研究は、文化大革命期の統合と排除の論理に対し、概ね中国の国民国家形成過程における一つの挫折であるという見解を示してきた。例えば、加々美光行は、「文化大革命の理想主義的な理念が如何にして悲惨な現実をもたらすことになったのか」、という問題を設定し、それに答える準備的作業として、一九六〇年代に芽生えた中国型社会主義の形成過程を中心に分析を行った。その課題設定から、文化大革命期における外来言語文化の受容にはあまり触れていないが、加々美は「文化大革命発動を単なる権力闘争と見ず、社会主義理念をめぐる対立に由来すると見なす」、と結論付けている。加々美は、その後の改革開放政策によって生じた統合や排除などの社会の歪みを文化大革命は提起しながら未決着のまま残された諸課題と関連させてとらえ、それが今後中国社会主義の行方、特に民主化をめぐって再燃する時が来ると論じている[2]。現代中国の政治研究を行っている国分良成も、文化大革命の本質を国家や党の側と社会の側との相関分析の中から解き明かしながら、文化大革命は統合と排除の論理をもって毛沢東の個人独裁体制を助長し、その障害物を排除して党組織の権力強化がむしろもたらされた、と指摘する[3]。以上に共通しているのは、文化大革命における大混乱にもかかわらず統合と排除の構図が生成され、国家や党の体制が崩壊することなくむしろ強化されたと指摘している点である。

文化大革命期においては、毛沢東の「五・七指示」による外国語教育の革命化、西洋崇拝の原因となる外国語教育の「特殊論」「無用論」などが主張され、外国語排斥や外国語教育の政治問題化が進められた。このような「無用論」は、自治州の外国語教育だけでなく、民族語教育においても存在した。例えば、権寧俊は、文化大革命期の朝鮮民族の民族教育と民族語問題をめぐって、「朝鮮語無用論」を提唱すると共に、朝鮮語の漢語化が急速に進められたことを実証している。[4]

しかし、先行研究では、文化大革命期の国民国家形成過程やアイデンティティの再定義の過程において、外来言語文化の受容をめぐってどのような議論が展開されたのか、その詳細があまり触れられていない。したがって、文化大革命の過程を国内の政治運動としてとらえ、文化大革命の展開に伴って外来言語文化の受容の意味が変化した事実をさほど重視していないように思われる。なお、文化大革命の状況によって外来言語文化の受容領域においてもいつ何が排除の対象となり、反革命として意味づけられたのか、その変遷過程を理解することが重要ではないだろうか。

ただし、文化大革命下の外来言語文化の受容に関する資料が限られていることもあり、既存研究を土台に上述の作業を行うこととする。しかし、これまでの研究蓄積を、外来言語文化の受容を軸に再検討することで、文化大革命期における諸議論の妥当性を問うことはできる。まず、文化大革命派と実権派の外来言語文化の受容をめぐる議論を確認する。次に、文化大革命の展開と共に、それぞれの段階で文化大革命派と実権派が外来言語文化をどう位置付けかたを考察し、外来言語文化の受容に対する認識の変遷を跡付ける。そして、文化大革命派と実権派の外来言語文化認識と、それに対する知識人の反応を検討し、最後に文化大革命派と実権派の議論の妥当性を検証する。

第一節　中国の国内外環境と朝鮮族社会

一　文化大革命期の国民統合の中の朝鮮族

（一）国内の政治環境

毛沢東は一九六六年四月には文化領域の問題を足掛かりに、中共中央に対する階級闘争を発動する決意を固めた。翌五月の政治局拡大会議で正式に幕をあげた文化大革命はまず、中央宣伝部長で文化政策を担当していた陸定一、中共中央弁公庁主任として党の事務を担当していた楊尚昆らの四人を「反党の陰謀を企てていた」として職務停止にした。[5] 階級闘争はついに中共中央に波及したのである。この決定の直後に北京大学では大学の指導部を修正主義者として批判し、「一切のフルシチョフ式の反革命修正主義分子を一掃しよう」と掲げた大字報が貼り出され、北京の中学校では紅衛兵が結成された。[6] 六月一日の『人民日報』は「一切の牛鬼蛇神を打倒しよう」という社説を掲げ、党幹部と知識分子に対する闘争が開始された。[7]

こうした展開をみた国家主席の劉少奇と党中央書記の鄧小平は、六月政治局常務委拡大会議を開催し、北京の大学と中学に工作組を派遣し文化大革命に「指導協力」を与えることを決定した。この会議で制定された「八条指示」は、運動を進めるに当たって「党内外の区別をつける、秘密保持に注意する、街に大字報を貼らない、デモはしない、大規模な議論集会を開かない、階級敵の住宅を包囲しない」などといった項目を含み、事実上文化大革命を党の管理下におこうというものであった。[8]

これに対し、毛沢東は八月に第八期一一中全会を招集した。会議初日、毛沢東は上記の工作組のとった方向を厳しく非難し、これは路線の誤りであり、資産階級の立場に立ち無産階級革命に反対するものだと述べ、以降会議は自己批判集会の様相を帯びた。[9] 八月五日毛沢東は自ら大字報「司令部を砲撃せよ」を発表して、「中央と地方の一部の指導幹部が反動的資産階級の立場に立ち、資産階級の専政を行っている、彼らを無産階級の文化大革命で打倒しなければならない」と表明し、その後会議は劉少奇と鄧小平の批判集会に転化した。[10] 一一中全会は「文化大革命に関する決定」を決定した。

文化大革命の本格発動に当たり、一九六六年八月中共中央委員会総会で「文化大革命に関する決定」(一六条)を決定し、文化大革命の当面の目的を資本主義への道を歩む実権派の打倒と資産階級的反動学術権威の批判と規定し、その闘争は左派と革命的な青少年に依拠して行い、闘争は「大字報、大弁論、大鳴、大放」の「四大」という統合と排除の論理で行うよう指示した。[11] この時点で批判すべき対象は、かつての「右派分子」から「中央と地方の一部の指導幹部」に拡大された。また「資産階級的反動学術権威」という極めて曖昧な対象が打倒の対象とされたため、幹部や知識人の子弟が親の責任を追及するといった闘争がその家庭にも浸透していった。「一六条」を制定した拡大中央委員会の直後、北京の天安門広場では文化大革命を祝う一〇〇万人集会が開かれ、これに数万の紅衛兵が参加し、その後紅衛兵の街頭行動は全国に拡大した。[12]

また、文化大革命期の統合と排除の論理には毛沢東の個人的権威にやみくもに従うという「封建専政主義」が濃厚であった。文化大革命期の政治運動には毛沢東の指示以外には何ら制度的な歯止めがなかった。あらゆる暴力行為はそれが実権派と資本主義を打倒するため「造反有理」であると毛沢東に認められれば是認され、場合によっては奨励された[13]。

このような急進化する政策路線は、政治参加や監督を保障する制度的な民主主義の不在から発生した。住民の意見を吸い上げる機関としての民主的制度が存在しない場合、大衆が何らかの形で民意を為政者に反映させようとすれば、それは請願やデモといった直接行動の形をとることになる。また、統合と排除の急進化は、統治の全権を掌握する毛沢東の存在と「出身血統主義」（地主や反革命分子の子弟は永久に差別される）に代表される中国社会の前近代性と強い繋がりをもっていたことも明らかである。

（二）文化大革命下の国民統合過程――中共の民族政策と「国民」概念の変遷

文化大革命期において民族間関係に最も大きな影響を与えたのは大漢族主義であった。一九六〇年代に入り、隣国ソ連の拡張主義政策や帝国主義に対抗するため、中共中央は中国ナショナリズムを目指した。大漢族主義とは、漢族の文化を中心と考える思想、および漢族の復興を唱える行為、例えば漢語による文学や芸術の振興、教育機会の拡大などを指すが、はっきりと定義されたわけではない[14]。自治州においては当初から、朝鮮族エリートを対象とし、漢語による文化振興を行うことで、漢語能力が低い人々は排除されたと考えられる。

文化大革命のもう一つの側面は、中共中央の意図のとおり自治州の中で漢族のナショナリストを育成したことである。そして、このナショナリストたちが後に大漢族主義を志向し、政治行動を起こすことになった。文化大革命は、建国後の中国ナショナリズムの急進化の象徴と言われているが、それは漢族に限定された狭義の漢族ナショナリズムであった[15]。一九六〇年代半ばに始まった政治運動は、異なる国家構想を持つ漢族エリートたちによって展開された。漢族優位の民族間関係の中で、ナショナリストが描いていた独立国家は漢族を主軸とする国家であったように思われる。そして、独立国家中国の枠組みが徐々に定まる中で、内外の様々な要因が影響を及ぼして試行錯誤の結果、革命運動は分裂し、内政の権力闘争へと至った。[16]

ここでは、文化大革命の展開に伴って中共中央がどのように朝鮮族を位置付け、「国民」としての意味づけを行ったか、その変遷過程を考察する。

一九六二年九月、中共中央は第八期第一〇回中央委員会総会を開催し、毛沢東の「継続革命論」が発表された。この「継続革命論」が民族政策に反映してくるきっかけとなったのは、一九六三年八月八日の毛沢東の声明文「アメリカ黒人の差別反対闘争支持」であった。[17]このような毛沢東の関連講話を基にして、文化大革命期の民族政策の基本的綱領文献となった劉春の論文が生み出されたのである。その内容は漢族に有利で漢語を重視することなどであり、建国後の試行錯誤した民族政策上の急進的な変化が見てとれる。この論文では特に、「民族問題の根源は階級抑圧」、「建国以来の民族問題の未解決の張本人は民族内部の反動勢力である」、「社会主義体制下に階級闘争が存続する以上は、少数民族の中の階級闘争が中国社会主義の事業を左右することにもなる」など、民族間の矛盾や対立をもたらす原因として民族主義を掲げる少数民族を強く意識した文言が加わったことである。[18]もちろん、そこには中ソ対立の激化やベトナム戦争の拡大を意識した中共中央の危機感があらわれているが、これらの変化は何を意味するであろうか。

このような急進的な民族政策がもたらした結果を端的に示すのが一九七五年憲法であった。七五年憲法においては、「少数民族が集住する地方では区域自治を行う」、「いかなる民族に対するものであれ差別と圧迫を禁止する」、「諸民族は自己の風俗習慣を保持し改革する自由を持つ」、「民族言語の公用語化」、などの一九五四年憲法第三条・第七〇条に明記された原則がすべて削除された。[19]要するに、文化大革命期の急進化する国内政策路線の展開は多数派の漢族にいっそうの配慮を示し、漢族の支配体制をこれまで以上に重視した。また、漢語の標準化や教育機関での少数民族言語の使用を止め、漢語の使用を義務付けている言語政策からは、諸民族の「融合」を実現するが、漢族を主軸とする「融合」に意味を変化させたととらえられる。林彪や四人組は、漢語は、「国家的、大衆的、科学的、進歩的性格を持つ」言語であるとし、他民族言語との差異を明確にし漢語の優越性を示した[20]。また、一九七二年四月に発表された郭沫若の一文でも、民族構成にかかわらず、全コミュニティでの漢語と漢字の使用と普及が目標とされた[21]。

以上のような文化大革命期における急進的な少数民族政策の変化については、以下のような見解をとりうる。冷戦体制の中の東アジアにおける中ソの決定的な対立関係の確立、ベトナムにおける米軍攻撃の影響による戦闘と空爆の激化、いずれも中国をめぐる国際環境の緊張を増大させ、政治的統合への要請を強め、それまで以上に危機感は高まっていた。したがって、危機的状況を打破するため、民族間の衝突や独立自治という分裂要因をはらむ民族平等ではなく、「主軸民族」の漢族のもとでいっそうの動員を目指したと考えられる。いずれにしろ、指導者たちは、多民族国家中国では主軸となる民族が必要と考え、その役割を漢族に与えることを明確に打ち出した。

以上を総合すれば、中共中央は建国初期には、民族に関係なく革命闘争に従事する者を「国民」としたが、一九六〇年代に入ると、漢族を主軸民族に置き、そのもとでの統一を求めるようになった。

(三) 朝鮮族社会への衝撃

ここでは、中共中央政府の少数民族政策が朝鮮族社会にもたらされた衝撃を検討したい。

急進的な革命は、自治州における民族自治に対する非難から始まった。朱徳海を中心とする自治州の指導体制を崩壊させ、漢族の紅衛兵の指導下に入った朝鮮族の急進派グループが台頭した[22]。文化領域においては、朝鮮族を代表する作家や教育関係者など文化人や知識人がその表舞台から排除された。例えば黄鳳龍、金哲、金学哲などの作家や延辺大学の李義一、朴文一などの教員は革命の攻撃の対象として解雇されたり投獄されたりして、朝鮮族の文化と教育の破壊をもたらした[23]。その影響は、民族教育の特性を根こそぎにされ、民族語である朝鮮語の使用を禁止もしくは制限し、非識字者の青年の割合は一三・九％に増加したと報告されている[24]。

一方、民族語の使用は文化的堕落、政治的後退だという考えを促進するために広範な宣伝活動が行われただけでなく、「漢語がわからぬ者は進路がない、朝鮮語はいずれ用途がなくなるであろう」、と漢語教育の必要性を説いている[25]。朝鮮語の新聞・雑誌もほとんど発行停止となり、朝鮮語の中に大量の漢語語彙が無秩序に流入した[26]。

このように、自治州には、朝鮮族の民族自治に対する非難と漢族化を目指す二つの側面を看取できるが、革命の激化と中共中央の支援が、後者の側面をより重視させたと考えられる。政治運動と国民国家の関係において、文化大革命は二つのことを示唆している。一つは、内政混乱であっても、国民意識形成の契機となり国民統合を強化する場合があること。もう一つは、国民統合政策が国内外の環境に左右されるため、統合対象である「国民」の意味が革命の展開と共に変化することである。

中国では、歴史的に漢族優位の民族間関係が構築され、建国以前、朝鮮族は国家の構成員として認識されてこなかった。この民族的位置付けを考えれば、支配地域の民族構成と戦略上の都合とはいえ、建国後、中共中央が諸民族の「平等」を掲げた意味は大きい。中共中央は全民族を包摂する「国家」と「国民」という概念を提示した[27]。そして、少数民族を各組織に登用することで、諸民族が空間、時間、経験、価値を共有する「場」を提供し、国民統合を進めた。しかし、国民統合は決して単線的な過程ではなく、自治州におけるその過程も急進的な社会主義の展開に伴って大きな代償を強いる複雑な過程であった。

中共中央は、勝利と独立だけを目指していた建国までの時期と建国初期には、諸民族の「平等」を柱に少数民族を漢族と同等の位置に引き上げ、「国民」として位置付けた。[28] それは、漢族の地位を多民族を構成する一民族(族)へと引き下げたことでもあった。その後、危機的状況の打開と共に、勝利後の国家設計を描き始めた一九六〇年代には、諸民族の「平等」を基本概念としつつも、漢族を主軸とする国民統合に重点を置いたのである。[29]

このように、中共中央は建国後の各時代状況に即して、朝鮮族に「国民」としての意味づけを行ってきた。特に、文化大革命は中共中央の政策によって諸民族が共有の「場」に参加したことで、「中国公民」としての意識が形成されたといえるかもしれない。しかし、朝鮮族の意識が実際どう変化したか不明瞭なまま、文化大革命によって国民意識が形成されたと断定するのは妥当ではない。中共中央は文化大革命期において朝鮮族の国家に対する忠誠心に疑問を露わにしたが、逆説的に、中共中央を支持した朝鮮族指導者は自ら朝鮮族を「中国公民」として位置付けようとした。朝鮮族の意識がどう変化したかは明らかではないが、文化大革命が自治州にとって「中国公民」化を模索する契機となったことは明らかである。

したがって、文化大革命は朝鮮族を上から「国民」として意味づけた作業の一過程にすぎず、国民意識が形成される重要な契機となった。ただ、中国にとって、文化大革命という形でしか全民族が同じ経験や時間を共有する「場」が生まれなかったことは不幸な歴史である。それが現在も国民国家の実体性を問われる要因の一つであろう。文化大革命は国民国家形成という現在も継続中の過程に位置付けるべきであり、中国にとって国民統合は今も大きな課題として残っている。

二　朝鮮族社会をめぐる国際環境

文化大革命期の中国においては、「帝国主義が全面的な崩壊に向かい、社会主義が全世界的な勝利に向かう時代にほかならない」という急進的な時代観が示され、「造反外交」の理論的裏付けとなっていた[30]。特に一九七一年以降は、「われわれは依然として帝国主義とプロレタリア革命の時代にある」という規定をもって、中米接近・反ソ統一戦線の世界認識との協調を求めようとした[31]。

中ソ論争の結果、「共産党同士のイデオロギー的対立」から国家関係の決裂にまでエスカレートし、一九六九年三月には、国境に流れるウスリー川の主要航路の珍宝島（ソ連名ダマンスキー島）において大規模な武装衝突が発生した。このようにして米国・ソ連からの軍事的、政治的圧力への対抗で、中国の対外行動は、いずれも帝国主義反対、民族解放運動の支援、そして自国の安全と領土保全のための措置であった[32]。一九七〇年代になると、毛沢東は国際情勢に対して、「世界大戦はいつでも勃発する可能性が依然として存在しており、世界人民はその世界大戦に備える必要がある」と繰り返し警告している[33]。国内体制もこのような戦争準備のため、一九六〇年代にいわゆる「三線建設」(construction of the Third Front) を行い、莫大な投資を投じ、内陸地での工場建設を推進したが、全国的に効率の悪い経済運営を強いられていた[34]。

中国が標榜した反覇権主義は一九七〇年代を通じて一貫して堅持されてきた。反覇権の意味は軍事的優越性を利用して相手国の意思を力で左右することに反対するということであった。したがって、中国側の立場から見れば、これは明らかに米ソ超大国を指し示すものであった。特に中ソ国境衝突の緊張した雰囲気の中、一九六九年四月に開催された第九回大会の政治報告においては、ソ連を「社会帝国主義」または「社会全体主義」と規定した。中国はソ連に対して対決立場を明らかにし、モスクワで開かれた国際共産党大会には不参加することを通告してソ連が当面の最大の敵であることを示唆した[35]。また、両国の国境地帯を中心に、増加しつつあったソ連軍の威力は中国の対ソ連政策の全面的な再調整を強いた。このような状況下で提起された反覇権原則は中国の対外認識の重要な変化を示唆するものとして考えられる。

このような対外認識から見れば、中国が樹立した対ソ政策は民族主義国家とも関係改善をはかり、ソ連を共産圏と第三世界の中で孤立させその影響力を排除しようとするものであった。一九七一年のキッシンジャーの北京訪問は中国の国連への登場を加速し、その翌年の米中共同声明は中国の反ソ政策が毛沢東戦略として実践される可能性を確信させてくれた[36]。そして、「中間地帯論」に依拠して米ソ両国の覇権主義に反対し、被圧迫民族の団結の強化とアメリカの「資本帝国主義」とソ連の「社会帝国主義」についての革命闘争を展開するのが中国の一九七〇年代の外交目標として選定された[37]。

また中ソ分裂後、特に一九七〇年代初め頃、ソ連の戦略的攻勢と対中圧力に対し、中国は対ソ対抗の立場から、米国との間で対ソ戦略についての一致もみられ、米中ともにイデオロギーの障害を乗り越え、米中関係の改善とニクソン訪中をはかり、米欧日との連携で「反ソ統一戦線」の設立と反ソ同盟の形成に努めていた[38]。一九七二年米中上海共同声明をはじめとして公式化された反覇権政策は鄧小平の立場を通じてさらに反ソ的なものとして変化した。鄧小平は日本訪中団代表との会見で次のように言及した。「二つの超大国の中でソ連がアメリカよりもっと危険な勢力である。アメリカは一時期ほどソ連より危険ではないだろう。アメリカは既存の権利と利益を保護するために努力する防御的な勢力であるが、ソ連はアメリカの既存権利を侵害しているという観点から攻撃的であった」[39]。要するに、中国によって提起された反覇権政策は単純な超大国についての反対ではなく、新たな義務を伴うものでもあった。ソ連の指導下にあった国際共産主義運動において中国はソ連の統制権を拒否し、その指導権に挑戦するという中国中心の新秩序を樹立しようとする意図を持っていた。

中国はマルクス・レーニン主義というイデオロギーを基盤としながら、自国の利益を

写真２　延辺自治州革命委員会成立大会で行進する幹部たち（柳恩奎『延辺文化大革命』図書出版土香、2010 年）

中心とした新たな国際共産主義運動を模索しようと企図した。このような構想はこれに同調する共産主義勢力との結合と第三世界の反帝国主義勢力との糾合によって具体的な政策として考えられた。一方で、中国は非敵対的な欧米諸国と日本などとも連帯を強化しようとしたのもその構想の一環であったと考えられる。このような中国の立場はその後においても一貫して持続された。中国は一九七八年中日平和友好条約を締結する際にも反覇権条

写真３　人民解放軍愛民大会、紅色造反革命委員会　（柳恩奎『延辺文化大革命』図書出版土香、2010 年）

項を付け加えた。そして、中米の国交正常化を実現する過程においても反ソ的な反覇権主義を確認するという外交的な成果をあげている。このような革命的な反覇権原則を通じて、アメリカや日本をはじめとする欧米諸国との国交正常化の実現し、平和共存の開放性を確認することができた。したがって、中国が必要とする四つの近代化改革の計画の推進の重要な契機ともなった。

第二節　文化大革命期の外来言語文化の受容をめぐる論争

一　外来言語文化の受容をめぐる文化大革命派と実権派の主張

中国の建国最初の数年間は、外来言語文化は知識人らによって議論され、しだいに社会変革と関連する概念として受容された。これは中国現代史上発生した、外来言語文化の受容に関する論争の一つの重要な歴史的背景である。外来言語文化をめぐる是非の議論も、新たな教育体制の中に外国語教育を設置するべきかという問題に端を発していた[40]。そのゆえに、外国語は初めから単なる知（外国）への好奇心を引き出す学問として中国に出現したのではなく、教育制度の中で漢語や伝統思想とその地盤を奪い合うイデオロギーの問題としてあらわれた。

一九六六年、羅思鼎[41]は中共中央に提出した外国語教育に関する意見書の中で特に外国語の処置について意見を述べた。羅思鼎を中心とする文化大革命派[42]は弊害を防ぐための対策として、「外国語を講じてはいけない」と提議した。これによって、外国語を学問の学科として教育の中から排除したのである[43]。文化大革命派は教育科目の設定を考える際に、常に設置する科目が正統なイデオロギーとして見なしていた「毛沢東思想」と一致するかどうかということを前提としていた[44]。このような外国語認識は、実権派[45]の一人である周揚[46]の「思想文化開放」という主張への批判と関連していた。そのため、外来言語文化の受容をそのまま放任すれば、必ず大きな災いをもたらすと警告した。

文化大革命派は教育科目の設定を考える際に、常に設置する科目が正統なイデオロギーと一致するかどうかということを前提としていた[47]。彼らからみれば、外国語の背景にある外来思想が「毛沢東思想」とは異質な存在で、重大な懸念があると認識されていた[48]。

実権派は、中共が帝国主義の巨大な重圧を跳ね返して中国に社会主義と民主主義をもたらしたと言い、この近代化の過程が外来言語文化の受容の分野においても継続した課題であることを指摘している。かかる外来言語文化の受容についての理解は当時の外国思想文化研究と無関係ではない。周揚は外来言語文化の受容の是非をめぐる争点については、雑誌『人民教育』の中で一節を設けて、すでにとりあげている[49]。実権派が提示した外来言語文化の受容の認識は「外国理解のための窓口」、つまり開かれた思想文化を探求する土壌であるという定義は、その後の実権派を中心とする人々によって展開される改革開放期においても忠実に反映されている。特に、外国語教育等に携える者には「異文化理解」といった視点が必要であるとする実権派の提唱は、文化大革命期の学術界においては外来言語文化の受容に取り組む姿勢に決定的な影響を与えたと考えられ、文化大革命派に挑むのはまさにこの視点によるものであった。

二　外来言語文化の受容と漢語教育との関係

もし外来言語文化と思想との関係を明らかにさせることが、外来言語文化の中国における受容の必須条件であるならば、外来言語文化と中国伝統思想との関係を如何に説明するかということが、外来言語文化受容そのものが中国において理にかなったものであるか否かの決定に関わる重大な問題となる。そのため、実権派は真正面からこの問題をとりあげた。中でも最大の鍵となるのは、学校教育における外国語と漢語との関係を如何に取り扱うかということであった。

文化大革命派は外国語を排除する際に、漢語を必修科目と定めた。文化大革命派によって定められた教育綱要によれば、小・中学校で漢語の必修授業を行うのみならず、大学等でもすべて漢文学科を設けなければならないとしている。[50] 文化大革命派がどのような意味で漢語教育や外国語教育を理解したかということはさらに追求すべき課題である。しかしながら、現時点で見られた文化大革命派の説明の中では、漢語は国民をまとめ国家の生存を維持する精神的なよりどころであると理解されている。文化大革命派からみれば、学校教育の中の漢語科目はまさに国民国家形成や社会的規範といった役割を果たすものにほかならない。

実権派にとっても、漢語は多民族国家中国の国民統合の過程において有用な手段であると認識していた。それと同時に、漢語だけの教育を主張せず、外来言語文化についても学ぶべきであると主張しながら、外来言語文化の受容の有無が一国の文明水準を反映しているとも指摘した。[51] そして、外来言語文化の受容は学ぶべき外来思想の伝播のためのものではなく、「毛沢東思想」を世界に伝播するための学問でもあると主張した。[52] つまり、文化大革命期の「毛沢東思想」は、外来言語文化の受容が外国崇拝のレッテルから離脱する上で重要な役割を果たしたのである。

漢語が唯一の学習言語であると主張する文化大革命派は、漢語が学校の言語教育の崇高な地位を占めていることを通じて、漢語の絶対的権威を訴えようとした。しかし、それに対して、実権派は外国語をもって言語教育の在り方について説明している[53]。実権派の主張は漢語と外国語とも言語教育の基本であり、近代以降の重要な社会科学の概念もみな外国から由来したものであると説かれている[54]。実権派の結論は外来言語文化が中国で受容される過程においては、極めて重要な認識である。なぜならば、これは外来言語文化に対する理解がより深くなったことを示すと同時に、外来言語文化の受容の際に生じる中国の伝統思想との衝突に自覚したことを意味する。

外来言語文化が一つの学問として中国の教育領域に定着し、その一画を占めようとした時、政治的な厳しい審査を余儀なくされたのは間違いない。文化大革命派が外国語を教育体制から排除した理由は、漢語教育との矛盾のほかに、イデオロギー上の異質性や伝統思想と本質的な隔たりがあることが起因していると考えられる。反動思想に対する中共の敵意は、「外国崇拝」の影響の大きさを逆に証明するものである[55]。中共が批判運動を通じて清算しようとしたのは、「外国崇拝」によってもたらされた思想的な問題であった。「外国崇拝」に起因する外国語排斥運動とは「外国語は外国の思想文化に繋がる」という基本観念に要約される[56]。

三　外来言語文化の受容をめぐる議論に対する検証

実権派の一人である陳毅が、雑誌『外国語教育と研究』の求めに応じて建国後の外来言語文化の受容の概観について書いたものがある。発表時期から推測して、文化大革命前夜に書かれたものであることは間違いない。外来言語文化を導入するのに悪戦苦闘していた時期、実権派が同時代の論壇をどう見ていたかを知る上で決定的に重要な資料である。[57] 陳毅による同時代分析から浮かび上がってくるのは、文化大革命派の外来思想に対する過度の警戒感である。文化大革命派は外国語書物のいかなる側面に、外国文化思想受容への脅威を感じたのであろうか。

文化大革命派は外国文化思想受容の開放を否定する文化の類型論の立場をとった。[58] 西洋文化、中国文化という二つの類型において、中国文化のみが「前進」を特徴とし、西洋文化は「後退」を特徴とするという文化大革命派の類型化に、実権派は反発した。[59] 文化の共存不可能性という文化大革命派の仮説に対して、実権派は文化の共存可能性を対峙している。文化は共存可能であるという実権派の信念は、建国初期の百花斉放・百家争鳴運動時期から揺らぎないものであった。しかし、現代中国史上の文化大革命という出来事は、実権派のこの信念を動揺させるに充分であった。東西冷戦下で紅衛兵[60]による本格的な文化大革命において、イデオロギーの場面で文化の共存可能性以上に和解不可能な衝突がおこり得るという苦い経験を実権派に与えた。[61] 東西冷戦という世界革命の和解不可能な対立のロジックが文化の世界に持ち込まれた時、文化大革命という国内政治運動の中で外来言語文化の受容者たちは「毛沢東思想」や中国民族主義を代弁するプロパガンティストとなるほかはなかった。この種の苦い経験は、「毛沢東思想」や大漢族主義という名のもとで、実権派の外来言語文化の受容観に対してさらに甚大な影響を与えることになる[62]。

かつて文化大革命以前において、周揚は次のような指摘を繰り返した。周揚は「外来言語文化の受容によってわが文化を補う」とし、外来言語文化の受容のどのような部分が、「中国文化を補う」働きを持ちうるのかについて、次のように述べている。「思想建設という大事業では、私が確信するところによれば、決して、ほかの社会の思想を丸々移植することなどできず、最低限、その社会に遺伝してきた共業に基づいて、自然な形で優れたものを掬い上げ、合理的な形で問題点を是正し、洗練してゆかねばならない」[63]。また、文化大革命終結直後の一九七八年には、「『学問は実用に供するものである（学以致用）』ということも軽視してはならない。なぜ外来言語文化を受容するかといえば、自分が何かをそこから得ようと思うからである。なぜ外来言語文化が必要かといえば、外国から何か益を得てくれるようにと思うからである。特に外国語学習はそれを実用に供するものであって、単に学問のために学問するものではない」[64]と批判している。ただし、他方で、周揚は、次のようにも述べている。「決して異文化理解のために外来言語文化の受容ということに取り組むのではなく、文化大革命期のように必ず一層高尚な目的（例えば「社会主義」「毛沢東思想」など）を掲げると、その結果は必然的に外来言語文化を社会主義教育に従わせることとなり、その地位は地に墜ちてしまう」[65]。

筆者は、建国後の中国の近代化教育における外来言語文化の受容を論じた際に、外来言語文化の受容に対する解釈においては、常にある種の超越的存在がそれを守る権威として機能していることについて指摘したことがある[66]。こうした理論構成と方法論は、イデオロギーが普遍的な価値基準を提供していた文化大革命期にあっては、イデオロギー解釈という方法を借りながら、外来言語文化を中心とする西洋の知識を受容するのに、ある意味で有利に働いたのであろう。

周揚は、その外国言語文化の関連著作の中で、文化大革命の外来言語文化の受容に対する影響について明確に論じている。この点において、彼の外来言語文化の受容に関する見方は、文化大革命期の類著の中でひときわ異彩を放っている。周揚はもとより外来の文化思想に対して強い関心を示しており、それを大量に中国に紹介することによって、中国社会の転型を促すことに尽力していた。この点からみれば、彼が外来言語文化の受容に言及したことも当然であると言える。だが、注意すべきなのは、周揚にとって、外国語学習とは外国に関する知識のみを指すのではないということである。つまり、外国語学習によって中国にもたらされた思想文化もまたその範疇に含まれているということであり、しかも、それなしには彼の外来言語文化の受容観は成り立たないだろうという点にある。

外来言語文化の受容をめぐる議論が文化大革命期に発生したという事実は、一方で、この時代の外来言語文化がイデオロギーを中心として展開しつつあった現代中国の統合と排除の国民国家形成のプロセスの中に組み込まれたということを示している。したがって、文化大革命期の実権派が直面していた問題は、建国後において東西冷戦体制の中で如何にして中国社会が持つ独自の文化思想的価値を再発見していくのかという問題であった[67]。

周揚は「外来言語文化の受容」という語が内包する最も重要な意義が、権威主義の排除であり、個人の自由を求めることであると繰り返し強調していた。だが、彼は、文化大革命における外来言語文化の受容が結局のところそれをなしえなかったことに不満を表明する。それは実権派も含んでいずれも克服できなかった、共通の欠点であった。主体性は常に、「毛沢東思想」を頂点とするイデオロギーへと回収されていく。そうさせないための武器としての一種の方法論を、周揚は「外来言語文化の受容」の名において代表させた。

周揚の描く外来言語文化の受容に対する認識は、外来言語文化を内包することによって、終始固有の系統によって構成されてきた閉鎖的な文化空間ではなく、外部との繋がりがあるがゆえに、内在的な緊張感をはらみ続けてきた文化空間の系譜を浮き彫りにしている。そこでは、多様な外来言語文化の受容を可能にする普遍的言説のかたちが文化大革命期に挫折していくプロセスが見出された。そして、改革開放へと続く歴史的プロセスの中で挫折させられたのは、「毛沢東思想」権威としての思想的営み、あるいは権威の庇護において自らの言説を正当化することであったのかもしれない。

もっとも、国民統合過程における外来言語文化の受容は、個人の自由を求めることは全く相反する一面も持っている。中共中央による対外認識の統合の証としてのそれである。つまり、重点大学や政府機関によって国策の一環として、各民族の対外認識を外国語教育などを通じて埋め合わせてゆき、その統一体としての全体像を浮かび上がらせる象徴的作業として位置付けることも可能である。

実権派の理解によれば、外来言語文化の受容は漢語普及と比較して、質的に共通する明確な特徴があるという。外来言語文化の受容においては、もっぱら、自国と他国の関係および対外認識に注目するが、漢語普及は、もっぱら、漢族と少数民族との関係に注目する。ただし、外来言語文化の受容も漢語普及も国民国家形成に欠かせないもの、つまり国民の創出と共通の対外認識の造成という課題を目標としている。最も主要な事項は、如何にして国民国家を形成するか、といったことであった[68]。国民国家形成中の中国の言語教育においてより重要なのはイデオロギーの問題であり、言語の背景としての文化や思想を通じて国民統合をはかることがまず優先されるべきで、この前提があってこそ、有意味なものとなりうるとするのである。こうした視点からすれば、外来言語文化の受容を論ずる場合、漢語教育と同等に、もしくはそれ以上に、外来言語文化のイデオロギー性を重視して受容を進めるのが、当然の要請となってくるであろう。

四 「外国語無用論」の台頭と「朝鮮語無用論」との関係

外国語教育分野に展開された毛沢東思想学習運動はまもなく西洋の思想と文化の影響を取り除く「外国語無用論」に発展した。一九六六年五月から外国語教育に対する全面的批判が始まり、実際には、朝鮮族の民族教育においての外国語教育廃止のきっかけとなった。この議論については、三つの段階に分けてみる必要がある。

第一段階は、文化大革命の初期である一九六六年五月、毛沢東の「五・七指示」による「革命化をもって外国語を導く」[69]段階であった。この段階では、「学校のすべての活動は学生の思想を転換させることにある」[70]という革命路線が打ち出され、「目標を単に数千の外国語の単語におく学業をたえず批判することを通じて、目標を『七億』中国人民と『三〇億』世界人民という二つの大きな数字の上におく」[71]ことにした。こうして引き続き革命を行う上での必要から、外国語は思想の革命化を促すための担い手となり得たのである。

第二段階は、文化大革命のピークでもある一九七一年、「全国教育工作会議」(一九七一・四・一五～七・三一)で提案された「教育は生産労働と結びつかなければならない」[72]という指示によって、あらわれた「外国語特殊論」の段階である。いわゆる「外国語特殊論」は、文化大革命派の「外国語は西洋崇拝の担い手」という論理によってつくられた[73]、外国語教育廃止のための口実の一つであった。この時期の外国語教育は、このようなレッテルが貼り付けられて、政治運動の中で文化大革命派の批判の的となったのである。例えば、陳毅と同じく、「技術的な語学」としての外国語を主張した周揚は、「外国語の『特殊』性を強調し、外国語の学習には『特殊』な環境、『特殊』な条件が必要であると言いふらし、学生を『特殊』な精神的貴族に育て上げようともくろんだ」[74]と批判された。

第三段階は、文化大革命末期でもある一九七三年に発生した「馬振撫中学事件」をきっかけに出てきた「外国語無用論」の段階である。この「事件」は、一九七三年七月一〇日、河南省馬振撫中学で行われた英語試験の中で、ある受験生の回答用紙が江青らによって捏造されて、「古い教育制度を改革する」という教育キャンペーンとなった。[75]と同時に、「外国語無用論」が提唱されるきっかけともなったのである。したがって、外国語は禁句となり、「西洋崇拝の担い手」と批判された。

このように、文化大革命派は外国語教育をブルジョア学問であると機械的に決め付けられ、外国語教育は無用であるという事態を醸成した。したがって、「外国語無用論」の提唱は、労働者と農民に奉仕することを教育の理念として掲げた文化大革命期において、資本主義文化や思想に対する理性を欠いた崇拝に反対しただけではなく、「西洋崇拝の担い手」と決めづけられた外国語教育の廃止と併行して進められたことを意味している。そのために、民族教育のカリキュラムの中で外国語が履修科目として設置されているものの、実際の教育の現場では、停止される惨めな結果となった。[76]また、少数民族社会に依然として存在していた民族主義を一掃して、毛沢東思想による統一をはかるため、朝鮮民族教育においては、「外国語無用論」と共に「朝鮮語無用論」が提起され、言語教育は著しく破壊された。

それでは、「外国語無用論」の提唱と「朝鮮語無用論」の提唱とは、どのような連関があったのかについて考えてみたい。一九六二年六月と一九六四年一〇月の陳毅の講話は、「外国語を学ばせる必要は認めつつも、その言語の思想や文化を分けて考える」という風土を形成し、外国語教育だけではなく朝鮮族の民族語教育においてもその存在感を示した。例えば、権寧俊は、文化大革命期の朝鮮族の民族教育と民族語問題を論じる中で、「朝鮮語無用論」を提唱すると共に、朝鮮語の漢語化が急速に進められたことを次のように論じている。「文化大革命期には朝鮮族の民族教育は毛沢東著作の学習、階級教育・階級闘争の教育に取って代えられ、朝鮮語の学習は軽視された。漢語学習を奨励し、朝鮮語使用を否定する『朝鮮語無用論』が主張された。……朝鮮語出版物は漢語を知らない多くの朝鮮族に対して毛沢東思想を学習させる役割を担った」。[77]このように、「無用論」は、民族語教育においても、外国語教育においても存在し、漢語を理解できない多くの朝鮮族に対して毛沢東思想を学習させる機能を果たした。すなわち、一定の政治的文化的イデオロギーとかかわりを持つ認識であったという点においては、「外国語無用論」も「朝鮮語無用論」も同様なものであった。ところが、「朝鮮語無用論」は「大漢族主義」の拡大と共に生まれたという認識が強かった。そのため、母語である朝鮮語自体を否定する「民族融合論」がその主な背景として提唱された「朝鮮語無用論」とは異なり、「外国語無用論」は、外国語を学ぶことによって精神も外国化されることを警戒したという側面に重点をおいていた。特に、文化大革命期の民族教育政策は、民族語と外国語を全面否定する傾向をもたらし、結局、朝鮮族の三言語教育において、民族語教育と外国語教育ともに遅れざるを得なくなったのである。

おわりに

本章では、国民国家に内在する統合もしくは排除という側面に注目し、文化大革命における外来言語文化の受容の意味を問い直した。具体的には、外来言語文化の受容を軸に文化大革命をとらえ、革命の展開に伴って変化する中共中央の外来言語文化に対する位置付けや認識を考察し、革命下において、中共中央がいつ何を排除対象とし、どのように国民国家形成を進めたかを明らかにした。

中国は、少数民族の民族自治地方の面積が六四%を占める多民族国家であり、国内が地形的に分断され地域割拠性も強いため、国民国家としての実体性を問われ続けてきた。このような中国への評価は、中国国内の諸民族が、歴史的に空間、時間、経験、価値を共有せず、国民としての内的結び付きが生まれなかった、との考えを前提にしている。しかし、一方で、文化大革命によって内的結び付きが生まれたとし、文化大革命を国民国家形成の鍵ととらえる見方もある。文化大革命は、これまで国内政治の権力闘争として語られることが多かったが、国民統合問題としてみれば、それは、中共中央政府が如何に統合もしくは排除の論理のもとで国民国家を建設するか、という過程であったのである。

このような統合もしくは排除という論理から文化大革命期における外来言語文化の受容の社会的特質を考察する場合、一つの糸口となるのは、受容するべき外来言語文化と漢語とのかかわり方という問題であった。文化大革命期において中共中央にとって、外来言語文化の受容の政治化傾向を中共の社会主義教育理念という原則からどのように評価するかは、難しい問題であった。文化大革命終結後の一九七九年三月、中共中央教育部幹部会議における「外国語教育強化についての決議」は党内の「資本主義的思想」・「西洋崇拝」に毒された知識人を反動とみなしてきた閉鎖的な言説を一掃して、中共の国民国家形成のための近代化政策を守らねばならないと主張している。[78]しかし、そうした知識人に対する処置について、同決議の表現は微妙であった。一方で「西洋崇拝」は反動だという閉鎖的な言説の危険性を強調しながら、他方では「地域経済の発展によって教育理念が変わった外来言語文化の受容に対しては慎重に対処しなければならず、毛沢東思想は依然中共の貴重な精神的財産であり、むやみに『資本主義思想』に追随してはならない」とも述べている。また「現在、教育の近代化において外国語が重要な鍵となっているので、外来言語文化の受容を審査する新たな基準を設定すべき」との指摘もあった[79]。このような評価からも、外来言語文化の受容をめぐる認識の過程は東西冷戦体制という国内外の環境変化に絶えず影響されつつ、複雑な様相を呈していたことが明らかである。

もっとも、文化大革命は建国後の中国において、国民国家形成に重要な役割を果たしてきた。これは、文化大革命が、政治・社会・思想・文化の全般にわたる改革運動という名目で、実際には全国の人民を巻き込んだ粛清運動、および国家による暴力装置の独占を通じて、少数民族社会においては漢族を中心とする漢族の支配体制の確立など、人民が国民化し国民国家となる過程で展開してきたということでもある。つまり、文化大革命には排除の論理のもとで、ナショナリズムを喚起し、国民統合を強化して国民国家の成立を促進させる側面があった。特に、文化大革命期においては多様な言語文化や思想に対する国家の統制、外来言語文化の受容をめぐる政策・制度、およびそれを創生する社会的理念などの要因のために、地域社会内部における外来言語文化の受容の体制が形成し、多様化する可能性はほとんど閉ざされてしまった。

果たして、実権派が見出した外来言語文化の受容の認識の中から、多様な文化や思想に対する統制を防ぐ機制を導きうるか否か、ということに、その外来言語文化の受容の「今日的意義」の大きさがかかっていると考えられる。

注

(1) 中共の対応を見ると、一九八一年六月に中共一一期六中全会で採択された「建国以来の党の若干の歴史問題についての決議(歴史決議)」では、文化大革命は「指導者が誤って発動し、反革命集団に利用され、党、国家や各族人民に重大な災難をもたらした内乱である」としている。一応教科書にもとりあげられるが、現在も実質上の言論統制下にあるため「四人組が共産党と毛沢東を利用した」という記述にとどまっている。二〇〇六年五月、文化大革命発動から四〇周年を迎えたが、中共から「文化大革命に関してはとりあげないように」とマスコミに通達があったために、国内では一切報道されなかった。このように文化大革命に関しては中国国内のマスコミや学術界にとって触れてはいけない政治タブーの一つとなった(宋永毅著、松田州二訳『毛沢東の文化大革命大虐殺――封印された現代中国の闇を検証』原書房、二〇〇六年、草森紳一『中国文化大革命の大宣伝』芸術新聞社、二〇〇九年を参照)。

(2) 加々美光行『現代中国の挫折――文化大革命の省察』アジア経済研究所、一九八五年、加々美光行編・村田雄二郎監訳『天安門の渦潮――資料と解説 中国民主化運動』岩波書店、一九九〇年、加々美光行『歴史の中の中国文化大革命』岩波書店、二〇〇一年を参照。

(3) 国分良成『中国文化大革命再論』慶応義塾大学出版会、二〇〇三年を参照。

(4) 前掲書「文化大革命期における延辺朝鮮族自治州の民族教育と言語問題」、二三~四一頁。

(5) 劉吉編『中国共産党七〇年史 一九二一~一九九一』上海人民出版社、一九九一年、六五七頁。

(6) 同上書『中国共産党七〇年史 一九二一~一九九一』、六六〇頁。

(7) 六月一日の『人民日報』社説が引用した北京大学の大字報は、北京大学の学生が党の公安を切り盛りしていた康生の指図に従って書いたと言われている。また、毛沢東の指示を全国規模に拡大したのは、党と軍の指導者たちの批判を通して中央文化革命小組グループに接近した林彪であると言われる。

(8) 前掲書『中国共産党七〇年史 一九二一~一九九一』、六六一頁。

(9) 当時、毛沢東はいわゆる大躍進政策の失敗から国家主席を劉少奇に譲っていたが、党と軍では最高指導者であった。毛沢東は、会議に中央委員一四一人のほかに中央文化大革命小組のメンバーや北京の教師・学生ら四七人を参加させ、会議には緊張感がみなぎったという（東方書店出版部編『中国プロレタリア文化大革命資料集成』第一巻、東方書店、一九七〇年、一〇〇頁、一〇二〜一〇七頁、毛里和子・国分良成編『原典中国現代史』第一巻（政治・上）、岩波書店、一九九四年、二五六〜二五七頁）。

(10) 文化大革命が当時党を切り盛りしていた劉少奇と鄧小平をその代表とする、いわゆる実権派の打倒を目指した権力闘争であった以上、「大民主」が権力奪取のための政治的手段であったことは疑いがない。中央書記処や中央政治局から権力を奪取したのは、政治局常務委のもとにおかれた毛沢東の側近グループからなる中央文化革命小組と中央軍事委員会副主席の林彪らであったが、彼らは文化大革命の初期から大字報や新聞を活用し、まさに「大民主」方式による実権派批判を繰り広げていた（東方書店出版部編『中国プロレタリア文化大革命資料集成』第二巻、東方書店、一九七〇年、一七頁）。

(11) この指示は「大民主」を十分に活用せよというだけでなく、「混乱を恐れてはならない」と指示し、それまでの党指導部の「文化的で優雅で温和かつうやうやしい態度」を否定した（前掲書『中国プロレタリア文化大革命資料集成』第一巻、一〇〇頁、一〇二〜一〇七頁、前掲書『原典中国現代史』第一巻（政治・上）、二五六〜二五七頁）。

(12)「造反有理」（造反することには道理がある）は一九三九年に毛沢東が延安でスターリンの六〇歳の誕生日を記念して行った講話の中にみられることばであったが、そのことばが紅衛兵の書いた大字報に引用され、全国的スローガンとなった。「大民主」形式が全国に広がるにつれて、元来の「四大」は、例えば「大串連」（学生・労働者が北京の毛沢東に会見にくると称して全国を無料で旅行すること）、「戦闘隊」（独自に武装した造反派）、「遊街」（反革命の被疑者に帽子を被せ、街を引き回すこと）、「抄家」（反革命と見なされた家族の私邸を捜索し財産を没収すること）といった数多くの行動に展開していった（『紅旗』社説、一九六六年第一〇号、『人民日報』社説、一九六六年八月一三日を参照）。

(13)「大民主」は「社会主義の法制度を破壊し、党の規律を乱し、党の内外に無政府自由主義的考えを蔓延させた」だけで、「中国の政治・経済・文化生活に対して何らの積極的作用を持たなかった」と断罪することもできよう（廖盖隆・杜青林等編『当代中国政治大事典』吉林文史出版社、一九九一年を参照）。

(14) 毛里和子『周縁からの中国――民族問題と国家』東京大学出版会、一九九八年、二四頁を参照。
(15) 加々美光行は漢族と少数民族社会の文化大革命との関わりについて次のように述べている。「文化大革命が何よりも漢民族内部での実権派と造反派の対立として始まったことと関係がある。……まず、漢民族内部において地域差・個人差を無視した生活・生産の様式の均質化をもたらし、しかる後、その均質化された生活・生産の様式を少数派諸民族に押し広げるという方向を目指すものであった」(加々美光行『知られざる祈り・中国の民族問題』新評論、一九九二年、一七七頁、一八八頁)。
(16) 同じ社会主義ということばを使っていても、政権を掌握していた共産党指導部の中にあってすら、その具体的な意味内容に関しては非常に大きな認識の差異があったことである。急進的な社会主義に傾く傾向があった毛沢東は、比較的慎重な社会主義化をめざそうとした共産党指導部内の多数意見に何度も押しとどめられた。しかし毛は諦めることなく、そのたびに自ら共産党内の地方幹部や民衆を組織し、指導部の多数意見を覆し、急進的な社会主義に挑戦しようとした。大躍進期には農民や労働者たちを、文化大革命期には若い青年、学生たちを組織することに熱中した(久保亨『社会主義への挑戦　一九四五〜一九七一』シリーズ中国近現代史四、岩波書店、二〇一一年、二〇四頁)。
(17) 「呼吁世界人民聯合起来反対美国帝国主義的種族歧視、支持美国黑人反対種族歧視的闘争的声明」『人民日報』、一九六三年八月九日。
(18) 劉春「当前我国国内民族問題和階級闘争」『赤旗』一九六四年第一二号、その後、若干加筆して『民族団結』一九六四年六月号に転載。
(19) 全国人民代表大会常務委員会法制工作委員会編『中華人民共和国法律法規全書』一〇、中国民主法制出版社、一九九四年を参照、前掲書『周縁からの中国――民族問題と国家』、一一四頁を参照。
(20) 呉宗金『中国民族法学』法律出版社、一九九七年、三二九頁。
(21) 郭沫若「怎样看待群衆中新流行的簡化字?」『紅旗』第四号、一九七二年四月。
(22) 中国朝鮮民族足跡叢書編纂委員会『中国朝鮮民族足跡叢書七　風浪』民族出版社、一九九三年、二九九〜三〇七頁、許青善・姜永徳・朴泰洙編『中国朝鮮民族教育史料集』(第三巻) 延辺教育出版社、二〇〇三年、八九三~八九八頁。

(23) 呉重陽・陶立璠編『中国少数民族現代作家伝略』青海人民出版社、一九八二年、三一六~三一九頁

(24)『延辺教育』第三巻、一九七六年、二頁。

(25) 同上書、三頁。

(26) 例えば朝鮮語版の新聞である『延辺日報』は中国語版の翻訳を載せているだけであった。ある北京大学の朝鮮族教員は、『毛沢東選集』第四巻の朝鮮語版の翻訳はその最悪の例だと指摘した(李采畛・鎌田光登訳『中国朝鮮族の教育文化史』コリア評論社、一九八八年、八二頁)。

(27) 現代中国の民族政策の核心について毛里和子は、次のように論じた。「新政権の民族問題にかかわる基本目標として、国家の領域的統合と辺境の対外安全保障、および忠誠心を持つ均質な『人民』の形成という三つの目標をあげており、……新政権は、民族の発掘、権力による民族の認知である「識別工作」を実施して、「国民形成」のために当初はナショナリズムと社会主義イデオロギー、六〇年代からは毛沢東思想をフルに活用した」(前掲書『周縁からの中国――民族問題と国家』、四六頁を参照)。

(28) 新中国の民族政策の芯になった「民族間の政治的・経済的平等」の意味には留意すべき点がある。一つは、部族や部落で呼ばれていたエスニック・グループが一九五〇年代初めから行われた民族発掘と認知工作によって平等な「民族」に昇格し、「民族的覚醒」が進んだこと、もう一つは文化的・宗教的に歴史が古く、かつて政治的・文化的共同体を持ったことがある民族も「民族」に昇格したばかりのエスニック・グループも、平等に同じ民族になった。

(29) 一九五〇年代末から一九七〇年代にかけて、経済的統合のために始まった大躍進などの急進政策を支えた理論の一つが「民族融合論」であった。この時期の少数民族地域に共通しているのが、辺境の経済統合によって、漢族の植民や漢族地域のやり方の強制など少数民族社会の「漢族化」の進行であった。

(30)「北京での十月革命五〇周年記念大会における林彪の演説」(一九六七年一一月六日) 日本外務省国際資料部監修『中ソ論争主要文献集一九六七~一九六八』北東出版、一九七四年、一二〇頁。

(31)「中共第一〇回党大会における周恩来の政治報告」(一九七三年) 日本外務省国際資料部監修『中ソ論争主要文献集 一九六九〜一九七三』北東出版、一九七四年、四九七頁。一九六五年から一九七〇年までは、国際政治観の内容においても「帝国主義、修正主義、各国反動派」が強調されてほとんどすべての国を敵に回していた時期であった。一九七〇年代初めから七八年までは、「三つの世界」理論の時代であった。国内政治的には文化大革命の継続期であるが、外交の面で中米接近、反ソ統一戦線へと大転換を遂げたと考えられる。

(32) 謝益顕『中国外交史――中華人民共和国時期 一九四九〜一九七九』中国河南人民出版社、一九九六年第三刷を参照。

(33) 毛沢東「全世界の人民は団結して、アメリカ侵略者をその手先を打ち破ろう!」(一九七〇年五月二〇日の声明)『北京週報』第二一号、一九七〇年五月二六日、八〜九頁。

(34) 一九六〇〜一九七〇年代に国防戦略上の考慮、特に中ソ関係の悪化に伴い、米国のベトナム戦争への深い介入により実施された。中国工業基地は沿岸部に集中している現状は戦略的に脆弱であるとして鉱工業の内陸部への移転を大規模に実施した。三線は毛沢東の造語で「一線が沿岸部と国境地域、二線は沿岸と奥地の中間地域、三線は内陸地の四川、貴州、雲南など七省・自治区を指す(薄一波『若干重大決策与事件的回顧』下巻、中共中央党校出版社、一九九三年、一一九七〜一二〇〇頁を参照)。まさに米ソ両超大国との対立もあって、中国の国際環境は著しく悪化し、経済建設どころか、第三次世界大戦や帝国主義的全面侵略に備えるため、内政の面においても「備戦」(戦争に備え)、「備荒」(飢餓に備え)「為人民」(人民のため) というスローガンに代表されるように、安全保障への危機管理意識を長く持っていた。

(35) アメリカの場合は、ベトナム戦争の泥沼状態から脱出するために、米軍撤退を含めたアジア政策全般を見直す立場であり、中国に直接的な深刻な脅威にはならなかった。しかし、ソ連は一九六九年の初め中ソ国境衝突などによって、中国側にとっての重要な安全保障上の脅威となってきた。中国がソ連の軍事的膨張を重要な安全保障上の脅威としてみなした決定的な契機となったのは、一九七五年のサイゴンの陥落後の軍事力を動員したソ連の膨張主義によって国際情勢がモスクワに有利に展開されているという国際情勢分析に起因するものであった。中国はこのような国際社会の状況について、「ソ連帝国主義がアメリカ帝国主義を代替しようとすべての手段を駆使している」と非難した(『人民日報』一九七五年五月九日)。

また、一九七五年六～七月、鄧小平はフィリピンのマルコス大統領とタイの首相をそれぞれ会見した席で、インドシナについて、「ある超大国はベトナムでの覇権を強化し、基地の使用まで要求するかもしれない」と中国の憂慮を明らかにした（岡部達味編『中国をめぐる国際環境』岩波書店、二〇〇一年、二二〇頁を参照）。

(36)「三つの世界論」（Theory of the Three World）は、一九七四年二月に毛沢東が外国要人と会見する時に語ったもので、世界を三つに分けて米ソ両超大国を第一世界、ほかの先進国（欧州・日本）を第二世界、発展途上国を第三世界と位置付け、相互関係を論じた独特の国際政治論である（『人民日報』一九七四年四月一一日を参照）。その前の一九七三年八月に開催された中国共産党第一〇回大会は周恩来の政治報告を通じて、第三世界の覚醒と成長は国際関係においての重要な変化であり、国際政治における第三世界の役割を強調することによって、中国の関心を代弁したのであった。一九七四年四月の国連資源開発特別総会に出席した鄧小平は毛沢東の指示で、この「三つの世界論」を細かく説明した。この分け方はソ連を超大国から除かれた以外今日でも使われ、特に第三世界の表現は広く受け入れられている。以上の諸原則と理論の多くは、毛沢東・周恩来外交の遺産として鄧小平時代にも引き継がれたものであった。総じて言えば、このような対外政策は当時の国際情勢下でやむを得ないという側面もあったが、経済コストをまったく考えずに、イデオロギーと政治理想を中心とした方針から生まれたもので、現代中国の「過去」——毛沢東時代を象徴したものであった。

(37) 北京の支配的な見解は、二つの「中間地帯」に属する国家と国民は超大国の覇権主義と権力政治に反対するという共通の利益から民族解放運動の勝利のために国際的な統一戦線の結成が求められた。周恩来は党内における報告の中で以下のような中国の基本的な見解を明らかにした。「我々が米ソの覇権主義に反対するのは事実上一つのスローガンに過ぎない。最も重要なのは、ソ連修正主義と社会帝国主義という現実的な敵に反対して社会帝国主義に打撃を与えることである。この問題についてアメリカもよく認識している」（「周恩来関与国際情勢的報告」『中共機密文献彙編』台湾国際関係研究所、一九七八年、三五八頁）。

(38) 中国の反覇権が反ソ政策であることを証明するもう一つの資料として中国人民解放軍の「形勢教育参考材料」を中心とする軍に対する思想教育用資料がある。ニクソンの訪中以降の一九七三年三月三〇日、昆明軍区の政治部と宣伝部が編纂・

発刊した後、一九七四年六月に台湾の国際関係研究所が原文と共に英文で翻訳して Chinese Communist Document:Outline of Education on Situation for Companies という題で出版した。「材料」は、国際情勢と外交路線に関する三つの章と「批林整風運動」と経済問題に関する二つの章で構成された。特に反覇権と反ソ政策に関して、「第二次世界大戦以降、アメリカが世界を制覇し始めアメリカ帝国主義が第一の敵であったが、その後、ソ連修正社会帝国主義があらわれて米ソが世界を争奪しながら勢力範囲を分割する状況が形成された。現状は、アメリカ帝国主義が推進してきた反革命的な世界戦略は挫折を繰り返し、その侵略の勢いは衰弱してきた。したがって、アメリカは戦略上の見直しをしなければならなかった。しかし、ソ連修正主義が進めている勢力拡張はもっと危険で欺瞞なものであるため、我々にとっての最も危険で主要な敵はソ連修正主義である」というように述べられた（『中共党史資料』第四二巻、中共中央党校出版社・中共党史出版社、一九八二年、八四～八七頁、大田勝洪・朱建栄編『原典中国現代史』第六巻（外交）、岩波書店、一九九五年、一五一～一五三頁を参照）。

(39)『朝日新聞』一九七四年八月二一日。

(40) 前掲書『中国外国語教育史』、六七～七〇頁。

(41) 羅思鼎とは、文化大革命派である四人組の御用執筆グループ「上海市党委員会執筆グループ」のペンネーム。同グループは張春橋と姚文元が統括し、実権派への批判運動において、数々の重要論文を発表して文化大革命派のために世論工作を行った。

(42) 文化大革命派とは、文化大革命期において、毛沢東への忠誠を誓い、実権派に反逆した人々である。文化大革命初期の文化大革命派は学生と政府関係や文化教育部門の職員などが中心だったが、その以後、労働者の造反へと発展した。一九六七年七月、毛沢東は労働者階級の大連合を呼びかけ、混乱の収拾をはかった。

(43) その理由は三つにまとめられる。「第一に、外国語は社会主義建設において実用的なものでない。第二に、外国語は学風を乱し人心を惑わしかねない。第三に、外国語を提唱するものはもっぱら自己の利益に合致する内容をとり国政を攻撃する」、と指摘した（楊開書報供応社編『周揚文集 一』香港楊開出版社、一九六八年、三七～三九頁）。

(44) 四川外国語学院高等教育研究所編（国家教育委員会高等教育司審）『中国外国語教育要事録一九四九〜一九八九』外研社、一九九三年、一三四〜一三五頁を参照。

(45) 実権派とは、文化大革命期に毛沢東ら文化大革命派によって打倒の対象とされた人々であり、正式には「中国共産党内の資本主義の道を歩む実権派」である。しかし、「中国共産党内の資本主義の道を歩む実権派」という概念自体について客観的判断の基準はまったく明らかにされておらず、文化大革命派大衆にとっては、実権派＝権力の座にある者、と理解された。そのため、その範囲は際限なく拡大された。本章では、実権派とは、主に中共中央の政府指導者、文化界などの分野の責任者を指す。

(46) 周揚は、建国後の文芸界を指導した文芸理論家で、各種の文芸批判運動を指導した。文化大革命では、「一貫して反党修正主義路線」を行ったと批判される。一九七七年名誉回復以後、中国社会科学院顧問などを歴任。

(47) 一九六五年六月二二日〜七月六日に高等外語学院教学工作会議でまとめた『会議報告』（前掲書『中国外語教育要事録一九四九〜一九八九』、一〇三〜一〇八頁）

(48) ウーヴェ・リヒター著、渡辺貞昭・安藤正士訳『北京大学の文化大革命』岩波書店、一九九三年、Roderick MacFarquhar・費正清編『剣橋中華人民共和国史』（中国的革命内部的革命一九六六〜一九八二）第一五巻、中国社会科学出版社、一九九二年、前掲書『中国プロレタリア文化大革命資料集成』第一巻、等を参照。

(49) それによれば、外国語に対して三つの非難が予想される。第一に、外国語をめぐる言説が空漠な議論で迂遠無益なものであること。第二に、言語教育において外国語が漢語と両立できないこと。第三に、外国語が果たして学問として成立するかという外国語教育関係者内部からの疑問である。周揚はそれに対し一つ一つ反論を立てたが、特に第一点については外国語の日常的に実際応用のない無用性を認めながら、外国語は「思想文化の分野における外来要素の受容と至大な関係を有し、個人の自由要求上の必然という性質を有するもの」であると主張した（「外国語教育の強化について」『人民教育』第一〇期、人民教育出版社、一九七八年を参照）。

(50) それは、「外国語を講じてはならない」、「小学校では漢語を廃してはならない」、「早くから洋学を習う必要はない」、ということである。漢語・漢文は中国の存亡にかかわる根本だと考えられていた。よって、漢語・漢文は中国を維持し、人々に愛国心を植えさせる究極的な方法である（「総合大学和外語院校教育革命座談会総結報告」。中華人民共和国重要教育文献編審委員会編『中華人民共和国重要教育文献　一九四九～一九七五』海南出版社、一九九八年、一四八六頁、前掲書『中国外国語教育要事録　一九四九～一九八九』、一二七～一二九頁を参照）。

(51)丁望『中共文化大革命資料彙編』第一巻、香港明報月刊社、一九六七年、六五二頁。

(52)「外国語大学の外国語教育に関する教育部の会議報告」前掲書『中華人民共和国重要教育文献　一九四九～一九七五』、一三七二～一三七三頁、前掲書『中国外国語教育要事録　一九四九～一九八九』、一一五頁を参照。

(53)「固有の漢語を大いに栄えさせる者は必ず外国語に深く通じた人物である」（外語院校組「全面練好基本功、培養又紅又専的外語人材」（一九七二年九月二五日）国務院科教組『総合大学和外語院校教育革命座談会報告書』（国家教委檔案処資料）前掲書『中華人民共和国重要教育文献一九四九～一九七五』、一四八六～一四八七頁）。

(54)清末の政治家である李鴻章のことばを引用しながら、もし外国語を廃除すれば、近代社会科学も廃除しなければならなくなる、としている。このような認識に基づいて、実権派は言語教育学科の中で外国語学科を設立すべきだと主張し、外国語を講じないと社会科学の深意を明らかにすることが難しいと指摘している（李鴻章「外国語学館の設置について」舒新成『中国近代教育史資料』上、一二九～一三〇頁、前掲書『中国外国語教育史』、一五頁）。

(55)前掲書『剣橋中華人民共和国史』（中国的革命内部的革命一九六六～一九八二）第一五巻、六〇～六三頁を参照。

(56)そうした経験に基づく「外国崇拝」の道具が外国語にほかならない。人間の創造的思考力を高める思想は、「創造的知恵」、あるいは「論理的方法」とも言い換えられた。これに対して、建国後、中国大陸の政権は、Maoism（「毛沢東思想」）の学習と実践を中心とする労農兵外国語を提唱していた（周全華『文化大革命中的教育革命』広東教育出版社、一九九九年、一七二～一七五頁）。

(57)陳毅「外国語教育と学習についての談話」『外国語教育与研究』第一期、北京外国語大学出版社、一九六二年六月。

(58)席宣・金春明著、鐙屋一・岸田五郎・岸田登美子・平岩一雄・伏見茂訳『文化大革命の簡史』中央公論社、一九九八年、二六七頁。

(59) 周恩来「関于外国語教学的談話」(一九七〇年一一月二〇日) 前掲書『中華人民共和国重要教育文献 一九四九～一九七五』、一四七〇頁。

(60) 紅衛兵とは、毛主席の赤い衛兵の意で、文化大革命初期に学生たちが自発的に組織した初の大衆造反組織で、一九六六年五月二九日清華大学付属中学(中学・高校)の高校生約四〇人が「紅衛兵」を名乗ったのが始まり、毛沢東が八月一日「革命造反精神」を称えた彼らの大字報を支持する手紙を書いて激励したため、ほかの中・高校や大学、官庁、団体でも続々誕生した。当初、紅衛兵組織に参加を許されたのは党・政府・軍の幹部の子弟だけであった。しかし、紅衛兵が参加した「走資派」批判の的となったのは紅衛兵らの父母たちであった。その後、紅衛兵の間の主導権争いに対処するため、一九六九年には紅衛兵を農村で再教育する上山下郷運動が始まり、紅衛兵の時代は終わった。紅衛兵世代は中国の農村の厳しい現実を体験したため改革志向が強く、第一次・二次の天安門事件などその後の民主化運動でも大きな役割を果たした。

(61) 外国の先進技術と管理経験を学ぶことを「西洋崇拝主義」や「外国かぶれ」と見なした(前掲書『文化大革命の簡史』、二六七頁)。また、外国の文献をブルジョア的生活態度の証拠として没収し、短波ラジオを持つものは外国のスパイというレッテルをかぶせられて弾圧された(前掲書『北京大学の文化大革命』、八〇頁)。

(62) 厳家祺・高皋著、辻康吾監訳『文化大革命十年史』(上) 岩波書店、一九九六年、五一頁、二六二頁、厳家祺・高皋著、辻康吾監訳『文化大革命十年史』(下) 岩波書店、一九九六年、一九五頁を参照。

(63) 周揚の言う「思想改造」とは、中国の思想的伝統を一つの所与として受け止め、その中から「善きもの」を抽出し、「悪きもの」を排除してゆくという作業にほかならない。そうであれば、周揚にとって過去の「中国思想」の研究は、中国社会の改造という現実的目的と密接に関わるものであったことが、容易に想像される。よって、周揚の場合、「中国思想」研究は、単なる「学問のための学問」ではない(人民文学出版社編集部編『文芸人の思想改造について』人民文学出版社、一九五二年を参照)。

(64) 前掲書「外国語教育の強化について」を参照。

(65) 同上書「外国語教育の強化について」を参照。

(66) そうであったがゆえに、イデオロギーの権威を「毛沢東思想」的なレベルと限りなく強化していったと言えるのではないだろうか。こうした「聖人」的権威の設定は「四人組」を代表とする文化大革命派の政治思想にも影響を与えているものと思われる（前掲書「文化大革命期に至る延辺朝鮮族自治州の外国語教育政策」を参照）。

(67) 汪暉著、村田雄二郎・砂山幸雄・小野寺史郎訳『思想空間としての現代中国』岩波書店、二〇〇六年、一〇～一三頁などを参照。

(68) 前掲書『中国外国語教育史』、一〇一～一〇六頁、前掲書『中国の少数民族教育と言語政策』、平野健一郎・山影進・岡部達味・土屋健治著『アジアにおける国民統合』東京大学出版会、一九八八年等を参照。

(69) 北京大学「中国における日本語を含む外国語の教育について」日本語教育学会編集委員会『日本語教育』第二一号、日本語教育学会、一九七三年九月、六五頁。

(70) 東方書店出版部編『中国プロレタリア文化大革命資料集成』第三巻、東方書店、一九七一年、九八～一〇三頁。

(71)『毛沢東思想万歳』小倉編纂企画毛沢東著作資料室原文復刻、一九六九年、五二七頁、六三六頁、前掲「中国における日本語を含む外国語の教育について」、六四頁。

(72) 会議は、張春橋と姚文元が改修・加筆し、毛沢東の同意を得た「全国教育工作会議紀要」を採択した。この「紀要」は、文化大革命の中で学校教育の指導文書となり、長い間多くの知識分子の精神的束縛となった（前掲書『中華人民共和国重要教育文献一九四九～一九七五』、一四七八～一四八二頁）。

(73) 楊開書報供応社編『周揚文集』一、香港楊開書報供応社、一九六八年、一四～一五頁。

(74) 譚放・趙無眠編『文化大革命大字報精選』香港明鏡出版社、一九九六年、五七二頁、前掲書『周揚文集』二、五一頁。

(75) 河南省唐河県馬振撫公社中学党支部「『四人幇』給我校造成災難性破壊」『人民日報』一九七七年一二月一〇日、厳家祺・高皋著、辻康吾訳『文化大革命十年史』下、岩波書店、一九九六年、八〇～八一頁。

(76) 延辺教員研修センター「中等教育機関外国語教育に関する調査報告」（一九七五年四月九日）、延辺朝鮮族自治州資料館所蔵。

(77) 前掲書「文化大革命期における延辺朝鮮族自治州の民族教育と言語問題」、四〇頁。

(78)「西洋崇拝」とは、具体的には文化大革命期の外国語無用論批判にみられたような「里通外国」の外国語教員を念頭に置いた表現であろう。「里通外国」とは、「外国に内通」、「スパイの嫌疑」という意味で、文化大革命派が罪をなすりつける際のレッテルとして用いられた(陳家林主編・加々美光行監修『中国文化大革命事典』中国書店、一九九七年、四五五頁、前掲書『文化大革命中の教育革命』、一二五頁を参照)。

(79) 中共中央委員会「外国語教育強化についての決議」前掲書『中国外国語要事録一九四九～一九八九』、一四八～一五八頁。

第五章

改革開放から一九八〇年代末までの外来言語文化

はじめに

本章では、改革開放政策後の中国の国民統合と朝鮮族の外来言語文化の受容について考察する。その中でも中国の東北地域における一九八〇年代初頭以降に始まった「日本語ブーム」の背景を中心に検討したい。その際に着眼すべき視点は、外国語教育の社会的・歴史的形成過程である。具体的には、教えるべき外国語の選択、民族語と漢語とのかかわり方、といった問題である。

中国では、一九四九年以降、少数民族を中国公民として位置付け、「国民」に統合していこうとする政策が押し進められてきた。とりわけそれは、一九八〇年代以降、「中華民族」論という形で盛んに論じられたのである(1)。朝鮮族にとって、かつて植民地宗主国の言語であった日本語とは、いかなる意味を持っていたのか、また市場経済によって生じた大きな変化が朝鮮族の民族語教育にどのような影響を与えたのか。本章は、こうした問題関心に発するものである。辺境地域に位置する東北の少数民族は、漢語・民族語に加えて外国語という多言語教育を行わざるを得なかった。複数の言語教育、民族教育制度、外国語教育政策、およびそれらの要素が形成する教育理念などの要因により、そうした辺境地域内部における外国語教育が形成し、多様化する可能性を秘めていた。

本章が検討の対象とする中国東北地域は、近代において高い言語的多様性を示した地域であった。東北地域においては一九八〇年代半ばに中共の指導による外国語教育改革が実行され、整風運動と文化大革命の中で政治的な負の刻印を負ってきた日本語がその第一外国語となった。これは中国のほかの地域と東北地域と異なるところでもある。改革開放政策は、建国初期から毛沢東思想に染められてきた少数民族のロシア語教育への一元的束縛を変容させ、より多様な外国語教育への新たな認識と関心が形成されるようになった。[2] そうした東北地域における外国語教育形成の特徴としての「日本語ブーム」を検討することは、中国における社会変革と外来語文化の受容の検討という課題にとって、「今日的意味」があると考えられる。[3]

本章の課題は、一九八〇年代以降の東北地域における外国語教育形成の過程、外国語教育における「ブーム」の性格、中共による外国語教育政策の模索などを検討することにある。これは日本における先行研究においては考察されたことのない課題である。近年の日本において中国の少数民族言語政策や中国朝鮮民族言語文化をめぐっては、大村益夫、竹中憲一、岡村雅享、権寧俊らの研究がある。[4] 大村益夫による研究は言語状況についての概要紹介にとどまり、その後は「延辺朝鮮語」における日本語起源の語彙の借用についての考察を行っている。一九四五年以前の自治州における日本語教育についての基礎的研究としては、竹中憲一の研究が代表的である。最も同氏の重点は「満洲国」成立以前の時期にある。中国では、一九八〇年代後半から外国語教育に関する著書や論文が精力的に発表されてきた。代表的な著書として、外国語教育史関係では、『中国外国語教育史』(一九八六)、『中国外国語教育要事録』(一九九三)などがある。外国語教育政策関係では、『中国近現代教育改革史』(一九九九)、『中国教育政策の転換』(一九九九)などがあげられる。[5] これらの研究の多くは、中華民国の外国語教育から筆をおこしているが、とりわけ建国以降の外国語教育と政策の足跡が詳しく記されている。しかし、外国語教育やその政策は、マルクス・レーニン主義や毛沢東思想を教え込むために利用されることが多かった。また、朝鮮族の外国語教育に関する研究書について言えば、わずかに若干の論文があるにすぎない。これらの論文では、音声学や語彙、文法などの語学教育の問題に強く引きつけられているように思われる。日本語教育をめぐっては、「朝鮮族は母語のほか漢語を学習せねばならないため、少しでも母語に近い、負担の軽い日本語を選んだ」と、「言語の類似性」を主張する立場もある。[6] しかし、筆者が本章で検討するように、「言語の類似性」を強調する論理は、越境的な存在としての朝鮮族社会における「日本語ブーム」の歴史的背景を隠蔽することに繋がる。

建国以降の中国では、漢語の教育の現場で標準語とされる「普通話」を普及させることにより、国民としてのアイデンティティを少数民族に持たせ、統合をはかろうとしている。そのため、五五といわれる少数民族の一員とされた朝鮮族の集中地域である自治州では民族自治を実施しているが、漢語と朝鮮語の二言語教育が行われている。もちろん民族教育における外国語は、一九四〇年代後半から一部の学校で設置され、朝鮮語・漢語・外国語という三言語教育も中学校段階ですでに行われていたものの、[7] こうした教育課程案は徹底的に実施されてこなかった。東北地域の「日本語ブーム」を論じる際、民族問題、言語問題が絡み合った多様な社会としての自治州という事例は、決して無視することはできない。一九三〇年代前半から四五年までの「満洲国・間島省」に該当する自治州における外国語教育と民族教育の問題は、中国という多民族国家の環境にきわめて強く規制されてきた。もっとも、この問題においては、建国から一九六〇年代末までは旧ソ連との関係が、八〇年代以降は日本および朝鮮半島との関係が大きな要素として作用してきたことも見逃してはならない。自治州の近代の歴史において、日本語とロシア語が重要な地位を占めていた時期があった。特に「植民地支配の落とし子」とも呼ばれる日本語は、一九四九年以降もかかわり深いものであった。換言すると、市場経済の中で「自主自立」に挑む辺境地域社会における「日本語ブーム」は、単なる経済的な問題だけではなく、越境的な存在としての朝鮮族の歴史を背景にして認識することができる。ここでは、特に日本語教育という領域に注目し、外国語教育としての日本語教育の諸問題を歴史、社会的な視点からとらえることにした。本章では、自治州の日本語教育が時代に翻弄されてきたことを踏まえながら、建国以降の歴史的視点から、近代化改革以降における自治州の社会言語構造の変動を考察しようとするものである。

第一節　中国の国内外環境と朝鮮族社会

一　国民統合の中の朝鮮族社会

(一) 国内の政治的環境

一九七八年一二月の中共第一一期中央委員会第三回全体会議は、「毛沢東の決めた政策はすべて変えず、指示はすべて守る」という方針を批判し、「階級闘争を要とする」スローガンの使用を停止することを決定すると同時に、「権力が過度に集中していた経済体制の改革」が提案された。いわゆる改革開放路線の開始であった[8]。

鄧小平が一九七八年一二月中央工作会議で行った「思想を解放し、事実に真実を求め、団結一致して前進しよう」という講話はそれに続く三中全会の主要報告となった。ここで鄧小平は「個人崇拝を否定する姿勢を示し、真の百花斉放・百家争鳴の方針を実行しなければならない」と指示し、「過去一〇年来、林彪と『四人組』が禁句、禁令を設け、迷信を製造し、人々の思想を彼らの偽りのマルクス主義の圏内に閉じ込め、そこから出ることを許さなかった」と指摘した[9]。この禁句や迷信が毛沢東の個人崇拝を煽った文化大革命中の一連のキャンペーンを指すことは明白であった[10]。

しかし、一九七九年三月三〇日に中共中央理論工作討論会で鄧小平が行った「四つの基本原則を堅持せよ」という講話は、「四つの基本原則」[11]として社会主義の堅持、プロレタリア独裁の堅持、共産党の指導の堅持、マルクス・レーニン主義毛沢東思想の堅持を呼び掛けながら、一方では極少数の者が基本原則に反対したり疑問を投げかけたりする考え方が広がっているとして、「党内でも何人かの同志がこうした考えを支持している」と続け、「このような考え方に対して批判することを考えている」と新たな粛清の可能性を示唆した[12]。

一九七〇年代以降の東アジアにおける驚異的な経済発展の波は、日本にとどまることなく東アジア全体に及び、中国における経済改革と対外開放の進展と指導幹部の刷新は、政治改革の必要性への訴えを呼び起した。一九八六年四月末には『中国社会科学』雑誌社主催の政治改革についての学術座談会が開催されたが、ここでは政治改革の目的そのものが政治発展としての民主化であることや、そのために政治参加の拡大や権力に対する監視機能が必要であることなどが議論された。また同年七月の中央党校主催の討論会においては、政治改革を経済改革の延長戦に位置付けるべきでなく、その目標は高度な民主を実現することであって、それ自体に独立的な意義があることが提起された。そして、党への権力集中を排して国家機関やほかの政治組織あるいは企業に権力を委譲し、それぞれ相対的に独立した権力分業体制を構築し、これによって大衆の政治参加を促進すべきであること、などの意見が提起された[13]。

要するに、毛沢東時代以後の近代化過程においては、改革開放時代の体制改革の中で党や政府の組織化と制度化が進み、社会の末端に至るまでの結び付きが深化した。結果として毛沢東時代以上に国家の掌握力が強化された。しかし国家に対する社会の側は、市場経済化をテコにますます多元化そして分散化している。例えば都市の学生・知識人・労働者を中心とした政治意識が高まった。財政、許認可権限などをめぐる中央に対する地方の抵抗、都市と農村や沿海と内陸などの間の経済格差の拡大、農民反乱や労働争議の増加傾向、チベット・新疆などの少数民族問題などが発生した。

（二）朝鮮族のアイデンティティの変容に関する一考察

まず朝鮮族社会と中国社会との関係という角度から、この時期の朝鮮族をめぐる民族アイデンティティの形成、および教育や言語使用情況について概述したい。

改革開放政策後、中国における経済成長は社会構造と政治のあり方にも大きな変化をもたらした。中国の経済成長に伴う社会的上昇移動の機会の拡大は、朝鮮族社会において専門職・管理職などのいわゆる戦後生まれの朝鮮族を中心とした新たな階層の台頭を導いた。彼らは漢族を中心とする共産党体制下におけるエリート主義的教育制度の中での学歴競争を重要な回路としながら改革開放の恩恵を受けつつ、その階級的地位を得てきた。このように彼らは既存の社会政治体制から利益を得、さらに民族自治を主軸とする自治州中枢で活躍し、朝鮮族社会の維持の可否を左右する立場にあるため、自治州においてその安定と繁栄を望む勢力ととらえられていた。[14]このような状況の中で、特に彼らは自治州に芽生えつつあるアイデンティティ追求の担い手ともとらえられることが多い。李采畛の研究調査においても、戦後生まれの朝鮮族に該当する高い学歴、職業的地位、収入を持つ者たちの間に、自らを朝鮮人とは異なる「中国公民」という意識がより強く表明されているという結果が出ている。[15]

このように見てくると、自治州の安定と繁栄を望む勢力としての戦後生まれの朝鮮族の表明する「中国公民」意識は、改革開放の過度期の自治州における政治活動の原動力と結び付くかのように思われるが、果たしてそうであろうか。「中国公民」意識が政治活動の原動力となったか否かは、そのような意識の国家レベルでのアイデンティティとしての位置付けと関連する。確かに、自治州における一九八〇年代の改革開放過程で戦後生まれの政治的指導者が出現したことは事実としても、そのような「中国公民」意識の位置付けが困難であったために、多くの戦後生まれの朝鮮族は国内外への移動を選択している。[16]「中国公民」意識は、建国後の自治州における急速な政治運動の結果生じた朝鮮半島との社会文化的差異を背景に生まれたものであり、その意味でその政治運動過程に出現したこれらの意識は朝鮮族によって担われてきたが、そうであるがゆえに可変性を有したものである。今後の朝鮮半島との意識格差の縮小、自治州における戦後生まれの朝鮮族の勃興と朝鮮民族文化形成の展開の可能性を考慮すれば、「中国公民」意識の変質、アイデンティティの再編は十分予測される。

ここでは、このような自治州における戦後生まれの朝鮮族と「中国公民」意識との関連を明らかにするために、一九七〇年代末から一九八〇年代までの自治州における戦後生まれの朝鮮族の意識の過程を検証し、その上でなぜ彼らが「中国公民」アイデンティティの担い手として注目されたかを考察することとしたい。以下、まず、改革開放後自治州における経済成長と社会移動の進行過程を概観し、自治州における状況を検討した上で、自治州において戦後生まれの朝鮮族をめぐって行われている議論の中で指摘されているその社会的特徴について言及する。そして、そのような戦後生まれの朝鮮族の社会的特徴として指摘されている事項の背景について検討し、戦後生まれの朝鮮族を自治州社会全体の流れの中に位置付けてみたい。次に、「中国公民」意識の形成をめぐって、何が「中国公民」と「朝鮮人」の整合性を不安定にしたかという問題を検討し、最後に、朝鮮族社会における「中国公民」の意識の可変性と社会言語構造への影響について論じることにする。

自治州における朝鮮族の教育水準は建国後の初等・中等教育の普及に伴い、一九八〇年代に急速に上昇し、その上昇はさらに高等教育が普及する一九九〇年代にも継続した。このような一九八〇年代における教育水準上昇の背景には、一九八六年に中央政府が導入した初等中学までの九年間教育の義務化が大きく影響していた[17]。

自治州において義務教育分野への政府の積極的な介入は改革開放後になってみられるようになった現象であり、建国初期から改革開放以前までの政府の教育政策は基本的に自治州の政治的エリート養成という性格を拭えないものであり、一九四九年の延辺大学の創設はこのような動きの代表的産物と言える。とりわけ、政府の少数民族に対する民族教育の政治化は中共中央による文化大革命期において強調されていたが、一九八〇年代における改革開放政策の拡充を皮切りに、以後段階的に教育の大衆化と高度化をはかっていった。自治州における教育の大衆化と高度化を可能にしたのは、改革開放後中国の経済成長であった。それは教育拡充のための財政的基盤を政府にとっても、民間教育機関にとっても強化したのみならず、経済成長によって高度化した専門技術・知識の需要の増大をもたらした[18]。

ところで、改革開放後の教育の発展における重要な特色として、教育媒介言語としての漢語の普及があげられる。政府主催による全国統一試験である大学入試における中朝二言語の使用、民族教育における漢語の教育媒介言語採用の奨励などの動きにみられるように、教育の大衆化に伴って教育現場における共通語としての漢語の使用が広く行われるようになった[19]。改革開放後における教育の発展過程で漢語教育が普及した背景には、社会面での変化が存在する。一九七〇年代末から八〇年代初頭にかけて、近代化のための市場主義的立場から漢語普通話運動が行われ、その結果として漢語の使用による社会の均質化が進展した[20]。

朝鮮族自治の中心地である延辺において漢語が果たす機能は依然として重要であり、漢語の習得がキャリア上実質的に重要な意味を持つ状況に変化はない。中共中央政権下で育ったという特徴を持つ戦後生まれの朝鮮族は、漢語と朝鮮語という二つの言語を持つことになった。前述したように、戦後生まれの朝鮮族が重要なのは、それが改革開放期において自治州を動かす集団を代表するからである。漢語を媒介にすることで、彼らはほかの中国社会から遊離しなかった。また朝鮮語も併せ持っていたために、単なる「中国公民」として漢民族と一緒に片付けることが難しくなった。この問題を考察するため、以下では、当該時期の朝鮮族の意識を分析する。

上記のように、改革開放後の経済成長を基礎としながら、教育の大衆化、使用言語の共通化などを通して自治州における人々の生活経験の共有をもたらした。同時に、中国の市場主義化、自治州と沿海地域との間の生活水準の格差の拡がりともあいまって、自治州の朝鮮族の中には沿海地域を自らの新たな生活の場ととらえる動きが出現した。一九八〇年代以降増大した沿海地域の市場経済への参入に対する朝鮮族の社会的進出（移動）の要求は、このような動きのあらわれの一つである。[21] そして、朝鮮族の中にはしだいに自らを朝鮮半島の朝鮮・韓国人とは異なる「中国公民」として意識する動きが認められるようになった。

改革開放後の自治州の社会的発展と平行して出現したこのような意識に関して、それがいかなる内容を持ち、いかなる環境によって形成されたか、その内容について整理してみると、「中国公民」意識は、民族文化的に朝鮮半島の文脈から切り離された存在ではない。しかし、現在の朝鮮半島における南北分断の政治社会体制には違和感を抱き、中国の改革開放が達成した社会経済的発展を朝鮮半島特に北朝鮮に対するある種の優越感としてとらえ、自らを差別化している。[22] したがって、「中国公民」意識は、朝鮮半島あるいは朝鮮人というものの否定の上に成立しているものではない。「中国公民」意識の中心に存在するのは、なによりも改革開放後の社会経済的発展の結果得た経済的繁栄、およびそれがもたらした沿海地域的生活様式であり、さらにはその背景にある発展の機会の多さといったものであった。

以上のような性格と内容を持つ「中国公民」意識の形成の背後には、「朝鮮人」とは異なる「中国公民」が意識化されてゆく環境の形成と、逆にそのような「中国公民」意識の形成を許容する「朝鮮人」意識の非意識化の環境の形成が存在したと考えられる。すでに述べたように、朝鮮半島特に北朝鮮と差異化する最も大きな要求はその経済的優位性である。このような経済的優位性を獲得したのは、改革開放後中国の社会経済的発展であったことは言うまでもない。その意味からすれば「中国公民」意識は、改革開放後中国の社会経済的発展の産物である。

ここで、注意すべきは、経済的な優位が政治・社会面でも朝鮮半島とは異質な文化をもたらしたことである。改革開放によって中国と朝鮮半島特に交流し続けた北朝鮮との間には、まず社会市場体制の差異が生じた。次に、その後の中国における近代化に伴う経済発展が北朝鮮との間に大きな経済的格差を生んだ。さらに、それが中国の朝鮮族に新たな生活体験を与え、中国を基盤とした文化を生んだのである。[23] 朝鮮族における大衆文化の展開過程を追ってみると、中国の近代化と平行して一九七〇年代末から八〇年代にテレビの急速な普及に伴うマス・メディアの著しい発達が認められる。[24] このように八〇年代以降、これらマス・メディアを媒介して流通する中国大衆文化が朝鮮族社会の意識形態を均質化し、「中国」という求心力を生んでいった。とりわけ、言語、生活感覚、価値観がマス・メディアによって媒介され、人々に共有されていった点は重要である。

ところで、以上のような「中国公民」意識の形成とは逆に、そのような「中国公民」意識の形成を背後から許容した要因として、「中国公民」に対峙する「朝鮮人」意識が助長されなかったのはいかなる環境によるのであろうか。この点を考える際の前提となるのは、中共中央政府による朝鮮族統治の方法であろう。政府は漢族と朝鮮族の分離に伴う二重社会状況に対し、朝鮮族に「朝鮮人」としての意識形成を奨励しなかった。自治州である延辺においては、経済発展とともに民族意識の助長、あるいは特定の民族意識の排除は発生しなかった。例えば、教育は民族・国民意識形成の重要な場面であるが、それらの意識形成に繋がる教育は消極的にしか行われていなかった。民族・国民意識形成に深くかかわると考えられる言語教育においても中朝二カ国語の二言語使用状況が続いてきた。また、この時期の歴史教育においても、初等中学の社会分野において朝鮮半島の歴史は教科書の構成内容に関しても世界史という大きな枠の中で説明されているにすぎなかった。[25]「中国公民」意識の形成は、以上のような「中国」への求心力の作用と、「朝鮮半島」への遠心力の非作用のバランスの中から発生してきたととらえられよう。

二　朝鮮族社会をめぐる国際環境

一九七八年一二月の中共第一一期中央委員会第三回全体会議によって文化大革命の終結を宣言し、極左的な考え方から抜け出し、外交姿勢もイデオロギー中心から経済中心へと大きく変換し、対抗路線から国際協調路線への切り替えを行った。しかも毛沢東の原則論を一部では堅持しつつも、より柔軟な外交政策を展開し、中国の国際環境を改善した。その代表的な出来事が、一九七九年一月の中米国交正常化であった。中米国交正常化によって中国の国際環境は全体的に改善され、中国新外交は華々しく展開し始めた。また中米国交正常化に伴い、中国は改革開放路線へと転換し、経済建設を中心とする政治路線を固めた。[26]鄧小平時代の中国外交路線の全般を考える時、毛沢東の外交路線を以下のように踏襲し、発展させてきた。

第一に、独立自主の外交路線の継承である。一九八〇年代半ば以降、国家の独立と安全が最も大切であるとし、これを堅持した。[27]かつて経済建設には外国の援助など求めないという意味合いで使った「独立自主」は外交政策の総原則となり、その意味は「イデオロギーによらない、非同盟、覇権主義反対、覇権を求めない」という四つの内容にまとめられた[28]。しかも鄧小平は天安門事件後に、この事件を通じて国家の主権、国家の安全保障が第一であることが改めて教えられたと表明した[29]。

第二に、自己の原則を堅持し、外国の干渉と指図を受けないでやっていくことである。天安門事件後、鄧小平は自分の引退を求めると同時に、先ず自国のことをうまくやるように努力すべきだと強調した。西側諸国との間では人権、民主化問題での対話を行うが、譲歩はせずにいる。また体制やイデオロギーにおける強力な共産党指導体制を維持し、さらに強化させることに力を入れている。「四つの基本原則」はその象徴である。

第三に、大国関係、特に米国との関係の再調整を行い、対米関係は中国外交の最重要課題として位置付けられ、国際環境全般に与える影響を改善すべく細心の配慮をした。鄧小平は毛沢東と同様に、常に自国の世界戦略の角度から問題を考え行動しながら、大国関係の中では、米国、ソ連との関係を最重要視してきた。一九八九年五月、回復されたばかりの中ソ関係は、新たな試練にさらされた。超大国であったソ連邦の崩壊により、米国は唯一の超大国になった。かつて中米準同盟による対ソ牽制体制の意味もなくなった。逆に天安門事件で、米国の中国に対する政治的圧力はより強くなった。

第二節　中国東北地域における改革開放政策と朝鮮族社会の「日本語ブーム」

文化大革命が一九七六年に終息し、一九七八年の中共第一一期中央委員会第三回全体会議は改革開放政策を策定し、国家のあり方を政治運動中心から経済発展中心へと転換させる決定を下した。この近代化改革の過程において、中共の教育は共和国の主体であるべき国民形成のために存し、国家の経済発展を志向するものであった[30]。そのような近代化改革の発展段階の中で、外来言語文化の受容に課せられた重要な任務は経済改革に資する人材の育成であり、いわゆる「日本語ブーム」も経済発展と強く結び付いている。この時期は、外来言語文化の受容が最も活発化した時期であり、同時にまた朝鮮族社会が重大な転換に直面した時期でもあった。

このような見方は、経済発展という至上命題の要求に応えるために模索中の朝鮮族における外来言語文化の受容について論ずる場合も、必ずといってよいほど参照されている。そこには、次のような二つの認識を見出すことができる。一つは、中国の「日本語ブーム」の背景として、高度な経済成長を遂げた日本という「先進国」の言語という認識である。もう一つは、市場経済の中で自主自立に挑む朝鮮族社会における「日本語ブーム」は、単なる経済的な問題ではなくて、中国の民族政策や朝鮮族の歴史的経緯の中で認識することができる。

それを踏まえ、朝鮮族においてロシア語が日本語に取って代わられ、さらに結束力を強める学校を通して統一される過程の考察を通じて、漢族と朝鮮族の「日本語ブーム」の背景を比較し、両者の間にいかなる相違点が存在していたのかを検証する。その上で、東北地域の改革開放政策と「日本語ブーム」の歴史的紐帯の意味、および朝鮮族の言語文化構造における外来言語文化の位置付けについて考察する。

一　中共中央の外来言語文化の受容に対する認識の変容

一九七〇年半ば以降の中国教育界は多様な外来言語文化の受容に対して、理解するよう努めはじめた段階にとどまっていた。その原因は、当時の社会がいまだに文化大革命の余韻を引きずり、思想的な調整期にあったということ、中国の学校教育が建国以前はアメリカの教育の強い影響下におかれ、建国後には旧ソ連の圧倒的な影響のもとでソ連教育の模倣・導入が進められたという歴史的な経緯にあった。また、学校や国家行政機関が必要とする外国語の内、とりわけ英語が顕著に多いこともその格差をもたらした原因だと考えられる。[31] 一九七六年の文化大革命の終息、特に一九七八年の中共第一一期中央委員会第三回全体会議以後、中共は「階級闘争を要とする」方針から「四つの近代化」へと変化した。ここで、外来言語文化の受容の量的拡大の社会的背景として、まず考えられるのは、教育部が新たに策定した外国語教育政策である。

一九七八年八月に北京で全国外国語教育座談会が開かれ、「外国語教育についての意見」がまとめられ、国務院の承認を得てから教育部によって一九七九年三月に全国に公布された。中学、高校および大学においては、一九八二年に『中学・高校日本語教育要綱』、『大学日本語教育要綱』が公表された。[32] これによって、日本語も英語とともに中国の中等・高等教育における外国語課目の一つとして定着するようになった。さらに、一九八二年五月二七日〜六月三日に教育部によって公布された「外国語教育の強化についての意見」で具体的な方針が挙げられている。[33] その六つの方針中の第二に、「学校教育では英語を第一外国語とし、大学や中学・高校における外国語教育課目の割合を調整するべきである。ただし、黒龍江省、吉林省、遼寧省、内モンゴル、新疆などの中学・高校では、ロシア語の学習者数が外国語学習者総数の一〇%~二〇%を占めなければならない」と決めた。また、一九七九年には教育部から「東北と西北地域の学校ではロシア語と日本語教育を重視するべきだ」という指示を出した。[34]その結果、学校の外国語教育における英語、ロシア語、日本語の役割がとりわけ重視されるようになり、朝鮮族をはじめ少数民族の集中地域である東北と西部地方でもいわゆる「日本語ブーム」を促すことになった。

ところで、この「日本語ブーム」の要因として、経済や文化交流の活発化による一九七八年の「日中平和友好条約」の締結が強調されることが多い。一九七〇年代末の外交ルートの拡大に伴い、経済や外交における外来言語文化の需要がますます増えてきた。それが「日本語ブーム」の要因だともいわれている。しかし、朝鮮族の日本語教育については、経済や外交といった外的要因から「日本語ブーム」が生まれたとは言いがたい。[35]日本語教育の量的拡大の社会的背景としては、もっと重要な一面があるのではないかと考える。次にそれを検討してみたい。

一九八〇年代初頭から始まる近代化改革政策は、ある意味では政治運動に明け暮れていた中国社会が自らの生存を第一に課した国家のあり方そのものを組み換えるほどのものであった。それゆえに、この改革の中でも、かつて建国前にアメリカに、建国後には旧ソ連に範をとったように、依拠すべきモデルを探すことからはじめられた。この過程で、教育部の指導者や多くの影響力のある研究者たちは、一九八三年頃から、日本の戦後教育の経験特に高度経済成長に果たした教育の役割に学ぶことの意義を強調し始めることとなった。その後、教育部の主任を務めた李鉄映ら教育界指導者たちは、当時、次のような発言を繰り返していた。「日本はわが国の隣邦であり、わが国と似通った文化的伝統と民族性を有している。彼らの経験は、わが国の国情によりよく合致するものである」。[36]また、その後、国家教育委員会日本語教科書編纂審査委員会の主任を務めた周炎輝は次のように述べている。

「日本語は同じ漢字を使っているので、中国人にとって親しみやすい言語であり、また一時的ではあるが日本語教育は英語と肩を並べた繁盛期もあった。これからも日本語教育と研究をさらに強化し、近代化改革を押し進める上で重大な役割を果たすことができると思われる」。[37] 明らかに一九八三年頃から中国の教育界が日本の教育経験に一つの範を求めるように方向転換したことを見てとることができる。この時から日本語教育が中国の改革にとって重要な意味を持ち始めた。

そして、この時期の外国語教育の改革においては、経済的発展の必要に発する「人的能力（人材）」論を下敷きに、各種人材の効率的で大量の育成と、分配のあり方が議論され、その役割を学校教育に期待する論調が主流であったところに大きな特徴があった。[38] 特に、一九七七年に競争を基本原理とした大学入試制度を再開して、後に一面的に進学率を追求する風潮が広まり、一九八〇年度から大学入試科目の中に組み込まれた日本語は、さらにその量的な拡大をもたらした。

このような日本語教育の量的拡大政策は、国家の経済発展に裏打ちされた民衆生活の経済的向上への欲求を背景に、学力社会と強く結び付き、一九四五年以降の朝鮮族における日本語教育を再開させただけでなく、さらには八〇年代末頃の朝鮮族社会の「日本語ブーム」へと繋がったと言える。換言すれば、中国の日本語教育の量的拡大政策は、学歴社会化の急速な進展に見られるように、「経済中心主義」という政策転換、およびそれに資する人材の育成との関連性によって規定されてきた政策的な一面もあったと言えるのではないだろうか。

建国から文化大革命期に至る中共の外国語教育政策の特徴は、中ソ関係悪化と国内の政治変動などの状況に応じて、「外国語を学ばせる必要は認めつつも、その言語の思想や文化を分けて考える」という外国語教育の方針が中国社会全体に貫徹されたことであった。[39] 文化大革命などによって自治州における政治的基盤を築いた中共が本格的な外国語教育を開始したのは、近代化改革路線の成立を受けて民族教育制度が回復された一九七八年以降であった。[40] 中共指導部には、自治州レベルで民族教育を開くなどして、地方末端の政治的統合の強化をはかる意図があった。[41] したがって、民族教育は「中華民族」の一員としての同一性を植え付ける役割をもっていた。[42] 外国語教育においては、「外国語に関する一切のことは何よりも漢語を前提として行われなければならなかった」。[43] 改革開放政策が提起され近代化改革が開始された一九七八年以降は、中共はむしろ外国語としての英語や日本語の役割を強調する方向に移っていったと思われる。自治州の外国語教育はその形成過程の初期から、中共による政治指導、人的・物的動員の「模範州」として位置付けられ、「上から」の政治的な働きかけを受けて形成されていったと言えよう。そして中共による外国語教育の指導力を握っていたのは、基本的には「老教師」[44]であった。

文化大革命期までに自治州では、外国語教育をめぐる漢語と少数民族語の利害対立が、教育の政治化問題と結び付いて、民族教育における鋭い政治的対立を生じさせたことはすでに検討を加えた。[45] これに対して、後述するように実用性の強調の傾向が強かったと思われるポスト文化大革命期では自治州の外国語教育においては、民族語・外国語と漢語との利害対立が少なくとも大きな政治的問題とならなかった。これは、時期の違いによる中共の近代化改革政策の相違だけでなく、自治州の社会的特質にも関係があった。辺境地域としての自治州では、少なくとも近代化改革初期の時点では、外国語教育の必要性についての社会の認識度はいまだ未成熟であった。またそこでは、個別言語利害の対立が表面化しやすく、漢語支配主義的傾向が比較的強くあらわれたのではないだろうか。[46]「老教師」が急台頭した背景には、自治州の歴史的背景に加えて、そうした辺境地域の自治州としての社会的特質が存在していたと考えられる。以下、外国語教育政策の形成過程とその分析から、中共による外来言語文化の受容の特徴を検討する。

文化大革命後の中共中央にとって、外国語教育の政治化傾向を党の社会主義教育理念という原則からどのように評価するかは、難しい問題であった。一九七九年三月の「外国語教育強化についての決議」(中共中央教育部会議)は、党内の「資本主義」的思想・「西洋崇拝」に毒された教員を反動とみなしてきた閉鎖的な言説を批判して、党の近代化政策を守らなければならないと主張していた。「西洋崇拝」とは、具体的には文化大革命期の「外国語無用論」批判にみられたような「里通外国」[47]の外国語教員を念頭に置いた表現であった。実はこの一九七九年三月の会議は、一九七八年一二月の中共第一一期中央委員会第三回全体会議「近代化路線についての決定」[48]を受けたものであり、この決定を契機に展開された全党的な組織「整頓」活動の一環であった。この時期の外国語教育「整頓」は、文化大革命開始後の「外国語無用論」を転換して、地方レベルに至るまで外国語教育の強化を行うものであった。その背景にあったのは、近代化改革路線の強化、改革開放の実施による教育の立ち上げの促進など、教育のいわゆる「整頓」段階の課題であった。

近代化のため国策を転換した中共指導部が外国語教育を普及するためには、そのことを理論的に説明する必要があった。廖承志の「近代化のための外国語能力の強化」(一九七八年一〇月発表)は、文化大革命を経た中国における外国語教育政策を示すものであったと思われる。[49]この論文は、同時期に発表された周揚の「外国語教育の強化について——外国語学習の問題と百家争鳴の問題」と比較すると、以下の特徴がある。[50]第一に、外国語教育の範囲についてである。廖論文が近代化を実施する上で不可欠な外国科学技術の導入のための外国語学習を強調するのに対し、周論文は語学と外国の文化・思想を合わせて、外国語学習と規定した。そして外国語認識については、近代化改革以前「外国語無用論」は「すでに一部が実用論に変わり、これからは外国に学ぶべきだ」と指摘した。第二に、外国語教育の特徴については、廖承志論文が中国の外国語教育の一般的特徴(近代化政策との繋がり）を述べるのに対し、周揚論文は外国語教育に「文化大革命の遺産」としての「外国語無用論」と「近代化国策下で新しく生まれた」実用的な外国語教育論との二種類が存在することを強調していた。一九七八年の党「整頓」から一九七九年春に至る外国語教育評価に関する党内議論の詳細は不明であるが、上述のように、廖・周論文は相補って外国語教育政策転換の内容を説明している。廖・周論文が提起した近代化改革における外国語の強調、一九七八年末の廖承志「近代化のための外国語能力の強化」（中共中央教育部幹部会議における報告）による英語・日本語・ロシア語などの外国語に対する肯定的言及などが、評価転換の節目となっていた。その背景には、一九七八年を頂点とする国内の外国語人材危機、外国語教育危機があった[51]。

これによって外国語に対する肯定的評価が一応定まったと考えられる。その後、自治州内における外国語教育評価は肯定の方向に進み、近代化改革の本格的展開を背景とした一九七九年春段階の「実用的な外国語教育の方向」提起[52]、奨励政策に端を発した＝「日本語ブーム」が発生した。外国語教育に対する評価が転換した論理の柱は、その実用性の強調にあった。建国後においては、教育の面では政治性の強い内容が進められたが、評価の転換によって実用性が強調され始めた。そして歴史的関係をはじめとする各種の社会関係によって「上から」促進されるという流れを以下の自治州の事例から読み取ることができる。

二　改革開放政策と朝鮮族社会の「日本語ブーム」

（一）その背景

外国語の位置付けについて概要した上で、自治州の言語使用状況と言語教育を検証したい。

改革開放期においては、外国語教育の現場に直結する教育の状況、教育の内容、教育の方法の三点をめぐって、朝鮮族社会で次のような論が交わされていた。「一般教育としての外国語」を主張したホ・チョンションは、「漢族を中心とする多民族国家としての中国の統一性を強調するべきであり、漢語の強化によって、外国語は必然的に遅れざるを得ないため、特別な措置が必要となる」と、少数民族の一員であることを強く意識した発言を繰り返した。そして、経済発展への希求に応じて朝鮮語、漢語、外国語の三言語教育を期待する朝鮮族においては、授業時数の削減、大学入試科目としての外国語は免除などのような「特別な措置」がとられた。しかし、他方で「越境民族」として歴史的経緯による日本語やロシア語などの外国語を、朝鮮語とともに重んじる「エリート養成教育としての外国語」を主張した研究者もいる。例えば、ジョン・パンスは、「現段階において朝鮮族の中学・高校では、民族語である朝鮮語と外国語を重視する一方、漢語文の学習を平行すべきだ」と、三言語教育の力点は朝鮮語と外国語にあると論じた。学校教育における社会主義思想教育の徹底的な再検討という変革のもとで、教育内容については、「政治性を強めるべきである」という提案と「外国語教育の本来の語学教育としての目的が果たせなくなる」という反対意見が存在した。具体的には、教科書の編纂と教授法の改正案によくあらわれている。毛沢東思想関連の内容を急増させた賛成派の改正案に対し、反対派は外国の原文の採択率を改正の前の教科書に比べて大幅に増やしている。また、文化大革命の終焉の一九七六年ごろから公然と政府内部に外国語それ自体に対する認否の議論すら行われるようになり、漢語科などとともに主要教科でありながら、その存在理由が問われ続けることになった。[53]

一九六〇年代半ば～七〇年代後半に中共による毛沢東思想を中心とした全国各地域への政治的・文化的政策の展開の中で、日本語は強い民族的政治対立の争点となった。その政治的意味合いの歴史的背景は、一九一〇年代にまで遡る。

中共側は自治州における社会秩序の回復策として、早くも一九四七年には、学校教育から消え去った朝鮮語に民族語としての地位を与え、ロシア語、英語を問わず外国語をカリキュラムに組み込む制度を実施した。しかし、漢語に対する習得の困難さと継続する内戦のために結局は、翌一九四八年には有名無実の制度に終わってしまった。[54]内戦が一応おさまった一九四九年前後になって、中共は再び、建国後の民族政策の柱として民族教育の定着化のための諸施策を実施した。例えば一九五〇年には、民族語としての朝鮮語教育と共通語としての漢語教育を強化すると同時に、カリキュラムにはロシア語教育が設置された。中共による多言語教育の実施や教育課程案の再編などの具体的措置を伴った民族教育の定着策は、朝鮮語と外国語の回復に一定程度の成果をあげたと言われる。[55]しかし、その後整風運動から文化大革命期にかけて、階級闘争と大漢族主義、民族主義者への迫害などのために東北の社会・経済はきわめて不安定となり、朝鮮族自治州における外国語教育の必要性に対する認識は依然として希薄であった。

こうした社会状況の中で、しだいに政治教育の一環としての言語教育がみられるようになった。とりわけ一九六〇年代以降、東北地域の学校教育に毛沢東思想を注入する政策が推し進められた。その直接のきっかけとなったのは、一九五八年の大躍進運動、そして一九六六年から七六年にかけて中国全域に大打撃を与えた文化大革命であった。その中で一九六〇年代末の教育革命による被害が最も深刻なものとなった背景には、漢語の普及政策による多様な言語教育の衰退、漢語語彙の乱用など、文化大革命期固有の社会矛盾があった。この点についてはいずれ機会を改めて検討したい。外国語教育において、以上のような社会状況に変化が生じた契機は、一九七〇年代末の改革開放政策であった。

(二) 東北における改革開放政策と「日本語ブーム」の形成

東北における中共による外国語教育は、中共中央の教育政策が転換したこと(「工業、農業、科学技術、国防」の近代化を目標とした)を受けて穏健な路線に転換した。ただし、一九七〇年代末には文化大革命の余韻が問題となった。一九八〇年代半ばには再び民主化改革のための政治運動の呼びかけがなされた。したがって一九八〇年代の近代化改革の展開度は慎重に考慮すべきである[56]。しかし、一九八〇年代の政策転換が東北の学校教育に大きな影響を与えたことも、また確かである。近代化の対象となった民族教育の定着化傾向が強まるとともに、国家民族事務委員会と教育委員会による少数民族の言語文字工作と外国語教育がさらに活発化して、少数民族地域の多様な言語教育が急速に増加し始めたからである。

さらに、一九七八年に大学入試制度が回復されると、在来のロシア語に加え、英語、日本語なども外国語入試科目に選定された。近代化改革後の東北地域における外国語教育の変動については、中国日本語教育研究会の調査、自治州教育委員会の調査などが具体的な手がかりを与えてくれる。ここでは「日本語ブーム」形成期の東北地域における地区別・民族別日本語学習者分布(内モンゴル地区の民族別学習者数も含む)について、若干検討する。一九八九年の東北地域の日本語学習者総数（中等教育機関に限定）は約一一万八〇〇〇人に達し、これから漢族を除く約七万一〇〇〇人の朝鮮・モンゴル族は日本語を学習していた（総数の約五八％）。他地域の一六省を合わせた学習者数は約四〇〇〇人余りで、約三％にすぎず、内モンゴルを含めた東北の四つの地区が多かった。[57] 自治州には特に日本語学習者が集中した。[58]

自治州の日本語の増加に着目するならば、その変化を促した要因として、次の二つの傾向が考えられる。

第一に、東北三省の朝鮮族において、建国初期に形成された外国語教育のロシア語への統合という傾向はその後も続いた。そこで文化大革命後、ほかの外国語教育の量的な拡大に伴う深刻な教員不足の問題をもたらした。その解決に有効な対策を講じられないまま、一九四五年以前の日本語習得者による日本語教育だけが量的拡大の一途を辿った。

写真４　吉林市朝鮮族中学校の外国語授業（北京大学朝鮮文化研究所編『中国朝鮮民族文化史大系４　教育史』民族出版社、1997 年）

第二に、一九七七年に競争を基本原理とした大学入試制度が再開され、一面的に進学率を追求する風潮が広まった。そこで地方の教育行政部門で日本語教育普及のために有力な行政措置を講じた[59]。一九八〇年度から日本語は大学入試科目の中に組み込まれ、朝鮮族の大学入試においては、日本語の平均点数が英語より約二〇〜三〇点ほど高い傾向を示した[60]。

以上のように、近代化改革後の日本語の増加の特徴として、日本語教育が近代化の対象として学校教育に定着し、「ブーム」化傾向を強めた過程を読み取ることができる。自分の民族語教育を回復し、特定の外国語もカリキュラムに定着させた自治州の民族教育は、いわば外国語教育の「土台」となった。

(三) 歴史的紐帯と「日本語ブーム」

ここでは、自治州の事例をとりあげて、東北地域の漢族と朝鮮族における外国語教育を、「日本語ブーム」発生過程の特徴と関連させて検討する。その際に、中心となる問題は、第一に前節で述べた歴史的連続性、すなわち一九四五年以前の日本語習得者による「老教師」層であり、第二に言語教育における外国語の位置付けである。漢族学校と民族学校(朝鮮族学校)を比較すると、朝鮮族の場合はその外国語教育形成過程において「老教師」層との関係による変動がみられた。漢族の場合は「老教師」層との関係はきわめて弱かった。また、朝鮮族の場合は外国語を重視する重点中等教育の傾向があったのに対し、漢族は普通中等教育の傾向が顕著であった。この違いは双方の外国語教育にどのように影響していたであろうか。

一九八九年時点で、全国の高等教育機関の日本語教員数は二四八五人、学生数七万八一〇〇人を数え、ロシア語を凌いで英語につぐ第二位の位置にあった[61]。中等教育機関の教員数に着目するならば、最も多い民族は朝鮮族で六六三人であったが、教員全体が同じ年齢構造としてまとまっていたわけではなかった。そのほかの民族は漢族が六三一人、モンゴル族が九五人、満洲族が五八人であった[62]。

朝鮮族教師の内、年齢を確認できるのは、一九八四年時点の自治州における高等教育機関の年齢構造である。自治州の高等教育機関には延辺大学、農学院、医学院が含まれていた。その内訳は、三〇歳以下が八人、三一歳～四〇歳が二人、四一歳～五〇歳が五人、五一歳以上が二七人であった[63]。以下、朝鮮族の日本語教師の年齢構造と全国平均数値との一九八四年時点の比較を手がかりにして、教師の年齢的構造による日本語教育の歴史的背景を辿っていきたい。

全国の平均年齢値と比べると、五〇代の日本語教師が最も多く、三〇、四〇代の教師が少なかった。五〇代の教師が多かったのは、

写真５　瀋陽市和平区朝鮮族小学校予備班の朝鮮語授業（北京大学朝鮮文化研究所編『中国朝鮮民族文化史大系４　教育史』民族出版社、1997 年）

一九四五年以前に日本語を学ばされた人が多かったためであり、三〇、四〇代の教師が少ないのは、一九六六年から一九七六年までの一〇年間に及ぶ文化大革命期の中で、日本語教師養成が行われなかったことによる。さらに厳安生の証言によれば、一九四五年以前の日本語習得者には「標準語」としての基準がないため、地元の研修機関での日本語研修が必須であったという[64]。

そうした「老教師」の例として、一九七九年から八三年に延辺大学日本語学科長兼党支部書記を務めたキム・ヨンムの経歴をみてみよう。キム・ヨンムは忠清南道（韓国）の出身であった。一九三〇年代初めに父が死亡した後、兄弟は離散し、キムは「満洲開拓移民」として「満洲国」の朝鮮国境沿いに移住した。当時、村付近の学校の大部分は「満洲国・間島省」管轄下の「国民優級学校」であり、移住民の子弟のほとんどがこの学校に通っていたという[65]。一九三七年に公布された「満洲国」の「新学制」によって、既存の中学校六年制が廃止され、四年制の国民高等学校制が制定された。教育は実業的な内容が中心となり、教材も朝鮮総督府と日本文部省編纂の教科書を使用した。村の中共自治は一九五二年秋に始まったが、キムは『延辺日報』の編集委員会の指導者となり、五六年には州放送局の編集委員となった。文化大革命中は文化大革命派の迫害を受けすべての職を剥奪されたが、文化大革命後、大学教員となったキム・ヨンムの周囲には「老教師」が次々に集まって「老教師」層を形成した。

このような歴史的紐帯の持つ意味は、「日本語ブーム」の形成に不可欠の要素となった。一九四五年から三二年間、中等教育機関における日本語教育は空白期にあった。なぜなら、一九四五年以降の東北地域の学校教育における日本語科目の設置をめぐっては、かつて植民地統治としての歴史性を負ったことばであるという事実を決して避けられなかったからである。まず、内的要因として考えられるのは、中共の教育政策を実施する上で、日本語で受けた「皇民化教育」という負の遺産を清算するためには、意識的に日本語との関係を空白にしなければならなかった。次に、外的要因として考えられるのは、朝鮮戦争と冷戦という東西両陣営の対立する時代において、「日本のスパイ」というレッテルを回避するためには日本語教育を停止する道以外になかった。

以上の事例は、近代化改革による外国語教育の定着と「日本語ブーム」の形成において「老教師」の歴史的紐帯の役割が重要であったこと、すなわち、一九四五年以前の日本語習得者による共和国の日本語「老教師」層の形成という点からみれば、歴史的な連続性が朝鮮族の「日本語ブーム」にとって求心力として作用したことを示す。中共・自治州政権も、自治州における外国語教育の安定化の方策として歴史的紐帯、すなわち、「老教師」による日本語教育を奨励していた。[66]その背景には、英語などほかの外国語教育に対する公的援助を十分に行い得ない当時の厳しい財政事情があった。朝鮮族とその外国語教育について自助努力による事例をみると、例えば教科書がいまだ統一されていない現実において、「老教師」による教科書の自主編纂出版の作業があった。[67]以下では、朝鮮族社会の言語文化構造における外来言語文化の位置付け、および「老教師」による日本語教科書の自主編纂作業などについて検討したい。

(四) 外国語教育の位置付け

次に、以上のような外国語教育形成過程の違いを踏まえ、外国語・民族語・漢語の相関関係[68]を中心として、自治州の外国語教育の性格を検討したい。

民族学校における外国語・朝鮮語・漢語の関係に関する議論は、一九五八年と一九六六年に繰り返される「教育革命」の中での普通中等教育と重点中等教育をめぐる議論の中に、二つの傾向性としてみることができる。[69]「教育革命」運動は、一般的には、大躍進期と文化大革命期に盛んに展開された後、一九七六年以降に退潮傾向に転じたが、自治州の「教育革命」による重点中等学校制度は一九八〇年代末まで存続した。

普通中等教育を主張したホ・チョンションは、「三言語の中で漢語を最も重要視しながら、民族学校の政治、言語、歴史などの学科では、少数民族の一員であることをあらわす内容を増やし、漢族を中心とする多民族国家としての『民族融合』を強調すべきだ」と訴えた[70]。

少数民族の外国語教育について、ホは「漢語の強化によって、外国語は必然的に遅れざるを得ないため、特別措置が必要となる」と主張した。少数民族の外国語教育において「特別措置」とは、すなわち民族教育に対する政府の「優遇措置」を意味する。その「優遇措置」とは、課程案での外国語科目の授業時数の削減、大学入試での外国語の免除など様々である。

それとは反対に、重点中等教育を唱えたジョン・パンスは、民族の能力と知力の向上、および語学に堪能な民族のエリートを育てることを教育の目的とする三言語課程案を提案し、民族教育における改革の必要性を呼びかけた[71]。これらの重点教育賛成派は、社会主義時代は「民族融合」の時期ではなく、「発展・繁栄」の時期としてとらえた。そして、民族教育に力を入れてきた朝鮮族は、「人口からみても、居住地域からみても」、自分の民族語である朝鮮語による民族教育で、民族の発展を実現させる可能性が極めて大きいと考えていた[72]。

重点中等学校賛成派は「民族融合」を認める普通中等学校論者の主張とは逆に、「現段階において朝鮮族の中学・高校では、民族語である朝鮮語と外国語を重視する一方、漢語文の学習を平行すべきだ」と主張した[73]。つまり、重点中等学校だけでなく、普通中等学校においても朝鮮語・外国語を重視し、「発展・繁栄」の理論に基づいて、ロシア語一辺倒の外国語教育からロシア語・日本語という複数の外国語教育への移行を実現しようとした[74]。

以上に述べた自治州における外国語・朝鮮語・漢語の関係に関する議論からは、次のようなことがわかる。第一に、自治州における外国語教育編成の基本的な動機は、外国語・民族語・漢語の相関関係であった。キム・ヨンムの一九七九年時点での回想によれば、「三言語教育の民族化は民族教育の性質に関わる中心軸であり、民族教育の一翼を担っていた」。[75] そして、「日本語ブーム」の形成にとって、外国語教育を重視する重点中等学校制度が自治州において九〇年代半ばまで存続したということは、重要であった。

第二に、民族語と漢語の二言語教育をめぐる認識上の相違は、経常的な外国語教育の編成と持続を左右したと考えられる。外国語教育の安定化のためには、学校教育における個別言語利害、すなわち言語教育の順位（三言語の中で何語を先に教えるか）、教師養成の比率、教材編纂の質などを意識的に調整することが必要であった。キム・ヨンムとその周囲の「老教師」層による一時的な「日本語ブーム」以外に、持続的で多様な外国語教育がみられなかったことは、漢語重視の普通中等教育の結果、教員と教材などに問題が生じたことを示すのではないだろうか。[76]

自治州政権による外国語教育安定化政策の柱の一つは、言語教育の負担、すなわち正規の課程案での外国語科目の授業時数、その他に大学入試での外国語の負担などを軽減（もしくは免除）する政策であった。[77] また州内の教育委員会ではすでに一九八二年時点で、外国語教育の安定性の低さ、すなわち「学外語、無出路」[78]という表現が使われていた現実に関する調査資料を作成した。その要因として少数民族教育に対する配慮不足、言語教育の過重負担、外国語教育に対する社会的認識の改善などが指摘された。[79] しかし、民族学校に対する負担免除措置は、漢族学校側からみれば、学力社会における漢族に対する少数民族優遇政策に映り、民衆の間に軋轢が生じる。大学入試科目としての外国語においても、負担免除をめぐる州内の軋轢を示唆する資料があった。[80]

一九八〇年代の自治州の民族教育全般からみると、重点中等教育制度のもとで各重点中等学校が自治州の民族教育の模範的な役割を果たしたことは否めない。なぜなら、文化大革命による教育の遅れを取り戻し自治州の経済発展をはかるためには、エリート養成が急務であり、それだけ重点学校に対する期待が高まったからである。(81)

このように、自治州の外国語教育は、第一にその教える側の構成員に「老教師」の歴史的紐帯の役割が重要であり、第二に民族語と外国語を重要視する重点中等教育が主導する構造であった点が特徴である。第一点は、その大部分が一九四五年以前の日本語習得者＝共和国の日本語「老教師」層の「率先垂範」で日本語を普及させ、自治州の三言語教育の強化を目指すのが外国語教育の基本政策であり、自治州の民族教育と「日本語ブーム」はその第一のモデルにほかならなかったことを示している。問題は辺境地域第一の「模範州」である自治州においても、外国語教育の持続と全州の三言語教育の維持が困難であったことである。同州が内部に歴史的な連続性を持ち、一時的な「日本語ブーム」を形成したこと、そのため外国語教育としてのまとまりは、もっぱら日本語「老教師」の個人的な潜在力、すなわち一九四五年以前の日本語習得者としての語学力に根ざす教育指導力に依存するところが大きく、年齢制限などによる「老教師」層の弱体化が直ちに「日本語ブーム」の衰弱に影響したことを読み取ることができる。

一九八九年以降の自治州の民族教育においては、一部「老教師」の離職（定年退職）、個別言語利害による意識的な調整がみられ、歴史的な連続性が自治州内部における安定した外国語教育と三言語の相関関係の維持を必ずしも保証してはいなかった。しかし、それにもかかわらず、漢族との比較において近代化改革から「日本語ブーム」形成までの外国語教育をながめた時、朝鮮族の「老教師」層が同州における日本語教育の核であったことは確かである。一九七九年時点でキム・ヨンムは、自治州教育委員会の提案によって朝鮮文学部に属する日本語学級を日本語学科に編成替えすることが可能だったのは、「教師全員が一九四五年以前の日本語習得者で、しかも半数以上が日本留学を経験しており、私の周囲に集まっていた」からであったと回想している。[82] かつて「満洲国」の「間島省」であった自治州において、日本語が改革開放政策発足時の基本外国語科目となり、民族教育に再編された一九七九年の時点を一応日本語教育の成立と考えるならば（一九八〇年代半ばまでは依然民族語・漢語との葛藤がカリキュラム制定などにあったようである）、そこに至る過程で、「老教師」を中心とする歴史的な因果関係がいわば「日本語ブーム」形成の核となっていた。そして、一九八四年時点における同州の日本語教師層の中に五一歳以上の「老教師」が大きな比重を占めていたことは、こうした外国語教育形成過程の特徴となった。

以上述べたことを要約しておきたい。

第一に、歴史的紐帯としての「老教師」と日本語教育との因果関係が、近代化改革後の外国語形成過程において、不安定ではあったが、いわば求心力として作用したこと、そしてそれが、歴史的な連続性が高い自治州における日本語教育の社会的結合の核となったこと、逆にいえばほかに有力な外国語が成立しにくかったと思われる。

第二に、特に朝鮮族の場合に顕著であるように、重点中等学校制度の存続は、自治州の外国語教育に大きな影響を与えていた。漢語負担という外からの圧力によって民族教育内部に利害対立が生じる時、自治州の民族学校では主として民族語と外国語を重視する傾向となってあらわれたように思われる。

三　漢族と朝鮮族の学校教育における外国語の関係

ところで一九七六年の文化大革命の終結によって、自治州では再び朝鮮族学校が認められ、朝鮮語が復活して現在に至っている。朝鮮語に対して穏健な政策がとられてきた文化大革命以降の時期に外国語としての日本語はどのように扱われてきたのであろうか。以下では、漢族と朝鮮族の学校教育における外国語の関係について述べていくことにする。

表5―1と表5―2は、一九七八年に制定された「十年制小学・中学・高校教育計画試行草案」において、漢族と朝鮮族の学校教育課程案での漢語・朝鮮語・外国語の授業時間数の平均がどのように異なっているのかを示したものである（漢族学校には朝鮮語の授業がない）。この表の平均値は、各学年の一週間当たりの時間数を表している。[83]

この表5―1と表5―2から明らかになることは、漢族学校の外国語と朝鮮族学校の外国語の時間数が極端に開いていたことである。このことは朝鮮族学校では外国語がそれほど重視されていなかったことを示しているが、この傾向は実は一九九二年に英語が朝鮮族小学校に導入されるまで変わっていなかった。

さらに、朝鮮族の外国語の選択において、一九七八年の「十年制朝鮮族小学・中学・高校教育計画試行草案」の第一条では、外国語として日本語を中心に、英語は教師などの条件が整った学校だけで教えるよう規定している。[84]そして、一年後の一九七九年の自治州教育委員会が作成した上記の「草案」の執行に関する上層機関宛の「報告書」には、外国語の問題について次のように述べている。「近年、朝鮮族における外国語の状況は文化大革命期に比べ、かなり上昇してきている一方で、教師不足という問題に直面している。特に英語教師不足は深刻であり、それが解決できるまでは日本語を中学・高校の外国語教育の中心にしなければならないのが現実である。我々が中学と高校の外国語教師の確保が可能な日本語を選択したのは、中共の中学・高校における外国語教育の一貫性という原則にしたがう選択である」。[85]

このような選択はやむを得ない実状があっての結果だったとしても、結局は教育部の教育方針との一致を考えた上での判断であり、朝鮮族の「日本語熱」と中共の政策は完全にかみあったことを示すもう一つの証拠でもあろう。

ここまでは、漢族と朝鮮族の「日本語ブーム」の背景を比較検討し、両者の間にいかなる相違点が存在していたのか、そしてその原因が何によるものなのかを検討した。漢族が日本語をあくまで職業上の実用的な道具としてとらえようとしていた。他方で、朝鮮族は必ずしもそうした実用性にはこだわっておらず、むしろ漢族との激しい大学受験競争の中で少数民族としての「遅れ」を克服し、大学入試突破の鍵と

表 5-1　漢族学校 1 週間当たりの平均時間数

学年 ＼ 科目	小学					中学 6			高校		総時間数
	1	2	3	4	5	6	7	8	9	10	
漢語	13	13	11	8	8	6	6	5	5	4	2,749
外国語			4	4	4	5	4	4	4	4	1,080

出所：「10 年制漢族小学・中学・高校教育計画試行草案」(1978 年) 延辺朝鮮族自治州資料館所蔵、教育部文献 (78) 教普字 046 号より作成。

表 5-2　朝鮮族学校 1 週間当たりの平均時間数

学年 ＼ 科目	小学					中学 6			高校		総時間数
	1	2	3	4	5	6	7	8	9	10	
朝鮮語	13	9	10	7	7	4	4	3	3	3	2,224
漢語		6	7	7	7	7	7	7	6	6	2,002
外国語						3	3	3	3	3	479

出所：「10 年制朝鮮族小学・中学・高校教育計画試行草案」(1978 年) 延辺朝鮮族自治州資料館所蔵、吉林省教育局文献 (78) 吉教普第 30 号より作成。

して、積極的に肯定していたのであった。

ところが、日本語教育現場で朝鮮族が日本語教師として想定したのは、一九四五年以前に「国語」として日本語を教わったことのある人々であった。佐治圭三の統計によれば、一九八四年現在、五〇歳以上の日本語教師の比率を見ると、全国の平均数値である三割に対し、朝鮮族は六割以上を占めていた(86)。一九四五年以前の日本語習得者は建国以降に再開される朝鮮族の日本語教育の担い手となり、日本語教科書の自主編纂作業などにも当たっていたと思われる。朝鮮族のみならず、漢族さえもが日本語教育の現場で使用される教科書の統一がされていなかった当時の状況において、各地での日本語教科書の自主編纂が行われ、自らの意志を反映させようとする日本語教育関係者によって、様々な日本語教科書がつくられた。

朝鮮族にとって、文化大革命以降の初の日本語教科書である自主編纂による小学・中学用『日本語』は、清音・濁音など発音上の区分、教科書の題材など、様々な面において、漢語で編纂された日本語教科書と大きな相違点が見られ、「外国語」としての日本語教科書という姿を整えていないことを示した。

このような日本語教科書の非統一の局面は、中央の日本語教育関係者たちにとって早急に解決をはかるべき課題となった。もちろん、実用的な道具としての日本語の実用性や日本文化に関する議論の動向は、教育部にとって重大な関心事だっただろうが、一方で、朝鮮族独自の事情も日本語教科書の統一されていない局面を理解する上で重要であった。例えば、朝鮮語を母語とする朝鮮族の日本語習得過程で生じる発音や表記上の差異、あるいは「桃太郎」など一九四五年以前の日本語教科書の内容が朝鮮族自主編纂教科書に再び載せられていたのである。こうした日本語教科書に対し改変を求めたのが、一九八二年に行われる朝鮮族中学の日本語教科書に対する改編作業であった。

朝鮮族中学・高校の日本語教科書に対する改編作業についてみる前に、統一的な日本語教科書の確立が求められた背景を概観しておこう。

中国での日本語教育は外国語教育と称されているが、朝鮮族の日本語教育の再開に携わる者や現場の教師たちにとっての日本語教育とは、一九四五年以前に受けた「国語」と称される日本語教育からの経験に基づいたものであった。建国後初の朝鮮族自主編纂の日本語教育関連雑誌『日本語教育』(朝鮮語版・一九八八年第二号)の編集員の一人であったシム・ウルオは、朝鮮族の日本語学習者が基礎的な文法知識さえ明確に覚えていないのは、「経験豊富な老教師」によるもので、「彼らはできるだけ母語を介さず、日本語の持つニュアンスや日本語が使われている実際の姿を全体的に把握させることを目標としている」と指摘している[87]。

この点を指摘しておく必要があるのは、朝鮮族が自主編纂した日本語教科書は、あくまでも教育部の関係者がいう「外国語としての日本語」の基準を満たさず、漢族の中等学校使用の日本語教科書との「内容上の同一」を果たしていなかったからである。言い換えれば、本格的な日本語教育が開始されることによって、「外国語としての日本語」教科書としての姿を整えていなかった朝鮮族の自主編纂日本語教科書は、問題にならざるを得なかったのである。

一九七九年、日本語教育を開始した朝鮮族中等学校では、『中等学校日本語教育要綱』の公布を目前に控えた一九八二年春ごろから、小学校における日本語教育が取り消され[88]、また、一九七九年から三年間使用してきた朝鮮族自主編纂の中等学校用日本語教科書への見直しとともにそれに対する改編作業がわきおこり、延辺朝鮮族教育委員会から、延辺教育出版社宛てに「朝鮮族中等学校日本語教科書の再編纂についての指示」が出された[89]。「再編纂される日本語教科書はレベルを一段下げ、漢族の中等学校の使用教科書との同一を実現する」ことを目的とし

表 5-3　中等学校用教科書『日本語』の全 5 冊の対訳文

対訳	1 冊	2 冊	3 冊	4 冊	5 冊	合計
日→朝	0	0	54	62	48	164
朝→日	0	39	14	22	27	102
合計	0	39	68	84	75	226

出所：東北朝鮮民族教育出版社外国語編集室『日本語教育』(朝鮮語版) 第 2 号、東北朝鮮民族教育出版社、1989 年、11 頁より作成。

た改編作業は、その理由として、次のような二点を挙げている。①三言語（朝鮮語、漢語、日本語）の関係から、外国語である日本語科目の負担が重すぎると、朝鮮語と漢語の学習に悪影響を与えかねない。②中等学校のカリキュラム上、朝鮮族に与えられた外国語科目の時間数が漢族よりは少ないために、それ以上、「高難度」、「高速度」を求めるのは不可能である。

しかし、改編作業は、改編前後の教科書の内容とされるものとの対比から判断して、上記の二点にとどまるものではなく、朝鮮族の自主編纂の日本語教科書を全面的に組み替えるほどのものであった。ここでの改編の対象となるのは、一九七九年から一九八一年にかけて刊行された朝鮮族中等学校用教科書『日本語』（全六冊）であった。同書の編纂作業に当たったのは、延辺教育出版社教材編集部であった。またこの教科書は、朝鮮族の教材編纂関係者らが、それまでのロシア語教育で採用されてきた教授法としての対訳法を日本語教育現場にも導入しようとして、編纂したものであった。[90]

教育現場での日本語教科書の非統一は、かなり深刻な問題として受けとめられていたようである。安図県「教育学院」（朝鮮族向けの教員研修センター）の教員であったジャン・チャンマンによれば、対訳法で編纂された教科書の使用で、「母語（朝鮮語）の干渉」を受けやすくなり、さらに朝鮮族教師は発音、語彙、文法の分析などのすべてを朝鮮語で教授する状況であったという。[91] またジャンによれば、中等学校用教科書『日本語』（全五冊）に収録された日本語と朝鮮語の対訳に関する練習も、表5―3で示しているように重要視されたという。

このような母語である朝鮮語を重視する対訳法が実施される中、特に「語尾の活用」において日本語と朝鮮語の類似性が強調され、それを受けて単語のレベルまで「一対一の対応関係」を見つけ出そうした問題もあらわれてきた。

音声面での非統一も教育現場では切実な問題であった。無声音と有声音の区別はその代表的なものであったが、拗音・撥音・促音・長音の拍なども課題になっている。ただ、問題は、朝鮮族の自主編纂の教科書に清音・濁音・半濁音などの無声音と有声音に関する説明がなされていないことのみに限定されているわけではない。後に述べるように、朝鮮族の日本語教師たちの伝統的な発音教授法自体に問題の端緒があった。朝鮮語版の『日本語教育』では、大学入試科目としての日本語試験問題についての分析が連載され、雑誌の編集者の一人であるリ・ドンチョルから次のような問題提起がなされている。

朝鮮族の日本語学習における致命的な欠陥は、すなわち清音と濁音と半濁音の発音上における無弁別の伝統的な発音方法によって生じる「誤用」問題であろう。特に、大学入試において「シャツ」を「シャヅ」に、「テスト」を「デスド」に、「ロケット」を「ロゲット」に、「パーセント」を「パーセンド」に、などのような表記上の「誤用」の問題が朝鮮族の受験生の中で多く見られている。その主な原因の一つとして、朝鮮族中学・高校における日本語教員（「老教師」）が伝統的な発音方法で学生に日本語発音を教授することにあったと思われる。[92]

これに対しては、自治州以外の大学で日本語を勉強してきた日本語教師（若手教師）を中心に議論した末、以下の結論が出された。

朝鮮族の清音・濁音の「誤用」問題を解消するためには、第一義的に求められるのは「老教師」による伝統的な発音教授法の見直しとともに、「誤用」問題の修正に効率的な新しい発音教授法の実行が要求される。すなわち、「カ行」と「タ行」に関して、「老教師」による伝統的な発音方法では［ga、gi、gu、ge、go］と［da、zi、zu、de、do］が「正しい発音」とされているが、これは必ずしも日本語の音声学での標準に属する発音とは言えない。したがって、朝鮮族の日本語発音指導に当たって、教育現場をはじめとする朝鮮族の日本語教育において、いまだ統一的な発音教授法上の基準がない実情を認識した上で、次のような発音法を試行してみる必要があるのではないか。つまり、「カ行」と「タ行」の音が、単語の語頭と語中・語尾に来る場合では違った発音をする。語頭に来る場合は、［ka、ki、ku、ke、ko］と［ta、chi、tsu、te、to］と発音し、語中・語尾に来る場合は、［gga、ggi、ggu、gge、ggo］と［dda、jji、jju、dde、ddo］と発音する（本章では、濃音の表示についてはgg、dd等を使い、激音の表示についてはk、t等を使う）。そして、「ガ行」と「ダ行」は［ga、gi、gu、ge、go］と［da、zi、zu、de、do］と発音する。例えば「相手」は［aidde］、「カメラ」は［kamera］、「態度」は［taido］と発音指導をしたほうが、かえって表記上における「誤用」を防ぐ可能性を高めるのではないかと考えられる。[93]

しかし、こうした無声音と有声音との区別は、特定地域や朝鮮族教師内での無意識的な取り決めとして存在していただけであり、そこに何らかの規範的な標準が存在していたわけではなかった。音声面以外でも問題は山積していた。教科書の内容とされる題材面での非統一も深刻な問題であった。そこで、問題解決のために、朝鮮族自主編纂の中等学校用教科書『日本語』（全六冊）に対する改編作業の具体的措置については、次のように規定していた。[94] ①原則としては、漢族中等学校用の日本語教科書との「内容上の同一」を前提とする。②全国統一教科書がない状況のもとで、中等学校の教科書は、遼寧省編纂出版の教科書へと「内容の同一」をはかる。しかし、この二つの規定による改編作業が結果を生み出す前の一九八三年に、全国統一教科書として人民教育出版社から中等学校用教科書『日語』（全六冊）が出版された。そして、これを原本として朝鮮語に翻訳された改編版が、一九八四年に東北朝鮮民族出版社から出版された。

以上のように、朝鮮族における日本語教育の内容については、「日本語ブーム」の背景が具体的にどのように教育現場に反映されていったのかを見るため、一九八二年に行われる朝鮮族自主編纂の中等学校用日本語教科書に対する改編作業を分析した。改編される前の朝鮮族自主編纂の教科書と改編版との間には大きな隔たりが見られたが、ここでは特に、教授法と音声指導を中心にとりあげた。また、朝鮮族における日本語教育の歴史的経緯という、「日本語ブーム」の背景に関する議論でも焦点となった日本語による朝鮮族の外国語教育の再編過程を浮かび上がらせるために、「老教師」による自主編纂面での非統一性の問題をどのように解決しようとしたのかという観点からも考察した。

しかし、自治州における日本語教育という視点からながめてみると、少し異なった状況が見えてくるように思われる。特に、一九七七年の大学入試制度の回復を中心としたロシア語教育から日本語教育への転化の中に、朝鮮族社会に生じた日本語教育の量的拡大を促したものの存在を見ることができるように思われる。それは、一九四五年以前において日本語と深い繋がりのあった朝鮮族の民族的・歴史的背景による朝鮮族独特なものかもしれない。

これについて、王宏は次のように述べている。「中学・高校で日本語教育が最も盛んなのは、東北三省（黒龍江・吉林・遼寧）と内モンゴル自治区で、中でも朝鮮族・モンゴル族の学校では日本語が八割、英語が二割だと言われるが、これら少数民族は母語のほか漢語をも学習せねばならず、外国語は英語よりもいくらかでも母語に近い、負担の軽い日本語を、という考えからである」。[95] ところが、朝鮮族社会に生じる日本語教育の量的拡大を促した要因はけっしてそれだけではない。朝鮮族が持つ一つの要因としては、まず文化大革命期の「外国語無用論」によって押さえられてきた日本語習得者を日本語教員として採用したことが考えられる。

さらに、朝鮮族が特に集中しているこの地域（東北三省）の中学・高校の日本語教員のことについて、厳安生は、一九九五年の「日本語国際センター国際懇談会」で次のような証言をしている。「確かに東北三省の朝鮮族の日本語教育においては、夜間学校、あるいは中学校で日本語を教える日本語教員の中に、六〇歳以上の人たちが最も多く、これらの旧満洲時代に習った人たちには基準があまりないでしょう。そのため、地元では、中学・高校の教員の研修を担当する『教育学院』というところで、休み期間中にこれらの日本語教員を対象に日本語研修を行っているのですが、『教育学院』自身に日本語のスタッフがいるかいないかという問題があって、なかなかうまくいかないのが現状です」[96]。一九四五年以前にはどのような内容の日本語教育を受けたのか、その教育内容と教育課程などについては、今後の課題にしたい。

さらにもう一つの要因が存在する。それは、朝鮮族の英語教員の不足が深刻であったことである。実は、「ロシア語ブーム」期に形成されたロシア語への統合という傾向は、特に東北三省の朝鮮族において、その後にも続けられて、「英語のコースを開きたくても、英語の教員がいなくて、地方の便利があって、朝鮮族の人に日本語を教えさせようというふうに惰性的に続けてきた」[97]という側面も排除することはできない。

このように、改革開放政策以降の「日本語ブーム」期において、朝鮮族の外国語教育の構造に変化が見られるようになった。この変化を促した原因には、次の三つのものがあるように思われる。①東北三省の朝鮮族において、「ロシア語ブーム」期に形成されたロシア語への統合という傾向はその後も続けられたため、文化大革命以降、ほかの外国語教育機会の量的な拡大に伴って、深刻な英語教員の不足状況が生まれ、その解決に有効な対策を講じられないまま、一九四五年以前の日本語習得者による日本語教育だけが量的拡大の一途を辿っていること。②一九七七年に競争を基本原理とした大学入試制度を再開して、後に一面的に進学率を追求する風潮が広まり、一九八〇年度から日本語は大学入試科目の中に組み込まれ、朝鮮族の大学入試をめぐっては、日本語の平均点数が英語より二〇～三〇点高いということ。③地方の教育行政部門で日本語教育普及のために有力な行政措置を講じたこと。これらの原因は相互に連関し合いながら、朝鮮族が直面している諸問題、特に日本語教育の量的拡大という状況を生み出したのである(98)。

以上のように、朝鮮族社会における「日本語ブーム」の背景にあった「高度な経済成長によるもの」と「朝鮮族の歴史的経緯によるもの」という二つの図式を、二つの時期に分けて検証した。

第一に、日中国交回復以降の「日本語ブーム」期においては、文化大革命期における朝鮮族の日本語習得者に対する迫害の余韻などによって、日本語がそれほど重視されていなかった。文化大革命期においては、朝鮮語攻撃だけではなく日本語は色々なレッテルが貼り付けられ、批判された。その中で、朝鮮族が最も考慮したのは、朝鮮語と漢語の二言語教育に集注することと、中共の教育方針と言行一致することであった。

第二に、近代化改革による「日本語ブーム」期においては、国家のあり方を政治運動中心から経済発展中心へと転換させた改革路線が実施され始めた。その過程において、一般に外国語教育に課せられた重要な任務は、経済改革に資する人材の育成であり、いわゆる「日本語ブーム」も経済発展と強く結び付いている。このような見方は、経済発展という至上命題の要求に応えるために模索中の朝鮮族の日本語教育について論ずる場合も、必ずといってよいほど参照されている。そこには、次のような二つの認識を見出すことができる。高度な経済成長を遂げた日本という「先進国」のことばという認識であった。だが、他方で、市場経済の中で「自主自立」に挑む朝鮮族社会における「日本語ブーム」は、単なる経済的な問題ではなくて、朝鮮族の歴史的経緯と密接な関係を持つものでもあった。これらのことを踏まえ、日本語がロシア語に取って代わった背景を、とりわけ自治州の結束力を高める機能を持つ学校の考察を通じて、漢族と朝鮮族の「日本語ブーム」の背景を比較し、両者の間にいかなる相違点が存在していたのかを検証した。

おわりに

本章が注目したのは、建国後、中国の少数民族の一員として位置付けられた越境的な存在である朝鮮族が、植民地宗主国のことばであった日本語を、どのように再構築していったのかということであった。ただし、朝鮮族における日本語受容の過程を分析する場合に、外国語としての日本語を、「経済大国のことば」「類似性のあることば」として解釈してしまう恐れがあるということである。そうなってしまった場合、文化大革命以降の自治州で、日本語教育が盛んになった要因は、ほかの中国の地域と同じ理由からであったのか、それとも、やはりそれまでのこの地域の歴史によって、日本語が外国語として選ばれた背景には、自治州独特の理由があったのかといった点は見えなくなる。

本章では、この地域の朝鮮族にしかふれなかったが、当時（一九四五年以前）この地域に朝鮮族しか住んでいなかったのか、漢族、満洲族は住んでいなかったのか、それとも、漢族、満洲族も住んでいたが、あるいは日本が政策的に朝鮮族だけに特別に日本語を使用すること、学ぶことを強いたのか、それともこの地域のほかの民族にも同じようなことを強いたのか、つまり、同地域におけるほか民族との比較という視点からの分析も必要であろう。

また、ここでは朝鮮族学校用の日本語教科書自主編纂作業と自治州での日本語教育の歴史との関連について論じきれなかったが、日本語による朝鮮族の外国語教育の再編過程において、朝鮮族日本語教育関係者の活動と中央との関連も、今後の課題として挙げておきたい。本章では、自治州での日本語教育が中国内地の変動に影響を受けたと結論付けたが、この点については、朝鮮族社会と中央の情勢を詳しく分析することによって、より正確に検証してみたい。

以下に、ここで扱った問題の要点と、中国における「日本語ブーム」の再検討という課題に多少なりと繋がる点をまとめておきたい。

第一に本章は、直接的には、いわゆる「日本語ブーム」を考察した。「日本語ブーム」は、二つの側面に分けて考えることができよう。第一の側面は、党・政府・知識人にとっての経験、例えば「教科書自主編纂」などである。第二の側面は、本章で扱った自治州の朝鮮族にとっての経験、例えば改革開放政策を基礎とした外国語教育の形成、マイノリティーの文化・教育運動などであった。ここでの筆者の課題は、そうした政策改変の試みが直面した固有の社会的、歴史的制約を、辺境地域社会の特質と関連付けて理解することにあった。そして一九四九年以後からの長い範囲でみれば、一九四五年以前の日本語習得者の多くは自治州にとどまり、一九八〇年代の「日本語ブーム」を形成していったのである。外来言語文化の受容の政治化をめぐる諸問題の存在がその矛盾の一つの表現形態であったとすれば、それと真正面から取り組まざるを得なかった自治州における「老教師」の苦闘もまた重要な経験であった。

第二に、本章は社会における外国語教育の形成という問題に着目した。この問題は一九四九年以後の中国北部地域の政治変動を考察する上でも一つの糸口になる。例えば自治州の外来言語文化の受容は一九六〇年代半ばから一九七〇年代末まで空白であり、一九四五年以前の日本語習得者を主体とする日本語「老教師」層が形成された。すなわち一九四五年以前の日本語「老教師」という歴史的紐帯としての存在形態が継続していた。また自治州の場合は重点中等学校制度が外国語教育形成過程に密接に関わっていたため、一九八〇年代の「日本語ブーム」の社会的背景はとりわけ明瞭であった。

しかし、文化大革命期に漢語教育と民族語教育が絡んだ要素によって民族教育の内部が中心的部分（漢語）と周縁的部分（民族語と外国語）とに分かれるという問題は、ほかの少数民族地域においても生じ得る。以上のような、文化大革命期を含む中国社会における外来言語文化の受容とその社会的意味については、いずれ機会を改めて検討したい。

注

（1）費孝通、塚田誠之訳「エスニシティの研究――中国の民族に関する私の研究と見解」『国立民族学博物館研究報告』二二巻二号、国立民族学博物館、一九九七年を参照。

（2）外国語教育と少数民族教育の問題については、付克『中国外国語教育史』上海外語教育出版社、一九八六年、岡本雅享『中国の少数民族教育と言語政策』社会評論社、一九九九年、拙稿「文化大革命期に至る延辺朝鮮族自治州の外国語教育政策」『現代中国』第七七号、日本現代中国学会、二〇〇三年、拙稿「ポスト文化大革命期における中国少数民族と外国語教育形成」『多言語社会研究年報』第二号、三元社、二〇〇四年、などを参照。

（3）中国の中等教育機関におけるカリキュラム中の外国語は、第一外国語（必修）として英語、ロシア語、日本語が設置されている。一九九〇年中国日本語教育アンケート調査結果報告によると、中等教育機関の英語履修者は三八五〇万人、ロシア語履修者は三〇万人に対し、日本語履修者は一六万人であった。地域別には、東北三省だけで日本語履修者総数の八九・五%を占めている。全国の大学教養課程の日本語履修者は七万二〇〇〇人で、英語に次ぐに至った（中国日本語教育研究会「一九九〇年中国日本語教育アンケート調査結果報告」『世界の日本語教育〈日本語教育事情報告編〉』第一号、国際交流基金日本語国際センター、一九九四年、一八六頁、一九四頁）。

（4）竹中憲一『「満洲」における教育の基礎的研究』第五巻、柏書房、二〇〇〇年、大村益夫「中国の朝鮮族とその言語状況」洪承稷主編『延辺朝鮮族自治州研究』高麗大学アジア問題研究所、一九八七年、前掲『中国の少数民族教育と言語政策』社会評論社、一九九九年、権寧俊「中国朝鮮族の『朝鮮語純化運動』と漢語」『一橋論叢』第一二三巻三号、二〇〇〇年。

（5）付克『中国外国語教育史』上海外語教育出版社、一九八六年、四川外国語学院高等教育研究所編『中国外語教育要事録』外研社、一九九三年、熊明安編『中国近代化教育改革史』重慶出版社、一九九九年、袁振国『論中国教育政策的転変』広東教育出版社、一九九九年などを参照。

（6）王宏「中国と日本語――その過去・現在・将来」『国際交流』第四一号、一九八七年、五三頁、王宏「中国における日本語教育概観」『日本語と日本語教育』第一六号、明治書院、一九九一年、四二頁。

（7）権寧俊「文化大革命期における延辺朝鮮族自治州の民族教育と言語問題」『アジア経済』第四三・巻第七号、アジア経済研究所、二〇〇二年、岡本雅享『中国の少数民族教育と言語政策』社会評論社、一九九九年、などを参照。

（8）改革開放路線の核心は以下のようにまとめることができる。①開放政策への転換と「社会主義の優越性」の事実上の否定、②人民公社の解体と戸籍農家への生産請負制の実施、③企業自主権の拡大、④計画経済から商品経済への転換、⑤公有制を補完する「私営経済」の容認、⑥経済改革を促進するための政治体制改革、民主化の推進、などである。一九七八年以降の近代化改革については、太田勝洪・小島晋治・高橋満・毛里和子編『中国共産党最新資料集』上・下、勁草書房、一九八五〜一九八六年、上巻を参照。

（9）同上書『中国共産党最新資料集』上巻、六～一〇頁を参照。

（10）鄧小平の要請を受けて、一九七九年一月一八日から四月三日まで理論工作討論会が党中央で開催された。討論会を主宰したのは、それまでの一年間組織部長として党幹部の「平反」（名誉回復）を精力的に進め、一二月に中央宣伝部長に就任した胡耀邦であった。そして胡耀邦が集めた北京の理論家は『人民日報』編集長の胡績偉、社会科学院副院長の于光遠、前出した阮銘、厳家其、王若水ら、「民主改革の旗手たち」であった。会議は北京の理論家を中心に約一〇〇人が集まり二六日まで開催され、その後二月一日から四月までの会議は各省からの参加者を迎え人数は四〇〇～五〇〇人に膨れ上がった（同上書『中国共産党最新資料集』上巻、四四頁を参照）。

（11）「四つの基本原則」（Four Basic Principles）とは、①社会主義の道、②人民民主（プロレタリア）独裁、③共産党の指導、④マルクス・レーニン主義・毛沢東思想、を社会主義政治体制の基本原則とした。これは一九七九年三月の中央理論工作会議で鄧小平が提起したものである（『鄧小平文選』一九七五～一九八二』人民出版社、二三四～二三六頁、二四一～二四二頁。

（12）中国は清末以来の近代化の中で、孫文、蒋介石、毛沢東のいずれの指導者も一貫して党の指導を主張し、ほかの政党との競合的発展を志向せず、またそのための制度的枠組みを構想しなかったがゆえに、独裁的傾向から脱することができなかった。

（13）この座談会の呼びかけ人である鄧小平の意図は、もちろん民主化それ自体にあるわけではなく、一党支配を前提とした経済改革遂行のための政治改革であった。その結果として一九八六年の民主化要求運動と一九八九年の天安門事件は鎮圧された。しかし、その担い手が学生という特定の社会エリート層で、社会の側から自発的に異議申立ての運動がおこりえたこと自体、中国における国家＝社会関係における大きな変化の兆候を示していた。加えて、胡耀邦という最高指導者まてもがそれに同調的な態度を示したという事実に見られる党内部の変化も見逃してはならない（座談会の詳細内容については『政治体制改革資料選編』南京大学出版社、一九八七年、五七四頁、五七七～五八一頁を参照）。

（14）佐々木衛・方鎮珠編『中国朝鮮族の移住・家族・エスニシティ』東方書店、二〇〇一年、綛谷智雄「延辺朝鮮族の社会学的考察——エスニシティに対する接近を中心に」『アジア研究』第四八巻二号、アジア政経学会、二〇〇二年を参照。

(15) 李采畛、鎌田光登訳『中国朝鮮族の教育文化史』コリア評論社、一九八八年、一三六頁。

(16) 権香淑『移動する朝鮮族』彩流社、二〇一一年を参照。

(17) 延辺朝鮮族自治州教育委員会「関于制定『延辺朝鮮族自治州普及九年制義務教育規画（草案）』的説明」（延辺朝鮮族自治州第九回人民代表大会第一次会議文件一四号、一九八八年一月）許青善・姜永徳・朴泰洙編『中国朝鮮民族教育史料集』（第四巻上）延辺教育出版社、二〇〇五年、四八六～四九〇頁に収録。

(18) 吉林省教育庁「関于請求補助少数民族地区校舎建設経費的報告」（吉林省教育庁檔案室、一九八三年九月一日）前掲書『中国朝鮮民族教育史料集』（第四巻上）、二三三頁に収録、吉林省民族事務委員会・吉林省教育委員会「関于設立民族教育補助費的意見」（吉教委計字［一九八九］六号、一九八八年一月一三日）前掲書『中国朝鮮民族教育史料集』（第四巻上）、二四七～二四八頁に収録。延辺朝鮮族自治州教育委員会会計財処「延辺朝鮮族自治州一九八八年全州教育事業費支出情況分析」（一九八九年三月）前掲書『中国朝鮮民族教育史料集』（第四巻上）、五〇三～五〇六頁に収録。

(19) 延辺朝鮮族自治州人民政府「延辺朝鮮族自治州人民政府関于一九八〇年全国大学招生工作中少数民族考生用全国統一語文試巻問題的報告」（延州政発［八〇］五一号、一九八〇年三月二六日）前掲書『中国朝鮮民族教育史料集』（第四巻上）、四四九頁に収録、延辺朝鮮族自治州教育局「延辺朝鮮族自治州教育局関于今年大学招生工作中我州朝鮮族考生用全国統一語文試巻問題的補充意見」（延州政発［八〇］一五号、一九八〇年四月一日）前掲書『中国朝鮮民族教育史料集』（第四巻上）、四四九頁に収録、延辺朝鮮族自治州教育局「延辺朝鮮族自治州教育局関于允許民族中学畢業生的考生既答語文又答朝鮮語文巻的建議」（延州政発［八〇］二二号、一九八〇年四月一一日）前掲書『中国朝鮮民族教育史料集』（第四巻上）、四五〇頁に収録。

(20) 国家教育委員会「教育部、国家民委関于加強民族教育工作的意見」（国家教育委員会檔案処、一九八〇年一〇月九日）何東昌編『中華人民共和国重要教育文献　一九四九～一九七五』海南出版社、一九九八年、一八五八頁に収録、吉林省教育庁「中共吉林省委・吉林省人民政府関于加強和改革普通教育若干問題的決定」（吉林省教育庁檔案室、一九八三年一〇月二九日）前掲書『中国朝鮮民族教育史料集』（第四巻上）、二三三頁に収録、延辺朝鮮族自治州教育委員会「州委・州政府落実省委、省政府『貫徹中共中央関于教育体制改革的決定実施方案』的意見」（討論稿、一九八五年一〇月）前掲書『中国朝鮮民族教育史料集』（第四巻上）、四八六頁に収録。

(21) 한상복、권태환『중국 연변의 조선족』서울대학교출판부、一九九三年、李光奎『격동기의 중국조선족』백산서당、二〇〇二年、権泰煥編著『중국 조선족사회의 변화』（서울대학교 사회발전연구총서二三）서울대학교출판부、二〇〇五年、前掲書『中国朝鮮族の移住・家族・エスニシティ』、権香淑『移動する朝鮮族――エスニック・マイノリティの自己統治』彩流社、二〇一一年、等を参照。

(22) 韓景旭『韓国・朝鮮系中国人＝朝鮮族』中国書店、二〇〇一年、滝沢秀樹『朝鮮民族の近代国家形成史序説――中国東北と南北朝鮮』御茶の水書房、二〇〇八年を参照。

(23) 前掲書『중국 조선족사회의 변화』（서울대학교 사회발전연구총서二三）서울대학교출판부、二〇〇五年、前掲書『中国朝鮮族の移住・家族・エスニシティ』。

(24) 前掲書『韓国・朝鮮系中国人＝朝鮮族』を参照。

(25) 吉林省教育誌編纂委員会教育大事記編写組『吉林省教育大事記』第二巻、吉林省教育出版社、一九八九年、四九頁、国家教育委員会民族地区教育司選編『少数民族教育工作文献選編』内蒙古教育出版社、一九九一年、四一六～四一七頁、国家教育委員会「党の民族政策と民族団結の教育を強化することに関する通知」（一九八七年八月一八日）金龍哲『中国少数民族教育政策文献集』大学教育出版、一九九八年、三二頁を参照。

(26)『鄧小平文選』第三巻、人民出版社、一九九三年、三四四頁

(27)「独立自主、自力更生は過去、現在、将来を問わず、常に我々の立脚点である。中国人民は、外国および外国の人民の友情と協力を大切にするが、それにも増して、長期の闘争を経て勝ち取った独立自主の権利を大切にしている。いかなる国も、中国がその従属国になるだろうとか、中国が自国の利益を損なうような苦い果実を呑み込むだろうなど期待しないほうがよい」と強調した（同上書『鄧小平文選』第三巻、三五三頁）。

(28) 閻学通『中国国家利益分析』天津人民出版社、一九九六年、一〇四頁。
(29)「国家的主権和安全要終始放在第一位」『鄧小平文選』第三巻、三四七～三四九頁。
(30) 一九七八年の一一期三中全会で、最高指導者の鄧小平は「日本は明治維新以来、科学技術を重視し、教育を重んじて大きな努力を続けてきた。これは、私たちが学ぶに値する経験である」と語っている（鄧小平「尊重知識、尊重人材」『鄧小平文選』一九七五～一九八二、人民教育出版社、一九八三年、三七頁）。
(31) 例えば、一九七九年一一月、国務院は「外国語習得者の需要に対する全国調査」を教育部に諮問したが、その結果によると、英語は八九〇〇人、日本語は二七〇〇人、ドイツ語は八〇人、フランス語は二八〇人が不足し、これらの不足者数は、一九七九年度大学外国語専攻の卒業者数の九倍にもなった(四川外国語学院高等教育研究所編『中国外国語教育要事録』外研社、一九九三年、一七一～一七二頁)。
(32) 前掲書『中国外国語教育要事録』、一四八頁。
(33) 同上書『中国外国語教育要事録』、二二二～二二五頁。
(34) 同上書『中国外国語教育要事録』、二二二頁、一六〇頁。
(35) 文化大革命によって数年間停止された大学の授業が一九七〇年の春から再開され、日本語学科を増設する大学が相当増えた。偶然かもしれないが、朝鮮族の唯一の民族大学である延辺大学は、国内でも「反日感情」がかなり高いと言われている南京大学とともに一九七七年に日本語科を設置して日本語教育を開始している。学生は職場からの推薦で入学する三年制の大学生であった。授業再開とは言え、学内での政治運動は絶えなかった（佐治圭三「戦後中国の日本語教育」『日本語と日本語教育』一五、明治書院、一九九一年、三九三頁）。
(36) 牧野篤「日本教育の受容から見た『改革と開放』期の中国社会に関する一考察ノート」『名古屋大学教育学部紀要』第四六巻第一号、一九九九年、牧野篤『中国で日本語を教える』名古屋大学教育学部社会教育研究室、一九九六年を参照。教育部「中共中央の教育構造改革に関する決定」『人民日報』一九八五年五月二九日。
(37) 周炎輝「日本語教育発展のために」『日本語教育国際セミナー論文集』華東理工大学、一九八六年、八頁。

(38) 前掲書『中国近代化教育改革史』、一九九九年、三二二～三二四頁。
(39) 中等教育機関のカリキュラム中の外国語科目として、建国初期(一九四九～五六年)には、ロシア語と英語が設置され、その比率は一九五六年七月の教育部「中等教育機関の外国語科目に関する通知」の中でそれぞれ五割を占めた。建国後期(一九五七～六五年)には、ロシア語が三割、英語、ドイツ語、フランス語、日本語が七割を占めるようになった。文化大革命期(一九六六～七六年)には、全国規模で中等教育機関の外国語授業は停止し、学校の秩序は大きく乱れた。文化大革命以降(一九七七～九〇年)には、英語が九割以上、ロシア語と日本語が一割以下となった(四川外国語学院高等教育研究所編『中国外国語教育要事録』外研社、一九九三年、四八頁、六一頁、一二三～一三三頁、二二三頁を参照)。
(40) 一九六四年半ば、李維漢に代わって民族工作のトップに立った民族事務委員会副主任・劉春の論文が、文化大革命期の正統民族理論として支配した。劉春の主張は、民族問題の根源は階級闘争であり、民族への特殊なアプローチをまったく否定する(毛里和子『周縁からの中国――民族問題と国家』東京大学出版会、一九九八年、一一三頁)。文化大革命期の民族自治区域においては、民族言語文化保護政策などは行われなくなり、政治面では文化大革命イデオロギーが強調され、反漢族、分離、反改革を主張する地方民族主義分子は人民の敵と見なされた。
(41) 毛里和子・国分良成編『原典中国現代史』第一巻上・下、岩波書店、一九九四年、松本ますみ『中国民族政策の研究』多賀出版社、一九九三年を参照。
(42) 自治州の民族語と漢語との関係についての研究としては、権寧俊「文化大革命期における延辺朝鮮族自治州の民族教育と言語問題」『アジア経済』第四三巻七号、アジア経済研究所、二〇〇二年、前掲書『中国の少数民族教育と言語政策』社会評論社、一九九九年、などがある。
(43) 陳毅「語重心長談外語学習――記陳毅副総理対外語学生的一次談話」『外国語教育与研究』第一期、北京外国語大学出版社、一九六二年六月、教育部・国家民族委員会「少数民族の教育を強化することに関する意見」国家教委檔案処資料編審委員会編『中華人民共和国重要教育文献』海南出版社、一九九八年、一八五八～一八六〇頁を参照)。
(44) 日本植民地時代に高等教育を受け、一九八〇年の時点で五五歳ぐらいまでの教師層である。

(45) 文化大革命期に至る自治州において外国語教育をめぐる漢語と少数民族語の利害対立については、前掲書「文化大革命期に至る延辺朝鮮族自治州の外国語教育政策」、一四二〜一四四頁において検討を加えた。詳細は同論文を参照されたい。

(46) 自治州において、民族教育政策の理念として民族語を重視する方針を掲げてきたが、社会的選択においては漢語を重要視せざるを得なかった。そのため、漢語と民族語の間で教師養成の比率、教材編成の質などをめぐる意識的な調整が生じた。また、数理系科目の教授言語として漢語を用いる朝鮮族高校もあらわれている（中国社会科学院民族研究所・国家民族事務委員会文化宣伝部主編『中国少数民族語言使用情況』中国蔵学出版社、一九九四年、二一七頁）。二〇〇一年一月一日には『中華人民共和国国家通用語言文字法』が施行され、漢語使用は法的に規定され、強力に推し進められている。

(47) 「里通外国」とは、「外国に内通」、「スパイの嫌疑」という意味で、文化大革命派が罪をなすりつける際のレッテルとして用いられた（陳東林主編・加々美光行監修『中国文化大革命事典』中国書店、一九九七年、四五五頁、周全華『文化大革命中的教育革命』広東教育出版社、一九九九年、一二五頁を参照）。

(48) 「近代化路線についての決定」の原文については、「中国共産党第一一期中央委員会第三回全体会議公報」『人民日報』一九七八年一二月二四日を参照。

(49) 廖承志「近代化のための外国語能力の強化」『人民教育』第一〇期を参照、当時、廖承志は全国人民代表大会常務委員会副委員長を務めた。

(50) 周揚「外国語教育の強化について――外国語学習の問題と百家争鳴の問題――」『人民教育』第一〇期を参照、当時、周揚は中国社会科学院副院長を務めた。

(51) 文化大革命後の一九七九年二月、「全国外国語人材基本情況」について、国家計画委員会・外交部・教育部・民族部の合同調査が始まった。合同調査の「通知文」では、外国語人材のほかの分野への流失や外国語教師の不足が、近代化政策を実施する上での緊急課題であり、早急に改善するよう求めている。その結果一九八〇年から、全国的に「外国語人材重視」の風潮が広まり、ほかの分野へと流失した外国語人材の復帰が政策的に推し進められた（前掲書『中国外国語教育要事録』外研社、一九九三年、一四八頁、前掲書『中国外国語教育史』上海外語教育出版社、一九八六年、九一〜九二頁）。

(52)外国語教育においては、政治性を重視するか、専門性(実用性)を重視するか、という論点をめぐって、建国以来論争があった。この論争は、文化大革命期には、政治性重視の「外国語無用論」という形態をとってあらわれた。文化大革命後の教育改革の過程で、外国語教育の全般において専門性が中心とされる傾向があらわれた。周揚や外国語教育行政の責任者たちは、外国の科学技術の導入と外国の文化・思想の理解のための外国語教育の推進を提唱した。一九七八年の周揚論文において、具体的な外国語教育の実用性の問題が明確に提起された(前掲書「外国語教育の強化について——外国語学習の問題と百家争鳴の問題——」『人民教育』第一〇期を参照)。

(53)延辺教育出版社教育図書編集室『朝鮮族教育論文集』延辺教育出版社、一九八八年、五七頁、小川佳万『社会主義中国における少数民族教育』東信堂、二〇〇一年を参照。

(54)北京大学朝鮮文化研究所『中国朝鮮民族文化史大系四　教育史』民族出版社、一九九七年、一七〇頁、一九〇頁。中国朝鮮民族足跡編纂委員会編『中国朝鮮民族足跡叢書五　勝利』民族出版社、四八八~四九四頁。

(55)前掲書『中国朝鮮民族文化史大系四　教育史』民族出版社、一九九七年、二三六頁、中国朝鮮民族足跡編纂委員会編『中国朝鮮民族足跡叢書六　創業』民族出版社、四四七~四五一頁。

(56)一九七八年以降の近代化改革と政策変換については、太田勝洪・小島晋治・高橋満・毛里和子編『中国共産党最新資料集』(上・下)勁草書房、一九八五年、Roderick MacFarquhar・費正清編『剣橋中華人民共和国史』(中国的革命内部的革命一九六六~一九八二年)中国社会科学出版社、一九九二年、七六二~七七一頁を参照。

(57)前掲書「中国日本語教育アンケート調査結果報告」『世界の日本語教育—日本語教育事情報告編』第一号、一九九四年、国際交流基金日本語国際センター、一八八頁。

(58)一九八九年の自治州の日本語と英語の学習者数は、それぞれ一万二四三八人、六二九一人であった(自治州教育委員会「外国語教育統計表」、自治州資料館所蔵　延州教発(八九)第三号。

(59)一九六六年七月二四日、中共中央と国務院は高等教育機関の学生募集を改革するについての通知を発し、入試を廃止し、推薦と選抜の組み合わせによる方法を採用するよう要求した。一九七八年に至って、やっと正常な大学入試制度が復活した（前掲書『中国文化大革命事典』中国書店、一九九七年、四五一〜四五二頁）。また、大学入試制度の復活とともに、日本語を大学入試の外国語科目の一つとして設置をはじめ、自治州の中等教育における日本語教師の拡大募集、日本語教科書の自主編纂出版への支援などの行政措置がとられた（中国少数民族教育史編委会編『中国少数民族教育史　第一巻』広東・雲南・広西教育出版社、一九九八年、五七四頁、前掲書「ポスト文化大革命期における中国少数民族と外国語教育形成」『多言語社会研究年報』第二号、三元社、二〇〇四年を参照）。

(60) 大学入試と民族問題については、小川佳万『社会主義中国における少数民族教育』東信堂、二〇〇一年、二〇五〜二一二頁を参照、日本語が大学入試科目の中に組み込まれたことを受けて、内モンゴル自治区の中等教育機関でも外国語科目として日本語の設置が急速に増えた（前掲書「中国における日本語教育概観」『日本語と日本語教育』第一六号、明治書院、一九九一年を参照）。

(61) 全国高等教育機関における日本語教育は専攻日本語教育と非専攻日本語教育に分類されている。そのうち、専攻日本語コースの教師数は推定で九八五人、学生数は推定で六一〇〇人であり、非専攻日本語コースの教師数は推定で一五〇〇人、学生数は推定で七万二〇〇〇人であった。ただし高等教育機関の民族別統計数は調査対象になっていなかったため、不明である（前掲書「中国日本語教育アンケート調査結果報告」『世界の日本語教育―日本語教育事情報告編』第一号、一九九四年、国際交流基金日本語国際センター、一八六頁、一九四頁）。

(62) 全国中等教育機関の学生数は推定で一六万人であった（前掲書「中国日本語教育アンケート調査結果報告」『世界の日本語教育―日本語教育事情報告編』第一号、一九九四年、国際交流基金日本語国際センター、一八六頁、一八九頁）。

(63) 朝鮮族の日本語教員の年齢構造と全国平均数値との比較をみると、三〇歳以下は前者が一九％、後者が三三％、三一〜四〇歳は前者が五％、後者が二〇％、四一〜五〇歳は前者が一二％、後者が一六％、五一歳以上は前者が六四％、後者が三二％であった。教師の年齢的構造による日本語教育の歴史的背景については、佐治圭三「中国における日本語教育」『日本語教育および日本語普及活動の現状と課題』総合研究開発機構、一九八四年、五九七頁、六一〇頁。また外国語教師層の情況については、前掲書『中国外国語教育要事録』（一九四九〜八九年）外研社、一九九三年、七四頁、八九頁、二一一

〜二一三頁を参照。

(64) 厳安生『日本語国際センター国際懇談会・第七回会議議事録』国際交流基金日本語国際センター、一九九五年、五三頁。

(65)「国民優級学校」については、延辺大学元日本語学部教員キム・ヨンム氏談(二〇〇一年三月一五日)による。

(66) 中共・自治州政権の日本語教育の奨励については、自治州教育局文献「自治州教育局の外国語教育に関する企画書」自治州資料館所蔵、延州教発(八三)第一〇号を参照。同規定の第四条では、「一九八三年度から、自治州内の漢族の中学・高校では日本語教育を停止し、朝鮮族の中学・高校では今までのどおり日本語を中心とする……条件が整っている一部の学校だけロシア語と英語の開設を認める」とした。

(67) 自治州教育委員会「自治州教育出版社宛の朝鮮族中等学校日本語教科書の再編纂についての指示」自治州資料館所蔵、延州教発(八二)第七号を参照。

(68) 一九八一年九月、教育部公布のカリキュラム中、漢語・朝鮮語・外国語の一週間当たりの平均時間数は、普通中等教育機関において、中学校で五・四・四、高校で五・四・四であったのに対し、重点中等教育機関においては学校によって異なる課程案を実施した(前掲書『中国朝鮮民族文化史大系四　教育史』民族出版社、一九九七年、一七〇頁)。

(69) 新保敦子によると、重点中等学校とは、予算、人材を集中的に投じて運営されるモデル学校である。一九五三年から設置され始め、文化大革命中に批判されたが、一九八七年に復活した。現在、小・中学校の義務教育段階については、重点学校制度を廃止する方向にあるが、重点高校・重点大学は存続している。普通中等学校とは、一般学校である(天児慧・石原享一・朱建栄・辻康吾・菱田雅晴・村田雄二郎編『岩波現代中国事典』岩波書店、一九九九年、四九五頁)。一九八一年の統計によると、中国における重点中等学校数は四〇一六校で、中等教育機関の三・八%を占めている。地域別に、北京・上海・福建地区は六〜七%に達するに対し、内モンゴル・雲南・新疆地区は一%にも達していない(『中国教育年鑑一九四九〜八二年』中国大百科全書出版社、一九八四年を参照)。

(70) ホ・チョンションは、「朝鮮族の言語教育が『遅れた』ことを認めた上で、中でも漢語教育の『遅れ』が深刻な問題となっていると解釈した。そして、この『遅れ』を克服するためには、中学校段階で朝鮮語文の基礎知識の教育を終わらせ、高校段階では選択科目として設置しておく。さらに、中学・高校の理科科目の授業用語を漢語に定め、漢語教育の強化に力を注ぐべきだ」と述べている(教育出版社教育図書編纂室『朝鮮族教育論文集』教育出版社、一九八八年、五七頁)。

(71) 例えば、朝鮮族エリート養成校である第一高等中学校では、少数民族地区における言語のコミュニケーション機能、民族文字が有する児童に対する啓蒙と迅速な初等教育普及の機能を重視した。そして、漢語の兼用を認めながらも、三言語教育において朝鮮語に民族語としての地位を与え、それを保護し、その学習、使用、発展にむかって「単一民族学校制〔民族語による民族教育を実施するもの〕」という制度を施した。一九五二年に学校設立以来、朝鮮語教育は朝鮮民族の伝統と文化を伝授する場として重要視され、「当時使用された朝鮮語文教科書には朝鮮の名作や、漢語の影響を受けていない文学作品が多かった」という(南日成編『中国朝鮮語文教育史』東北朝鮮民族出版社、一九九五年、一七〇~一七一頁、前掲書『中国朝鮮族教育史』東北朝鮮民族出版社、一九九一年、四〇五頁を参照)。

(72) 前掲書『朝鮮族教育論文集』教育出版社、一九八八年、一六〇~一六一頁。

(73) 同上書、一六四頁。

(74) 自治州教育委員会の認定を経て、一九六三年から「特別課程案」を実行した。この「課程案」では、高校一年から朝鮮語文は選択科目に設置され、ロシア語と日本語のクラスにわけられ、「因材施教」(学習者の状況によって教育方法と内容を決める)ともよばれたエリート養成教育を試みた。しかし、文化大革命期間中、重点学校を主張した民族学者は「地方民族主義者」として批判された(前掲書『中国朝鮮族教育史』東北朝鮮民族出版社、一九九一年、三四八~三四九頁)。

(75) 当時、朝鮮族民族学校では二言語(朝鮮語・漢語)教育の授業時数だけで三八%を占め、外国語まで加えての三言語教育の授業時数は四六%を占めていた(元日本語学部教員キム・ヨンム氏談(二〇〇一年三月一五日)、前掲書『朝鮮族教育論文集』教育出版社、一九八八年、五七頁)、前掲書「文化大革命期における延辺朝鮮族自治州の民族教育と言語問題」『アジア経済』第四三巻七号、二〇〇二年を参照。

(76) 自治州を「模範州」とした中共は、経常的な民族教育の実施を通じての外国語教育の安定化と三言語教育の強化を期待したであろう。同州の民族教育は、民族語・漢語の二言語教育とともに、しばしば『中国朝鮮族教育』に報道された。にもかかわらず、一九八〇年代初期段階には同州の外国語教育編成が困難に突き当たったことを示唆する報道がなされている。『中国朝鮮族教育』（一九八六年第四号）によれば、自治州では中等教育機関における外国語教育の組織化が整わなかった（ソク・ジュンイル「日本語教育改革の第一歩は？」吉林省教育委員会・教育委員会編『中国朝鮮族教育』中国朝鮮族教育雑誌社、一九八六年、五一頁）。また一時的な「日本語ブーム」は形成したものの、停年による「老教師」の退職によって日本語教育そのものが弱体化したため、持続的な外国語教育は困難であった。

(77) 教育部・国家民族事務委員会「少数民族の教育をさらに強化することに関する報告の提出について」（一九八一年二月一三日）金龍哲編訳『中国少数民族教育政策文献集』大学教育出版、一九九八年、八〜一三頁。

(78) 日本語訳は、「外国語を学んだら出世は望めない」であるが、文化大革命中には「外国語無用論」のスローガンとして使われていた（前掲書『文化大革命中的教育革命』広東教育出版社、一九九九年、二八三頁、前掲書『岩波現代中国事典』岩波書店、一九九九年、一一〇二〜一一〇三頁を参照）。

(79) 前掲書「自治州教育出版社宛の朝鮮族中等学校日本語教科書の再編纂についての指示」自治州資料館所蔵、延州教発（八二）第七号。

(80) 漢族側から公然とした不満の声はなくとも、「漢族からみれば不平等である」と疑問の声が出てくる（前掲書『社会主義中国における少数民族教育』東信堂、二〇〇一年、二〇八頁を参照）。

(81) 中国では全日制の正規の大学入学者数が限定されているため、大学に入学するためには重点中等学校に入学する必要があった。東北地域における朝鮮族重点中等学校の三三校中、九校が自治州内に設置されていた。これらの重点学校は教育レベルを速やかに高め、教育内容や方法の研究・開発を行い、その経験を普通中等学校に及ぼすなど主導的な役割を果たした（前掲書『中国朝鮮民族文化史大系四　教育史』民族出版社、一九九七年、三一〇〜三一一頁）。

(82) 元日本語学部教員キム・ヨンム氏談（二〇〇一年三月〜一五日）による。

(83) 教育部文献（一九七八）「十年制漢族小学・中学・高校教育計画試行草案」、延辺朝鮮族自治州資料館所蔵、教普字〇四六号、吉林省教育局文献（一九七八）「十年制朝鮮族初等・中等・高等学校教育計画試行草案」、延辺朝鮮族自治州資料館所蔵、吉教普第三〇号。
(84) 前掲書「十年制朝鮮族小学・中学・高校教育計画試行草案」。
(85) 延辺朝鮮族自治州教育局文献（一九七九）「十一年制朝鮮族小学・中学・高校教育計画試行草案に関する報告書」、延辺朝鮮族自治州資料館所蔵、延州教字第一八号。
(86) 佐治圭三「中国における日本語教育」『日本語教育および日本語普及活動の現状と課題』総合研究開発機構、一九八五年、五九七頁、六一〇頁。
(87) 東北朝鮮民族教育出版社外国語編集室『日本語教育』(朝鮮語版) 第二号、東北朝鮮民族教育出版社、一九八九年、二頁。
(88) 延辺朝鮮族自治州教育局文献（一九八三）「自治州教育局の外国語教育に関する企画書」延辺朝鮮族自治州資料館所蔵、延州教発（八三）第一〇号。
(89) 延辺朝鮮族教育委員会（一九八二）「延辺教育出版社宛ての朝鮮族中等学校日本語教科書の再編纂についての指示」、延辺朝鮮族自治州資料館所蔵、延州教発（八二）第七号。
(90) 中華人民共和国国家教育委員会『中等学校・日本語教育要綱』、一九九二年、七～九頁。
(91) 前掲書『日本語教育』(朝鮮語版) 第二号、八頁。
(92) 前掲書『日本語教育』(朝鮮語版) 第一号、一〇〇～一〇一頁。
(93) 同上書　一〇一頁。
(94) 前掲書「延辺教育出版社宛ての朝鮮族中等学校日本語教科書の再編纂についての指示」。
(95) 前掲書「中国における日本語教育概観」『日本語と日本語教育』一六、一九九一年、四二頁。
(96) 厳安生『日本語国際センター国際懇談会・第七回会議議事録』国際交流基金日本語国際センター、一九九五年、五三頁。
(97) 同上書　五五頁、前掲書「文化大革命期に至る延辺朝鮮族自治州の外国語教育政策」、一四二～一四四頁を参照。
(98) 一九九〇年代初期から、「日本一国だけでしか使われていない日本語の先行きに警戒感を強めるべきである」などの「慎重論」があらわれ、中国の日本語教育界関係者は、政府の指導者・朝鮮族の研究者を問わず、従来の日本語教育に対する見方を再検討する必要に迫られることになった。

終章

一　各章の成果

筆者の問題関心は、一九四九年から一九八〇年代末までに、中国の朝鮮族社会の外来言語文化の受容という言語を取り巻く諸制度、社会環境が変化していく中で、冷戦体制下の国民統合との関係、外来言語文化の受容過程の実態がいかなるものであったか、ということであった。本論文によって明らかになったことを章ごとに改めてまとめると以下のようになる。

第一章では、建国以降、中国の朝鮮族社会をめぐる国内の政治的環境と国際環境を検討した上で、建国から百花斉放・百家争鳴運動に至るまで中国の国民統合における朝鮮族社会の統合問題、および外来言語文化の受容に関する政策や外国語教育の実態について論じた。また、朝鮮族社会をめぐる「抗美援朝」運動や百花斉放・百家争鳴などの政治運動における帰属意識の変化の背景について検討した上で、中共中央の外国語教育に関する政策、教育課程における外国語の位置付け、朝鮮族社会の外来言語文化の受容過程などについて考察した。

建国初期の学校教育における外国語は、政策上、第一外国語としてのロシア語の地位は認めつつあったが、思想的な調整期にあったゆえに、英語を含む多様な外国語教育の拡大に対しては、理解するよう努めはじめた段階にとどまっていた。特に、ロシア語ブーム期の外国語教育をめぐる政策は、かなり短期間の間に数回の改正が行われた。しかし、重点科目とされた外国語科目は、漢語の普及という学校の言語教育を貫通する社会的論理の前で、あまり重要視されることがなかった。したがって、経済発展への希求に応じて、朝鮮語・漢語・外国語、つまり三言語教育を期待する朝鮮族において、ロシア語ブーム期と言われても、彼らにとっては、「授業時数の削減」、大学入試科目として「外国語の免除」などのような指示に従わざるを得なかったものであったと考えられる。換言すれば、大学入試における「外国語の免除」は普遍語である外国語を学ぶ必要がないという点で、朝鮮族のエリートへの階段を外した。つまり、朝鮮族を二流の人材にとどめるための政策そのものであった。これは社会主義体制下でマイノリティーである朝鮮族の外国語教育の限界でもあったと思われる。

ソ連と中国と北朝鮮の国境地帯にある自治州では、一九五二年からロシア語が中等・高等学校の第一外国語となり、教員や学者、および技術者らは一斉にロシア語学習に転向した。建国後、「説漢語」(漢語を話す)というキャンペーンが実施されて、学生も教員もその母語が朝鮮語でありながら、学校での教授用語は漢語ということがありうる地域になりつつ、「朝鮮族である中国公民」という意識も広がりをみせてきた朝鮮族社会では、ソ連一辺倒政策のもとで、朝鮮族における言語教育としては、朝鮮語と漢語以外ではロシア語が最も重視されてきた。その結果、中国政府が英語を普遍語として認定した後になっても朝鮮族にロシア語を学ばせたのは、多様な外来言語文化の受容を制限しただけでなく、朝鮮族の国家エリートへの道を奪ったと考えられる。

第二章では、百花斉放・百家争鳴運動と朝鮮族社会の外来言語文化の借用問題を密接に関係付けながら、一九五〇～六〇年代の民族語純化運動の発動、高揚、沈滞状況を時期ごとに分析した。また、同時期、自治州の言語改革における漢語の文化的威信の拡大と共に、朝鮮語・漢語・外国語をめぐる社会言語的秩序が大きく変動するが、その事例として民族語標準化統一法案をとりあげ、朝鮮族社会の外来言語文化の受容に対する規制措置の実施の実態を検討した。さらに、朝鮮族社会における日本語の借用状況や外来言語文化の受容をめぐる諸問題を北朝鮮や韓国との比較についての試論を通じて、外来言語文化受容における朝鮮族社会の特殊性だけでなく、「中国公民」として国民国家形成に組み込まれることになった朝鮮族の社会言語的秩序の独自性についても考察を加えた。

中国の中で民族的少数者は少数民族として位置付けられて、多民族国家の一構成員として構成し直す必要があった。少数民族が「中国公民」としての役割を果たすためには、中共中央の権威を落とさないように、少数民族における威信造成過程が求められた。そこで、漢語による統一がはかられ、漢語との関係において民族語および外国語をどのような状態に置くか、その重要な一環をなすものに民族語における外来言語文化の借用問題があった。それゆえ借用をめぐる議論の過程は、国家観念の醸成と言語教育の意味が社会主義中国という特殊状況で政治的な位置付けを与えられつつ、少数民族の言語教育へと波及していく過程であった。その影響はかつて植民地支配を受けた自治州にも及び、一九五〇年代末以降、民族語純化運動を担った知識人の中では、民族語標準化統一運動や外来言語文化からの借用問題が自治州の政治的過去と結び付けて語られた。そこでは、獲得すべき目標として、民族語と民族文化を持った自治州の姿が議論されていたのである。

しかしながら、植民地支配を受けた自治州において、言語問題はもっぱら民族解放の問題に収斂し、民族教育への期待は政治的には民族語と漢語の問題に帰着することになる。その過程では漢語の存在が民族語・外来語を凌ぐ中、日本語・ロシア語からの借用の問題が民族語標準化との結び付きを強め、借用に関する認識に二分化された事態が生じた。特に、一九五六年に中共中央が百花斉放、百家争鳴を提唱して、多くの学者の間で自由に自説を発表し論争する運動がおこると，それまで隠されていた日本語などからの借用の言語問題が一挙に顕在化していった。しかし，その後に民族語純化運動の理念が具体化する標準化法案制定作業を経て制度化された法案では，それぞれの借用情況は二分化する形で制度的帰結に至った。この点で韓国や北朝鮮の状況とは大きな違いがある。つまり、韓国や北朝鮮など、ほかの東アジア諸国と比較する観点からみれば、マイノリティー集団として中共による政治的支配を受けた点、そして日本語からの借用の問題が短絡的な紙上討論によって片付けてしまったという点に、ほかのケースに見られない大きな特徴がある。建国と共に中国の領域に組み込まれてしまった朝鮮族は、「中国公民」に再構成されることで、そのような植民地の経験がつくりだした言語状況をかなり意識的に忘却してきたと言えると思われる。

第三章では、整風運動から一九六〇年代前半までの国民統合における朝鮮族社会の外来言語文化の受容過程に焦点を当て、中ソ関係悪化以降の国内外の情勢変化を踏まえつつ、朝鮮族社会の政治的覚醒と文化的価値の政治化、および政治変動と民族自治を建前とする対立関係を検討した。その上で、ロシア語と英語をめぐる認識上の混乱、専門性と思想性の対立、教科書の編纂への影響に分けて、中共中央の外来言語文化の受容に対する認識について分析した。さらに、文化大革命前夜の延辺大学における日本語教科書の「毛沢東思想化」や、自治州における外国語教育とそれをめぐる三言語教育など、朝鮮族社会の外国語教育の変容について考察した。

「外国語を学ばせる必要は認めつつも、その言語の思想や文化を分けて考える」という外国語教育の方針が中国の全体に貫徹されたのは、この時代の特徴であった。それは、本章で言及した政治運動などの過程の中で、教材編纂などとして外国語教育分野に具体化された。したがって、自治州の外国語教育においての政治化問題は、延辺大学の日本語講義の開設と講義内容（教材編纂）におけるその政策の実施によって反映されたのである。

しかし、少数民族としての朝鮮族の外国語選択は漢語教育と朝鮮語教育との狭間で困難な事態にぶつかった。

それは、文化大革命に至る過程の中で、少数民族の言語教育に対する漢語を強化しようとする中共中央の政策によって、第三言語となる外国語教育が軽視されたものであったと思われる。漢語の識字教育運動と「普通話」(共通語)の普及政策の前では、朝鮮族は、民族語である朝鮮語と第三言語である外国語の放棄以外に道はなかったと言えよう。そして文化大革命により、いっそう衰退させられた外国語教育は「外国語無用論」への方向に突き進んだ。その結果、「朝鮮語無用論」も含む言語教育の破壊が拡大されたのである。なお、外来言語文化の受容過程における当該時期の政治運動の影響を概観するに当たって、毛沢東思想の宣伝標語を掲げる外来言語文化の受容のみが、その正当性が認められたことをあらためて強調したい。

第四章では、文化大革命期の国民統合における外来言語文化の受容をめぐる論争について論じた。まず文化大革命下の国民統合過程における中共の民族政策と「国民」概念の変遷、および朝鮮族社会への衝撃について検討した。その上で、文化大革命期の外来言語文化の受容をめぐる文化大革命派と実権派の主張、外来言語文化の受容と漢語教育との関係、外来言語文化の受容をめぐる議論に対する検証など、同時期の外来言語文化の受容をめぐる論争について分析した。さらに、「外国語無用論」の台頭と「朝鮮語無用論」との関係を中心に、朝鮮族社会における民族語と外国語をめぐる認識の一面を考察することを試みた。

国民国家に内在する統合もしくは排除という側面に注目し、文化大革命における外来言語文化の受容の意味を問い直した。具体的には、外来言語文化の受容を軸に文化大革命をとらえ、革命の展開に伴って変化する中共中央の外来言語文化に対する位置付けや認識を考察し、革命下において、中共中央がいつ何を排除対象とし、どのように国民国家形成を進めたかを明らかにした。このような統合もしくは排除という論理から文化大革命期における外来言語文化の受容の社会的特質を考察する場合、一つの糸口となるのは、受容するべき外来言語文化と漢語とのかかわり方という問題であった。文化大革命期において中共中央にとって、外来言語文化の受容の政治化傾向を中共の社会主義教育理念という原則からどのように評価するかは、難しい問題であった。文化大革命派と実権派の外来言語文化の受容をめぐる認識の過程は東西冷戦体制という国内外の環境変化に絶えず影響されつつ、複雑な様相を呈していたことが明らかである。

中国は、少数民族の民族自治地方の面積が六四％を占める多民族国家であり、国内が地形的に分断され地域割拠性も強いため、国民国家としての実体性を問われ続けてきた。このような中国への評価は、中国国内の諸民族が、歴史的に空間、時間、経験、価値を共有せず、国民としての内的結び付きが生まれなかった、との考えを前提にしている。しかし、一方で、文化大革命によって内的結び付きが生まれたとし、文化大革命を国民国家形成の鍵ととらえる見方もある。文化大革命は、これまで国内政治の権力闘争として語られることが多かったが、国民統合問題としてみれば、それは、中共中央政府が如何に統合もしくは排除の論理のもとで国民国家を建設するか、という過程であったのである。文化大革命には排除の論理のもとで既成体制を滅ぼす一方で、ナショナリズムを喚起し、国民統合を強化して国民国家の成立を促進させる側面があった。特に、文化大革命期においては多様な言語文化や思想に対する国家の統制、外来言語文化の受容をめぐる政策・制度、およびそれを創生する社会的理念などの要因のために、地域社会内部における外来言語文化の受容の体制が形成し、多様化する可能性はほとんど閉ざされてしまった。果たして、実権派が見出した外来言語文化の受容の認識の中から、多様な文化や思想に対する統制を防ぐ機制を導きうるか否か、ということに、その外来言語文化の受容の「今日的意義」の大きさがかかっていると考えられる。

第五章では、改革開放から一九八〇年代末までの国民統合と朝鮮族社会の外来言語文化の受容過程について論じた。まず改革開放以降の中国をめぐる国内外環境と朝鮮族社会を概観し、朝鮮族社会のアイデンティティの変容に関する一考察を行った。その上で、改革開放政策の実施に伴う中共中央の外来言語文化の受容に対する認識の変容、朝鮮族社会の「日本語ブーム」について分析した。さらに、朝鮮族社会の「日本語ブーム」における歴史的連続性の問題について、漢族と朝鮮族の学校教育における外国語教育の実態の比較の中で考察を試みた。

まず注目したのは、建国後、中国の少数民族の一員として位置付けられた越境的な存在である朝鮮族が、植民地宗主国の言語であった日本語を、どのように再構築していったのかということであった。「日本語ブーム」は、二つの側面に分けて考えることができよう。第一の側面は、党・政府・知識人にとっての経験、例えば「教科書自主編纂」などである。第二の側面は、本章で扱った自治州の朝鮮族にとっての経験、例えば改革開放政策を基礎とした外国語教育の形成、マイノリティーの文化・教育運動などであった。ここでの筆者の課題は、そうした政策改変の試みが直面した固有の社会的、歴史的制約を、辺境地域社会の特質と関連付けて理解することにあった。そして一九四九年以後からの長い範囲でみれば、一九四五年以前の日本語習得者の多くは自治州にとどまり、一九八〇年代の「日本語ブーム」を形成していったのである。外国語教育の政治化をめぐる諸問題の存在がその矛盾の一つの表現形態であったとすれば、それと真正面から取り組まざるを得なかった自治州における「老教師」の苦闘もまた重要な経験であった。

次に、朝鮮族社会における外来言語文化の受容の連続性という問題に着目した。この問題は一九四九年以後の中国北部地域の政治変動を考察する上でも一つの糸口になる。朝鮮族社会における日本語教育の過程を分析する場合に、外国語としての日本語を、「経済大国のことば」、「類似性のあることば」として解釈してしまう恐れがあるということである。そうなってしまった場合、文化大革命以降の自治州で、日本語教育が盛んになった要因は、ほかの中国の地域と同じ理由からであったのか、それとも、やはりそれまでのこの地域の歴史によって、日本語が外国語として選ばれた背景には、自治州独特の理由があったのかといった点は見えなくなる。例えば自治州の外来言語文化の受容は一九六〇年代半ばから一九七〇年代末まで空白であり、一九四五年以前の日本語習得者を主体とする日本語「老教師」層が形成された。すなわち一九四五年以前の日本語「老教師」という歴史的紐帯としての存在形態が継続していた。また自治州の場合は重点中等学校制度が外国語教育形成過程に密接に関わっていたため、一九八〇年代の「日本語ブーム」の社会的背景はとりわけ明瞭であった。

二　本論文の意義

以上の諸問題を明らかにした本研究は、中国朝鮮族社会および戦後中国社会における外来言語文化の受容に関する研究において布石になると言えよう。

まず、一九四九年以降、朝鮮族社会の外来言語文化の受容過程は、中共中央の民族政策や民族教育と密接に関わっていたにもかかわらず、先行研究では、朝鮮族社会における対外認識の形成や民族教育の中の外国語教育の問題などについて、十分検討されてこなかった。このことを踏まえて、本論文は、朝鮮族社会の外来言語文化の受容過程は、重点大学や政府機関によって国策の一環として、多民族国家中国の対外認識を構成する各民族の対外認識を外国語教育などを通じて埋め合わせてゆき、その統一体としての全体像を浮かび上がらせる象徴的作業として位置付けることも可能であることを明らかにした。

次に、今までの朝鮮族社会の民族教育や言語政策に関する研究においては、朝鮮語と漢語の狭間で、二重の圧力を受けてきた外来言語文化の受難の歴史が強調されてきたとすれば、本論文は多くの朝鮮族知識人がどのように対応していったのかという朝鮮族社会の主体性に着目している。朝鮮族の場合は漢族などとは違い、英語力によって体系的に外来言語文化の受容が展開されてきたわけでは必ずしもなかった。それでも、自ら蓄積してきた外来言語文化に関する知識を、改革開放を期に高揚をみせる対外進出に巧みに取り込み、国民統合過程における自己実現を獲得していった。

最後に、朝鮮族社会の社会言語構造においては、民族語としての朝鮮語、共通語としての漢語、および普遍語としての外国語という三種類の異なる要素が統合と排除の論理のもとで存在していた。朝鮮族社会をめぐる中国の国民統合過程の中での民族的相克や社会言語構造については、これまでの研究は民族語と共通語から扱い、その経済発展戦略の中での中共中央の民族政策および朝鮮族社会に対する影響を分析した。しかし、一九四九年以来の朝鮮族社会における外来言語文化の受容の変遷過程について、各時代の国内外の環境変動や異なるグループに分けて別々に考察を行わなければ、中国の国民統合過程おける朝鮮族社会の社会言語構造の真の姿をつかむのは難しい。特に、一九八〇年代の中共中央の改革開放政策はさらに朝鮮族社会と朝鮮半島や外国との関係に新たな活力を注ぎ込み、朝鮮半島の伝統文化や外来言語文化の復活など朝鮮族社会における社会言語構造の転換の兆候をはっきりと見せた。したがって本論文は、朝鮮族社会の外来言語文化受容の盛衰・変容の歴史を建国後の国民統合過程の中で重点的に考察した。具体的には一九四九年から一九八〇年代末までの自治州をながめながら、外国語、漢語、民族語をめぐる朝鮮族社会の動きを注目した。これらの諸要素の関連性を中心に、朝鮮族社会の変容の歴史における外来言語文化の影響や余波はどの程度であったかを明らかにした。

三　今後の課題

今後の研究課題について述べると、次のとおりである。

第一に、中国朝鮮族社会における外来言語文化の受容の変遷というテーマで、一九五〇年代から一九八〇年代までを中心に検討してきた結果、文化大革命期の時代的特徴が浮かび上がってきた。最も、文化大革命は建国後の中国において、国民国家形成に重要な役割を果たしてきた。これは、文化大革命が、政治・社会・思想・文化の全般にわたる改革運動という名目で、実際には全国の人民を巻き込んだ粛清運動、および国家による暴力装置の独占を通じて、少数民族社会においては漢族を中心とする漢族の支配体制の確立など、人民が国民化し国民国家となる過程で展開してきたということでもある。文化大革命期においては、研究成果の手薄い外来言語文化受容の問題に焦点を絞り、外来言語文化をめぐる認識の変容を明らかにすることに努めたが、資料の制約もあったので、同時期の朝鮮族社会の外来言語文化の受容をめぐる認識などは、今後の課題にしたい。

第二に、本論文では中国の朝鮮族社会の外来言語文化の受容の変遷を中心として、それに関連する問題意識について歴史的考察を行ってきた。建国後の朝鮮族社会をめぐる各種の政治運動はいまなお余波を残している。朝鮮半島から移住して一五〇年以上もの歴史を持つ朝鮮族において、その二世、三世は、故国に対して、むかしと変わらぬ深い心情を持っている。文化大革命などの歴史における中共中央により生じた朝鮮族社会の亀裂は、完全に癒される日が来るまでなお遠い。しかし、様々な政治運動を経てきた二世、三世の朝鮮族においても、中国こそ今後の継続居住の国であることを少なくとも理性的に認識し、また、その国のために力を尽くしている。そして、新世代（四世、五世）に導かれた朝鮮族社会の今後は、より明らかに現地社会へ融合する方向に進んでいる。同時に、同化はむしろ在来の朝鮮族社会の拡大とも言えよう。このような、朝鮮族社会の各世代とグループの実証研究は極めて必要なものであるが、これにのみとどまることは大きな局限性を持っている。なぜなら、現代の朝鮮族社会の問題は、これまでのいかなる時と比べても国際性を有し、アジアから世界に至るまで、人口、物資の移動が激しく進行しており、同時に、朝鮮族社会はその伝統の内容を不断に失うと共に、その外延はまさに急激に拡大しており、その包摂する問題の範囲は、中国大陸、韓国、日本などに広がっているからである。これまでの研究によって、朝鮮族社会のアイデンティティや対外認識、および外来言語文化の受容をめぐる認識もある程度冷戦体制下の国際環境に関係していることが明らかになってきた。では、今日の日・中・韓・朝の東アジア国際関係は朝鮮族社会の意識形成にどんな影響をもっているのか。今後さらに広い角度からこれらの問題を展望すべきであることは疑いない。

ところで、一九九二年の中韓国交樹立以前の朝鮮族社会の意識形成の中心に存在するものは、直接的には北朝鮮と中国との間にある経済的格差とそこから派生した社会文化的差異である。そして、その中には「中国公民」であること、あるいは中国の社会システムの恩恵を享受できることへの優越感が存在する。そうである以上、一九九二年の中韓国交樹立に伴って自治州をめぐる環境に変化が生じ、このような格差や差異が変化すれば、「中国公民」意識のありようも変化することになる。国交樹立によって自治州をめぐる環境にいかなる変化がおこったのか、以下のような朝鮮族社会の意識形成への影響が考えられる。まず、国交樹立に伴い、自治州は国民国家形成の枠組みの狭間に挟まれることになる。その意味では、中共中央の下で「中国公民」意識の形成を背後から支えた条件が揺れることになる。これによって従来の「中国公民」意識は変容を迫られることになる。次に考えられる環境変化は、経済的格差の変化である。すでに中韓国交樹立以降、朝鮮族社会の意識形成の重要な基盤である中国と韓国との交流の中で、かつての「中国公民」としての優越感などは消えつつある。今後さらにこのような格差の構造変動が顕著になれば、従来の「中国公民」意識の形成基盤が失われ、新たなアイデンティティと外来言語文化受容のカテゴリー化が進むことになる。したがって、朝鮮族社会における対外認識の形成と外来言語文化の受容の問題は、単なる民族教育や社会言語構造の問題にとどまらず、東アジアの国際関係を考える上でも大きな現代的意味を持つであろう。

参考文献

以下、基本的に本文で参照ないしは言及した文献に限って列挙する。

一　新聞・雑誌類

『人民日報』一九六六〜一九七八年。

『光明日報』一九六六〜一九六九年。

『解放日報』一九六六〜一九六九年。

『延辺日報』一九五七年。

『紅旗』一九六六年。

『外語教育革命』一九七〇年。

『人民教育』一九七八年。

『民族語文』一九八〇〜一九九〇年。

『外国語教育与研究』一九六二年。

『朝日新聞』一九七四年。

二　資料・資料集

（日本語）


小倉編纂『毛沢東思想万歳』小倉編纂企画毛沢東著作資料室原文復刻、一九六九年。

日本国際問題研究所・中国部会編『新中国資料集成　一九四八〜一九五八』（全五巻）日本国際問題研究所、一九七〇年。

東方書店出版部編『中国プロレタリア文化大革命資料集成』（全五巻）東方書店、一九七一年。

日本国際問題研究所編『中国大躍進政策の展開』（上・下）日本国際問題研究所、一九七三年。

日本外務省国際資料部監修『中ソ論争主要文献集一九六七〜一九六八』北東出版、一九七四年。

大東文化大学東洋研究所編『現代中国革命重要資料集』(第三巻) 大東文化大学東洋研究所、一九八四年。

総合研究開発機構『日本語教育および日本語普及活動の現状と課題』総合研究開発機構、一九八五年。

中国研究所『中国年鑑』一九六〇年版、一九八五年版。

太田勝洪・小島晋治・高橋満・毛里和子編『中国共産党最新資料集』(上・下) 勁草書房、一九八五〜一九八六年。

小林弘二編『中国の世界認識と開発戦略関係資料集』アジア経済研究所、一九八九年。

第四回日本語教育連絡会議事務局編「東欧圏の『民主化』と日本語教育」『第四回日本語教育連絡会議・総合報告書』、一九九一年。

ロデリック・マックファーカー、ティモシー・チーク、ユージン・ウー編、徳田教之・小山三郎・鐙屋一訳『毛沢東の秘められた講和』(上・下) 岩波書店、一九九二年。

加々美光行編・村田雄二郎監訳『天安門の渦潮──資料と解説　中国民主化運動』岩波書店、一九九〇年。

毛里和子、国分良成編『原典中国現代史』(第二〜六巻) 岩波書店、一九九四年。

中国日本語教育研究会編『中国・日本語教育機関調査シンポジウム会議録』中国日本語教育研究会、一九九四年。

国際交流基金日本語国際センター編『日本語国際センター国際懇親会第七回会議議事録』国際交流基金、一九九五年。

金龍哲編訳『中国少数民族教育政策文献集』大学教育出版、一九九八年。


(中国語)

劉俊秀「関於民族政策中的幾個問題(草案)」『中共延辺吉東敦地委延辺専署重要文献彙編』第一巻(一九四五、一一〜一九四九、一二) 延辺朝鮮族自治州档案館、一九四五年。

「関於和平過度問題的意見提綱」(一九五七年一一月一〇日) 人民日報編集部・紅旗雑誌編集部『蘇共領導同我們分岐的由来和発展』附件一、一九六三年第一七期。

丁望『中共文化大革命資料彙編』（第一巻）香港明報月刊社、一九六七年。

楊開書報供応社編『周揚文集』（全二巻）香港楊開書報供応社、一九六八年。

北京教育局教材編纂組編『北京市初等学校用教科書　日本語』（全四冊）北京人民出版社、一九七八年。

教育部文献『十年制漢族初等・中等・高等学校教育計画試行草案』延辺朝鮮族自治州資料館所蔵　教普字〇四六号、一九七八年。

吉林省教育局文献『十年制朝鮮族初等・中等・高等学校教育計画試行草案』延辺朝鮮族自治州資料館所蔵　吉教普第三〇号、一九七八年。

延辺朝鮮族自治州教育局文献『有関十一年制朝鮮族初等・中等・高等学校教育計画試行草案的報告書』延辺朝鮮族自治州資料館所蔵　延州教字第一八号、一九七九年。

延辺大学外国語学部・日本語研究室編『ラジオ講座日本語』（全三冊）延辺人民出版社、一九八〇年。

延辺教育出版社編『初等学校試用教科書　日本語』（全六冊）延辺教育出版社、一九七九～一九八一年。

延辺教育出版社編『中等学校試用教科書　日本語』（全六冊）延辺教育出版社、一九七九～一九八一年。

延辺大学日本語学部『新しい日本語』延辺大学出版社、一九八一年。

東北朝鮮民族教育出版社『中等学校試用教科書　日本語』（全六冊）東北朝鮮民族教育出版社、一九八四年。

中国教育年鑑編集部『中国教育年鑑　一九四九～一九八一』中国大百科全書出版社、一九八四年。

延辺朝鮮族自治州檔案館「延辺地委関係延辺民族問題」『中共延辺吉東敦地委延辺専署重要文献彙編』第一巻（一九四五・一一～一九四九・一）延辺朝鮮族自治州檔案館、一九八五年。

周保中「延辺朝鮮民族問題（草案）一九四六年一二月」延辺朝鮮族自治州檔案館『中共延辺吉東敦地委延辺専署重要文献彙編』第一巻（一九四五・一一～一九四九・一）延辺朝鮮族自治州档案館、一九八五年。

延辺教育出版社外国語編集室編『日本語学習与教育』（第一～六号）延辺教育出版社、一九八七～一九八九年。

政治協議会延辺朝鮮族自治州委員会『延辺文史資料』（全一〇巻）、一九八八年。

中央檔案館・遼寧省檔案館・吉林省檔案館・黒龍江省檔案館『東北地区革命歴史文献滙集』（一九二八年四月～一九三二年七

月)、一九八八年。

四川外国語学院編『中華人民共和国外語教育資料集』四川外語学院出版社、一九九〇年。

北京日本学研究中心編『中国日本学研究年鑑　一九四九〜一九九〇』科学技術文献出版社、一九九一年。

国家教育委員会民族地区教育司編『少数民族教育工作文献選編　一九四九〜一九八八』内蒙古教育出版社、一九九一年。

中共中央統戦部『民族問題文献彙編』中共中央党校出版社、一九九一年。

李樹田主編『吉林新志、吉林公署政書』吉林文史出版社、一九九一年。

劉英傑編『中国教育大辞典』(上)浙江教育出版社、一九九三年。

国家民族事務委員会経済司・国家統計局農村社会経済調査総隊編『中国民族統計』(一九九二年)中国統計出版社、一九九三年。

四川外国語学院高等教育研究所編『中国外語教育要事録　一九四九〜一九八九』外国語教育研究出版社、一九九三年。

国家統計局人口統計司・国家民族事務委員会経済司編『中国民族人口資料』中国統計出版社、一九九四年。

延辺朝鮮族自治州地方志編纂委員会編『延辺朝鮮族自治州志』(上・下)中華書局、一九九六年。

中華人民共和国重要教育文献編審委員会編『中華人民共和国重要教育文献一九四九〜一九七五』海南出版社、一九九八年。

董慧雲・張秀春編『張学良与東北新建設資料選』香港同澤出版社、一九九八年。

政協延辺朝鮮族自治州委員会文史資料委員会編『解放初期的延辺』遼寧民族出版社、一九九九年。

許青善・姜永徳・朴泰洙編『中国朝鮮民族教育史料集』(全四巻)延辺教育出版社、二〇〇〇〜二〇〇三年。

三　研究文献

(日本語)


嶋田道弥『満洲教育史』文教社、一九三五年。

倉石武四郎『漢字の運命』岩波書店、一九五二年。

満洲史研究会編『日本帝国主義下の満洲』御茶の水書房、一九七二年。

梅根悟監修、市川博ほか『中国教育史』講談社、一九七五年。

斎藤秋男『中国革命の教育構造』田畑書店、一九七七年。

橋本萬太郎『漢民族と中国社会』山川出版社、一九八三年。

アーネスト・ゲルナー著、加藤節監訳『民族とナショナリズム』岩波書店、一九八三年。

西村成雄『中国近代東北地域史研究』法律文化社、一九八四年。

浅田喬二・小林英夫『日本帝国主義の満州支配――一五年戦争期を中心に』時潮社、一九八六年。

孫平化著、安藤彦太郎訳『日本との三〇年――中日友好随想録』講談社、一九八七年。

佐々木信彰『多民族国家中国の基礎構造』世界思想社、一九八八年。

李采畛著、鎌田光登訳『中国朝鮮族の教育文化史』コリア評論社、一九八八年。

平野健一郎、山影進、岡部達味、土屋健治編『アジアにおける国民統合』東京大学出版会、一九八八年。

大野晋『日本語と世界』講談社、一九八九年。

S・R・ラムゼイ著、高田時雄・阿辻哲次・赤松祐子・小門典夫訳『中国の諸言語――歴史と現況』大修館書店、一九九〇年。

辻康吾『中国考現学』大修館、一九九二年。

加々美光行『知られざる祈り――中国の民族問題』新評論、一九九二年。

ウーヴェ・リヒター著、渡辺貞昭・安藤正士訳『北京大学の文化大革命』岩波書店、一九九三年。

姜在彦『満洲の朝鮮人パルチザン』青木書店、一九九三年。

木村英亮『スターリン民族政策の研究』有信堂高文社、一九九三年。

山本有造編『「満洲国」の研究』緑蔭書房、一九九三年。

加々美光行『現代中国の挫折――文化大革命の省察』アジア経済研究所、一九八五年。

小林弘二『中国の世界認識と開発戦略――視座の転換と開発の課題』アジア経済研究所、一九九〇年。

石井明『中ソ関係史の研究（一九四五～一九五〇）』東京大学出版会、一九九〇年。

朱建栄『毛沢東の朝鮮戦争』岩波書店、一九九一年。

大原信一『近代中国のことばと文字』東方書店、一九九四年。

浅田喬二『日本知識人の植民地認識』校倉書房、一九九五年。

末成道男編『中国文化人類学文献解題』東京大学出版会、一九九五年。

鈴木孝夫『日本語は国際語になりうるか――対外言語戦略論』講談社学術文庫、一九九五年。

イ・ヨンスク『「国語」という思想』岩波書店、一九九六年。

駒込武『植民地帝国日本の文化統合』岩波書店、一九九六年。

高崎宗司『中国朝鮮族　歴史・生活・文化・民族教育』明石書店、一九九六年。

厳家祺・高皋著、辻康吾監訳『文化大革命十年史』（上・下）岩波書店、一九九六年。

鶴嶋雪嶺『中国朝鮮族の研究』関西大学出版部、一九九七年。

中華日本学会編『中国の日本研究』社会科学文献出版社、一九九七年。

若森章孝・岡田光正・須田文明・奥西達也訳『人種・国民・階級――揺らぐアイデンティティ（新装版）』大村書店、一九九七年。

田中克彦、山脇直司、糟谷啓介編『言語・国家、そして権力』新世社、一九九七年。

田中克彦『国家語をこえて』筑摩書房、一九九八年。

陳野守正『歴史からかくされた朝鮮人満洲開拓団と義勇軍』梨の木舎、一九九八年。

毛里和子『周縁からの中国――民族問題と国家』東京大学出版会、一九九八年。

席宣・金春明著、鐙屋一・岸田五郎・岸田登美子・平岩一雄・伏見茂訳『文化大革命の簡史』中央公論社、一九九八年。

中国朝鮮族青年会編、舘野哲・竹村みやこ・中西晴代・蜂須賀光彦訳『聞き書き「朝鮮族」生活誌』社会評論社、一九九八年。

中国東北部朝鮮民俗文化調査団『中国東北部朝鮮族の民俗文化』第一書房、一九九九年。

劉孝鐘ほか編訳『ソウルパラム　大陸パラム』新幹社、一九九九年。

松本ますみ『中国民族政策の研究』多賀出版、一九九九年。

岡本雅享『中国の少数民族教育と言語政策』社会評論社、一九九九年。

谷富夫『民族関係における統合と分離』ミネルヴァ書房、二〇〇〇年。

安田敏朗『近代日本言語史再考』三元社、二〇〇〇年。

竹中憲一『「満洲」における教育の基礎的研究』第五巻、柏書房、二〇〇〇年。

鄭雅英『中国朝鮮族の民族関係』アジア政経学会、二〇〇〇年。

毛里和子編『現代中国の構造変動七　中華世界——アイデンティティの再編』東京大学出版会、二〇〇一年。

岡部達味『中国をめぐる国際環境』岩波書店、二〇〇一年。

小川佳万『社会主義中国における少数民族教育——「民族平等」理念の展開』東信堂、二〇〇一年。

藤井久美子『近現代中国における言語政策』三元社、二〇〇一年。

丸山昇『文化大革命に至る道』岩波書店、二〇〇一年。

山室信一、古屋哲夫編『近代日本における東アジア問題』吉川弘文館、二〇〇一年。

佐々木衛・方鎮珠編『中国朝鮮族の移住・家族・エスニシティ』東方書店、二〇〇一年。

芳井研一『環日本海地域社会の変容——「満蒙」「間島」「裏日本」』青木書店、二〇〇一年。

韓景旭『韓国・朝鮮系の中国人＝朝鮮族』中国書店、二〇〇一年。

小林正典『中国の市場経済化と民族法制——少数民族の持続可能な発展と法制度の変革』法律文化社、二〇〇二年。

小坂井敏晶『民族という虚構』東京大学出版会、二〇〇二年。

宮島喬・梶田孝道編『国際社会四　マイノリティーと社会構造』東京大学出版会、二〇〇二年。

和田春樹『朝鮮戦争全史』岩波書店、二〇〇二年。

子安宣邦『漢字論』岩波書店、二〇〇三年。

酒井直樹『日本思想という問題——翻訳と主体』岩波書店、二〇〇三年。

坂元ひろ子等編『アジア新世紀・三アイデンティティ』岩波書店、二〇〇三年。

国分良成『中国文化大革命再論』慶応義塾大学出版会、二〇〇三年。

大村益夫『中国朝鮮族文学の歴史と展開』緑蔭書房、二〇〇三年。

奥村哲『中国の資本主義と社会主義――近現代史像の再構成』桜井書店、二〇〇四年。

李相哲『漢字文化の回路――東アジアとは何か』凱風社、二〇〇四年。

外村大『在日朝鮮人社会の歴史学的研究――形成・構造・変容』緑蔭書房、二〇〇四年。

江夏由樹・中見立夫・西村成雄・山本有造編『近代中国東北地域史研究の新視角』山川出版社、二〇〇五年。

ウルリッヒ・ベック著、木前利秋・中村健吾訳『グローバル化の社会学――グローマリズムの誤謬、グローバル化への応答』国分社、二〇〇五年。

トーマス・H・エリクセン著、鈴木清史訳『エスニシティとナショナリズム――人類学的視点から』明石書店、二〇〇六年。

汪暉著、村田雄二郎・砂山幸雄・小野寺史郎訳『思想空間としての現代中国』岩波書店、二〇〇六年。

中国朝鮮族研究会編『朝鮮族のグローバルな移動と国際ネットワーク』アジア経済文化研究所、二〇〇六年。

方明豪『中国朝鮮族のアイデンティティについての一考察――北京での若い世代に対するインタビュー調査を通して』中央大学文学研究科社会学専攻博士学位論文、二〇〇六年。

宋永毅著、松田州二訳『毛沢東の文化大革命大虐殺――封印された現代中国の闇を検証』原書房、二〇〇六年。

田中隆一『「満洲国」と日本の帝国支配』有志舎、二〇〇七年。

金美花『中国東北農村社会と朝鮮人の教育――吉林省延吉県楊城村の事例を中心として 一九三〇～四九年』御茶の水書房、二〇〇七年。

荒武達朗『近代満洲の開発と移民：渤海を渡った人びと』汲古書院、二〇〇八年。

滝沢秀樹『朝鮮民族の近代国家形成史序説――中国東北と南北朝鮮』御茶の水書房、二〇〇八年。

李海燕『戦後の「満洲」と朝鮮人社会――越境・周縁・アイデンティティ』御茶の水書房、二〇〇九年。

許寿童『近代中国東北教育の研究――間島における朝鮮人中等教育と反日運動』明石書店、二〇〇九年。

草森紳一『中国文化大革命の大宣伝』芸術新聞社、二〇〇九年。

権香淑『移動する朝鮮族――エスニック・マイノリティの自己統治』彩流社、二〇一一年。

久保亨『シリーズ中国近現代史四　社会主義への挑戦一九四五～一九七一』岩波書店、二〇一一年。


（中国語）


斯大林著、中国人民大学訳『馬克思主義与語言学問題』人民出版社、一九五〇年。

高名凱ほか『現代漢語外来詞研究』文字改革出版社、一九五八年。

中国科学院民族研究所・吉林少数民族社会歴史調査組編『朝鮮族簡史（初稿）』、一九六三年。

楊開書報供応社編『周揚文集』（全二巻）香港楊開書報供応社、一九六八年。

中共中央文献研究室編『毛沢東同志論教育工作』人民教育出版社、一九八二年。

付克『中国外国語教育史』上海外語教育出版社、一九八六年。

牙含章『民族問題与宗教問題』中国社会科学院出版社、一九八八年。

徐基述編『黒龍江朝鮮民族』黒龍江朝鮮民族出版社、一九八八年。

費孝通『中華民族多元一体格局』中央民族学院出版社、一九八九年。

黒龍江省檔案館・黒龍江社会科学院歴史研究所編『日本向中国東北移民』一九八九年。

韓俊光主編『中国朝鮮族遷入史論文集』黒龍江朝鮮民族出版社、一九八九年。

蘇崇民『満鉄史』中華書局、一九九〇年。

石方『中国人口遷移史稿』黒龍江人民出版社、一九九〇年。

劉鑄・何潤『民族理論和民族政策綱要』中央民族学院出版社、一九九〇年。

延吉市教育志編纂委員会『延吉教育志　一九〇一～一九八八』延辺人民出版社、一九九〇年。

劉吉編『中国共産党七〇年史　一九二一～一九九一』上海人民出版社、一九九一年。

延辺朝鮮族自治州教育志編纂委員会編『延辺朝鮮族自治州教育志　一七一五～一九八八』東北朝鮮民族教育出版社、一九九二年。

Roderick MacFarquhar・費正清編『剣橋中華人民共和国史』（中国的革命内部的革命一九六六～一九八二）第一五巻、中国社会科学出版社、一九九二年。

『中国共産党主要領導人論民族問題』民族出版社、一九九四年。

中国社会科学院民族研究所・国家民族事務委員会文化宣伝部編『中国少数民族語言使用情況』中国蔵学出版社、一九九四年。

黄光学編『中国的民族識別』民族出版社、一九九五年。

朴昌昱『中国朝鮮族歴史研究』延辺大学出版社、一九九五年。

謝益顕『中国外交史——中華人民共和国時期　一九四九～一九七九』中国河南人民出版社、一九九六年。

郭素美・張鳳鳴編『東北淪陥十四年史研究第三輯』黒龍江人民出版社、一九九六年。

譚放・趙無眠編『文化大革命大字報精選』香港明鏡出版社、一九九六年。

楊奎松『中共与莫斯科的関係（一九二〇～一九六〇）』海南出版事業有限公司、一九九七年。

周華全『「文化大革命」中的「教育革命」』広東教育出版社、一九九九年。

熊明安編『中国近現代教育改革史』重慶出版社、一九九九年。

哀振国『論中国教育政策的転変』広東省教育出版社、一九九九年。

衣保中『近代朝鮮移民与東北地区水田開発』長春出版社、一九九九年。

王杉『一九一二～一九三一年的東北移民研究』南京大学学位論文、一九九九年。

宋連生『総路線・大躍進・人民公社化運動始末』雲南人民出版社、二〇〇二年。

李淑娟『日偽統治下的東北農村　一九三一～一九四五』当代中国出版社、二〇〇五年。

焦潤明ほか著『近代東北社会諸問題研究』中国社会科学出版社、二〇〇五年。

楊軍・王秋彬『中国与朝鮮半島関係史論』社会科学文献出版社、二〇〇六年。
金頴『近代東北地区水田農業発展史研究』中国社会科学出版社、二〇〇七年。
金泰国『東北地区〝朝鮮人民会〟研究』黒龍江朝鮮民族出版社、二〇〇七年。
姜栽植『中国朝鮮族社会研究――対延辺地区基層民衆的実地調査』民族出版社、二〇〇七年。
李洪錫『日本駐中国東北地区領事館警察機構研究――以対東北地区朝鮮民族統治為中心』延辺大学出版社、二〇〇八年。
朴蓮玉・舒景祥『黒龍江朝鮮族』哈爾濱出版社、二〇〇八年。
孫春日『中国朝鮮族移民史』中華書局、二〇〇九年。
馬平安『近代東北移民研究』斉魯書社、二〇〇九年。

（朝鮮語）

田原茂『滿洲와 朝鮮人』滿洲朝鮮人親愛義会本部、一九二三年。
玄圭煥『韓国流移民史』語文閣、一九七六年。
高永一『中国朝鮮族歴史研究』延辺教育出版社、一九八六年。
延辺大学四〇年編纂組編『延辺大学四〇年』民族出版社、一九八九年。
中国朝鮮民族足跡叢書編纂委員会『중국조선민족발자취총서二 불씨』（『中国朝鮮民族足跡叢書一 火種』）民族出版社、一九八九年。
中国朝鮮民族足跡叢書編纂委員会『중국조선민족발자취총서三 봉화』（『中国朝鮮民族足跡叢書一 烽火』）民族出版社、一九八九年。
二重言語学会志第六号『中国에서의 韓国語教育』二重言語学会、一九九〇年。
中国朝鮮族教育史編纂組編『中国朝鮮族教育史』東北朝鮮民族教育出版社、一九九一年。
中国朝鮮民族足跡叢書編纂委員会『중국조선민족발자취총서四 결전』（『中国朝鮮民族足跡叢書一 決戦』）民族出版社、一九

九一年。

강창록・김영순・이근전・일천『주덕해』(『朱徳海』) 실천문학사、一九九二年。

金在律編『延辺朝鮮族自治州教育史』東北朝鮮民族出版社、一九九二年。

中国朝鮮民族足跡叢書編纂委員会『중국조선민족발자취총서七 풍랑』(『中国朝鮮民族足跡叢書一 風浪』)民族出版社、一九九三年。

李光奎『在中韓人』一潮閣、一九九四年。

中国朝鮮民族足跡叢書編纂委員会『중국조선민족발자취총서六 창업』(『中国朝鮮民族足跡叢書一 創業』)民族出版社、一九九四年。

中国朝鮮民族足跡叢書編纂委員会『중국조선민족발자취총서五 승리』(『中国朝鮮民族足跡叢書一 勝利』)民族出版社、一九九五年。

吉林省延辺朝鮮族自治州政協文史資料委員会編『吉林朝鮮族』延辺人民出版社、一九九五年。

チェ・サンチョル『中国朝鮮族言論史』慶南大学出版部、一九九六年。

中国朝鮮民族足跡叢書編纂委員会『중국조선민족발자취총서八 개혁』(『中国朝鮮民族足跡叢書一 改革』)民族出版社、一九九六年。

朴文一『中国朝鮮族史研究』(Ⅰ・Ⅱ)ソウル大学出版部、一九九六年。

鄭判龍『세계속의 우리민족』(『世界の中の我が民族』)遼寧省出版社、一九九六年。

車培根・呉泰鎬『中国朝鮮民族言論史』ソウル大学出版部、一九九七年。

鄭判龍『중국조선속과 二一 세기』(『中国朝鮮族と二一世紀』)黒龍江朝鮮民族出版社、一九九九年。

中国朝鮮民族足跡叢書編纂委員会『중국조선민족발자취총서一 개척』(『中国朝鮮民族足跡叢書一 開拓』)民族出版社、一九九九年。

朴州信『間島韓人의 民族教育運動史』アジア文化社、二〇〇〇年。

李光奎『격동기의 중국조선족』(『激動期の中国朝鮮族』) 백산서당、二〇〇二年。

金頴『近代滿洲벼농사 발달과 移住朝鮮人』(『近代満洲稲作発達と移住朝鮮人』) 国学資料院、二〇〇四年。

權泰煥編著『서울대학교사회발전연구총서二三　중국조선족사회의 변화』(『ソウル大学社会発展研究叢書二三　中国朝鮮族社会の変化』) ソウル大学出版部、二〇〇五年。

강위원『흑룡강성의 조선족』(『黒龍江省の朝鮮族』) 고함커뮤니케이션、二〇〇五年。

김 게르만 (Kim German N.)『한인 이주의 역사』(『韓人移住の歴史』) 박영사、二〇〇五年。

김광택주편『밀산조선족백년사』(金光沢主編『密山朝鮮族百年史』) 黒竜江朝鮮族出版社、二〇〇七年。

한득수주편『상지시조선민족사』(韓徳寿主編『尚志市朝鮮族歴史』) 民族出版社、二〇〇九年。

四　研究論文

(日本語)


松村高夫「日本帝国主義下における『満洲』への朝鮮人移動について」慶応義塾経済学会『三田学会雑誌』第六三巻第六号、一九七〇年。

石川晃弘「社会主義と社会的不平等」石川晃弘・川崎嘉元『社会主義と社会的不平等』青木書店、一九八三年。

中島勝住「中華人民共和国における少数民族教育問題」小林哲也・江口一公編『多文化教育の比較研究』九州大学出版会、一九八四年。

糟谷憲一「アジアの民族運動と日本帝国主義」歴史学研究会日本史研究会編『講座日本歴史九　近代三』東京大学出版会、一九八五年。

大塚豊「中国――壮大な全国統一入試」中島直忠編『世界の大学入試』時事通信社、一九八六年。

王宏「中国と日本語――その過去・現在・将来」『国際交流』第四一号、一九八七年。

平野健一郎「中国における統一国家の形成と少数民族――満洲族を例として」平野健一郎ほか『アジアにおける国民統合』

東京大学出版会、一九八八年。

平野健一郎「民族・国家論の新展開——〈ヒトの国際的移動〉の観点から」国際法学会編『国際法外交雑誌』第八八巻三号、有斐閣、一九八九年。

藤井幸之助「中国朝鮮族の二言語仕様および民族意識に関する予備調査—延辺朝鮮族自治州の朝鮮族学生の場合」徐龍達先生還暦記念委員会編『アジア市民と韓朝鮮人』日本評論社、一九九三年。

村田雄二郎「中華ナショナリズムと『最後の帝国』」蓮實重彦・山内昌之編『いま、なぜ民族か』東京大学出版会、一九九四年。

横山宏章「社会主義と国家形成——中国における国民国家の建設」土屋健治編『講座現代アジア一　ナショナリズムと国民国家』東京大学出版会、一九九四年。

宇野重昭「近現代中国史における国際契機と内発的発展論」宇野重昭、天児慧編『二〇世紀の中国——政治変動と国際契機』東京大学出版会、一九九四年。

王柯「『民族自決論』へ——中国共産党少数民族政策の決定過程」『現代中国』第六九号、現代中国学会、一九九五年。

陳光興著、坂元ひろ子訳「帝国の眼差し——『準』帝国とネーション・ステートの文化的想像」『思想』岩波書店、一九九六年。

三好章「改革・開放期における中国の教育体制改革について」『アジア経済』第三七巻七～八号、アジア経済研究所、一九九六年。

チョン・ボクヒ「朝鮮族から韓国社会を見れば」仁科健一、舘野晳編『異邦の韓国人・韓国の異邦人』社会評論社、一九九六年。

費孝通著、塚田誠之訳「エスニシティの研究——中国の民族に関する私の研究と見解」『国立民族学博物館研究報告』第二二巻第二号、国立民族学博物館、一九九七年。

宮島美花「東アジアのエスニック・トランスナショナル・アクター——華人と朝鮮民族のトランスナショナルな活動に注目して」日本国際政治学会編『国際政治』第一一九号、一九九八年。

園田茂人「社会階層の構造変動——台頭するアジアの中間層」天児慧編『アジアの二一世紀』紀伊国屋書店、一九九八年。

金東和著、和田春樹訳「東北朝鮮族に対する中国共産党の民族政策」韓国文化研究振興財団『青丘学術論集』第一五集、一九九九年。

西重信「図們江地域開発におけるNET論の意義」『環日本海研究』第七号、二〇〇一年。

玄武岩「越境する周辺――中国延辺朝鮮族自治州におけるエスニック空間の再編」『現代思想』（二〇〇一・三）青土社、二〇〇一年。

権香淑「中国における〈朝鮮族〉の研究序説――方法論的アプローチの一考察」『アジア研究』第四七巻第三号、二〇〇一年。

綛谷智雄「延辺朝鮮族の社会学的考察――エスニシティに対する接近を中心に」『アジア研究』第四八巻二号、アジア政経学会、二〇〇二年。

金正淑「中国朝鮮族におけるエスニック・アイデンティティの形成と変容」金城学院大学博士論文、二〇〇二年。

中奎燮「帝国日本の民族政策と在満朝鮮人」東京都立大学博士論文、二〇〇二年。

牧野篤「中国における教育のダイナミズムを考える」『アジア経済』第四三巻七号、アジア経済研究所、二〇〇二年。

権寧俊「近現代中国の朝鮮民族における民族教育と言語文化」一橋大学大学院言語社会研究科博士学位論文、二〇〇三年。

宮島美花「延辺朝鮮族自治州における民族地区自治の制度と実情」（上・下）『アジア・アフリカ研究』第四三巻第三・四号、二〇〇三年。

鄭明子「中国朝鮮族の雇用問題と人口移動―延辺朝鮮族自治州を中心に」『中国朝鮮族の雇用問題と人口移動』大阪商業大学比較地域研究所、二〇〇三年。

崔学松「文化大革命期に至る延辺朝鮮族自治州の外国語教育政策」日本現代中国学会編『現代中国』第七七号、創土社、二〇〇三年。

崔学松「ポスト文化大革命期における中国少数民族と外国語教育形成」多言語社会研究会編『多言語社会研究年報』第二号、三元社、二〇〇四年。

劉京宰「東北アジアの構図からみた朝鮮民族の流動と拡散」桜井龍彦編『東北アジア朝鮮民族の多角的研究』株式会社ユニテ、二〇〇四年。

崔学松「中国東北地域における近代化改革と『日本語ブーム』」一橋論叢編集委員会編『一橋論叢』第一三四巻第三号、日本評論社、二〇〇五年。

安成浩「中国朝鮮族の国民化への道―朝鮮族形成の歴史的背景に関する研究」『世界のコリアン（アジア遊学九二）』勉誠出版、二〇〇六年。

聂莉莉「中国朝鮮族の民族的ネットワークと連帯感」『東アジアのグローバル化』（アジア遊学八一）勉誠出版、二〇〇六年。

崔学松「『「満洲国」』期における戦時体制確立にむけての教育変遷と日本語普及」一橋研究編集委員会編『一橋研究』第三二巻第一号、一橋研究編集委員会、二〇〇七年。

江夏由樹「一九一〇～一九二〇年代の中国東北部（旧満洲）における水田開発――水稲文化の展開から見た日本・朝鮮・中国の関係」、濱下武志・崔章集編『東アジアの中の日韓交流』慶応義塾大学出版会、二〇〇七年。

平野健一郎「グローバル化時代の地域研究――特権性の喪失」西村成雄、田中仁『現代中国地域研究の新たな視圏』世界思想社、二〇〇七年。

金永基「国境を越える移動によるエスニック・アイデンティティの変化――韓国ソウル市中国朝鮮族の事例から」佐々木衛編『越境する移動とコミュニティの再構築』東方書店、二〇〇七年。

崔学松「中国建国初期の「百花斉放・百家争鳴」運動と民族語純化運動の展開」一橋研究編集委員会編『一橋研究』第三四巻第一号、一橋研究編集委員会、二〇〇九年。

崔学松「中国文化大革命期における外来言語文化受容をめぐる論争」『北東アジア地域研究』第一七号、北東アジア学会、二〇一一年。


（中国語）

趙中孚「近代東三省移民問題之研究」中央研究院近代史研究所『近代史研究所集刊』第四期、下冊、一九七四年。

黄薬山「朝鮮族教育急議――兼談朝鮮語和漢語的関係」『中央民族学院学報』第三期、一九八八年。

含遠付「建国以来我国民族教育的歴史回顧与幾点想法」『復印報刊資料D五少数民族』第二期、一九八九年。

権寧朝「黒龍江省近代水田の開発与朝鮮民族」孔経緯・王承礼主編『中国東北地区経済史専題国際学術会議文集』学苑出版社、一九八九年。

図道多吉「抓住機遇開創民族院校改革発展的新局面」『民族教育研究』第二期、一九九四年。

（朝鮮語）

呉世昌「在満韓人의社会的実態」『白山学報』第九号、一九七〇年。

チャン・フングォン「延辺朝鮮語の中の外来語についての社会言語学的考察」中国朝鮮語学会編『中国朝鮮語文』（九二・二）、民族出版社、一九九二年。

チャン・フングォン「一九四五年以前における朝鮮語の中の外来語およびその表記法についての考察」北京大学言語研究所編『朝鮮学研究』（九二）、黒龍江朝鮮民族出版社、一九九二年。

権寧朝「朝鮮民族의 이주와 중국동북일대 근대 벼농사의 개척」『在外韓人研究二』在外韓人学会、一九九二年。

金基勳「『「満洲国」』時代日帝의 対満朝鮮人農業移民政策史研究」『学芸誌』一九九三年。

金光日「중국조선족지위론」金光日・許明哲『중국조선족——사회의 문화우세와 발전전략』延辺人民出版社、二〇〇一年。

五　聞き取り調査

李成徽氏への聞き取り調査、二〇〇二年三月一五日（元延辺大学朝鮮語学部教員）。

金勇武氏への聞き取り調査、二〇〇四年八月二六日（元延辺大学日本語学部教員）。

李文俊氏への聞き取り調査、二〇〇五年七月二八日（元延辺大学日本語学部教員）。

金漢奎氏への聞き取り調査、二〇〇六年七月二九日（元中国人民志願軍兵士）。

金相培氏への聞き取り調査、二〇〇九年三月九日（元中国人民志願軍兵士）。

あとがき

本書は、二〇一一年六月に一橋大学において学位を取得した博士論文「中国朝鮮族社会における外来言語受容の変遷――冷戦体制下の国民統合との関連を中心に」を加筆修正を加えたものである。本書の出版にあたっては、ワンアジア財団の研究助成を受けるとともに、多くの方々のご助力を賜った。未熟ながら本書の出版にこぎつけたのは、こうした方々のご厚情の賜物である。

私は、一九九九年四月に一橋大学大学院言語社会研究科の外国人特別研究生として来日し、二〇〇〇年四月に同大学院修士課程に入学してから、言語社会学を専門研究分野とするイ・ヨンスク先生、糟谷啓介先生、松永正義先生の指導のもとで、近現代東アジアのナショナリズムと言語問題を中心に、中国の多民族・多文化共生におけるアイデンティティと言語の相関関係について研究を進めてきた。私を外国人特別研究生として一橋大学に受け入れ、研究生活の出発点である修士課程と博士課程で直接指導してくださったイ・ヨンスク先生、論文指導をしてくださった糟谷啓介先生、およびイゼミと糟谷ゼミの諸学友などにたいへんお世話をいただいた。指導教官であったイ・ヨンスク先生は、博士課程に進学して以来、研究テーマがなかなか落ち着かなかった私をいつも励ましてくださった。また糟谷先生からは、言語社会学と思想史の観点から私の研究上の落とし穴について多くの貴重なご指導を賜った。イ先生と糟谷先生とともに、博士論文の審査に加わってくださった松永正義先生からは、台湾研究の視点から貴重なご指摘をいただいた。

この他にも多くの先生方からご指導をいただいた。ユ・ヒョヂョン先生（和光大学）とイ・ヒャンナン先生

（中央大学）からは、修士課程時代の研究会で出会って以来、ご指導と励ましをいただいている。また、私が一橋大学に留学してから面倒をみてくださった権寧俊氏（新潟県立大学）は、同じ分野の研究者として相談を受けてくださった。そして、内田知行先生（大東文化大学）との出会いは、私の問題意識を高め研究スタイルを大きく変化させた。これらの方々との出会いは、私にとって非常な幸運であった。

また、谷垣真理子先生（東京大学）、岩月純一先生（東京大学）、林華生先生（早稲田大学）、魏志江先生（中国・中山大学）、許寿童先生（中国・三亜大学）、朝鮮史研究者である長澤秀氏からは、私の研究について助言と励ましをいただいた。

以上のすべての方々に心よりお礼を申し上げたい。

本書の出版は当初の予定より、半年以上も遅れてしまい、創土社編集部の酒井武之にはご迷惑をおかけした。お詫びとともに深く感謝申し上げたい。

崔　学松

【ま行】

【や行】

【な行】

【は行】

【た行】

【さ行】

【索引】

【あ行】

【か行】

崔　学松（Cui Xuesong）

1973年生まれ、一橋大学大学院博士課程修了。博士（学術）。専門は東アジア地域研究および言語社会学。主著に、「中国文字改革における『漢語拼音方案』の編制過程」（『一橋研究』第33巻第2号）、「日本関于東亜共同体構想的基本観点」（中国社会科学院監修『中国社会科学報』2010年1月号）、「中日戦争期的世界語運動与抗戦救国宣伝運動」（『抗戦文史研究』重慶出版社、2010年）、「朝鮮半島の地政学的戦略構図における哨戒艦事件の影響」（『東亜』2010年9月号）、『韓国的歴史与文化』（共著、中山大学出版社、2011年）、「日本和平反戦活動中的世界語運動：1930年代初為中心」（『社会科学戦線』2011年第8号）など。現在、東京大学教養学部非常勤講師、日本放送協会学園兼任講師など。

中国における国民統合と外来言語文化
建国以降の朝鮮族社会を中心に

2013年　5月27日　第1刷発行
著　者　崔　　学松
発行人　酒井　武史
発　行　株式会社 創土社
〒165-0031　東京都中野区上鷺宮 5-18-3
TEL　03（3970）2669
FAX　03（3825）8714
http://www.soudosha.jp

カバーデザイン　アトリエ剣歯虎
印刷　モリモト印刷株式会社
ISBN:978-4-7988-0214-5 C0076
定価はカバーに印刷してあります。